课程思政特色教材

# 商标法教程

张曼 方婷 ◎ 主编

清华大学出版社

北 京

# 内 容 简 介

当前网络电商销售日益盛行,商标成为消费者从万千商品中挑选心仪物品的"指示灯"。传统的"认牌购物"在电商环境下的影响力也不可小觑。因此,我国自1982年颁布商标法以来,截至2019年4月已经历经四次修订。目前,国内高校法学本科专业都将商标法作为必修课程。本书以知识产权利益平衡理论为基础,根据2019年修订的商标法、商标法实施条例和司法解释来编写。本书以商标注册申请和商标权保护为主线,引进了最新的概念和法规体系,注重讲述商标法律体系的基本理论和实践经验。本书的特色在于既有理论探讨,也有案例解读,更有经验总结。

本书既适合法学、知识产权等专业的本科生使用,又适合相关专业的研究生使用,还可以作为企业内部培训的教材。

**图书在版编目(CIP)数据**

商标法教程/张曼,方婷主编. —北京:清华大学出版社,2021.3
ISBN 978-7-302-57808-6

Ⅰ.①商…　Ⅱ.①张…②方…　Ⅲ.①商标法—中国—高等学校—教材　Ⅳ.①D923.43

中国版本图书馆 CIP 数据核字(2021)第 053050 号

**责任编辑**:徐永杰
**封面设计**:汉风唐韵
**责任校对**:王荣静
**责任印制**:沈　露

**出版发行**:清华大学出版社
　　　　网　　　址:http://www.tup.com.cn,http://www.wqbook.com
　　　　地　　　址:北京清华大学学研大厦 A 座　　　　　　邮　　编:100084
　　　　社 总 机:010-62770175　　　　　　　　　　　　　邮　　购:010-62786544
　　　　投稿与读者服务:010-62776969,c-service@tup.tsinghua.edu.cn
　　　　质量反馈:010-62772015,zhiliang@tup.tsinghua.edu.cn
**印 装 者**:三河市龙大印装有限公司
**经　　销**:全国新华书店
**开　　本**:185mm×260mm　　**印　张**:12.25　　　　**字　　数**:297 千字
**版　　次**:2021 年 3 月第 1 版　　　　　　　　　　　**印　　次**:2021 年 3 月第 1 次印刷
**定　　价**:39.00 元

产品编号:091545-01

商标、专利和著作权一起构成现代知识产权法律体系的主要内容。专利鼓励科技创新,著作权保护人类文化智慧,而商标则与商品、企业息息相关,关乎人们日常生活的方方面面。商标是商品的标识,是人们购买和消费时的重要指示。由于商标的存在,消费者选购哪一家企业的商品,或者选择哪一类商品都将变得省时省力,这是由于商标不仅仅是一个简单的图案、颜色、数字、字母等要素的结合,其背后凝结的是企业大量人力物力的投入,是企业通过长期诚信经营所积累的商誉。人们信赖这种商誉,甚至愿意为这一商业标识付出溢价。这就说明,商标从最初的商品质量和商家信誉的标志,逐步过渡到某一种消费符号、消费品位和文化,它不再单纯满足消费者的衣食住行基本要求,而是赋予了更加多元的价值取向。

自 2009 年开始在西北大学法学院为知识产权专业本科生讲授商标法课程以来,作者密切关注国内外商标法领域的理论、立法、实践和政策变动与发展。通过课题研究,作者走访本地企业和进行网络调查,也为地方企业进行商标培训和讲座,解答企业商标申请和维权中的难点与疑惑。在上述理论和实践工作中获得的心得体会也都直接或间接体现在本书内容之中。

本书严格依照 2019 年《中华人民共和国商标法》(以下简称《商标法》),深度理解和把握教育部关于法学专业本科教学理念与精神,立足于商标法必修课这一重要事实,力图做到内容全覆盖、法条重解读、案例重分析三大特色,同时注重理论体系研究,理论与实践相结合,学习与思考并重。为此,全书共设置 7 章,从商标的历史起源开始,包括了《商标法》自 1982 年第一次颁布以来的历次修订,讲述我国商标发展和演变的过程,以及商标的分类与作用。在此基础上,对商标权的获得(商标注册的条件和程序),以及商标维持(商标注销、撤销和无效宣告的条件和程序)进行讲解,这是商标成为商标权人无形资产的重要步骤。接下来,商标权的具体内容和范围,以及商标侵权救济是商标权人正当权益的运用和保护,也是《商标法》在司法实践中的重点和难点。最后是商标管理,这也是我国商标法律制度的一大特色,即商标行政管理机关对商标的管理和监督,从而在商标申请、审核、注册和批准这一链条上增加了事后的监管,对于维护正常市场竞争秩序具有着十分重要的意义。

全书每章设有导读,指出本章的重点和难点,有助于读者从整体上把握各章的逻辑结构;每章在内容上也安排了大量的案例与实例,旨在通过对这些案例分析引导读者加深对本章重点难点的学习。同时,每章后面附有习题(主观题和客观题)和 PPT,均有答案进行讲解。全书末附有试卷,可以帮助读者进行独立测试,便于从全局把握和理解《商标法》的内容。

本书主编张曼,副主编方婷。具体编写分工如下:邱洪华负责编写第一章商标概论,张曼负责编写第二章商标的构成要件和第三章商标注册的申请与审核,杜路负责编写第四章商标权的内容,方婷负责编写第五章商标权终止和第六章商标侵权行为的认定和法律责任,孙海荣负责编写第七章商标管理。本书最终由张曼统稿定稿。

在本书的编写过程中,编者参考了大量的相关教材和书籍,这些资料对本书的成文具有十分重要的作用,在此对有关作者表示衷心感谢。西北大学资助了本书的出版经费,清华大学出版社为本书的出版付出了辛勤努力,在此表示由衷感谢。

由于编者水平有限,本书中难免不当或疏漏失误,敬请广大读者批评指正。

编　者

# Contents 目 录

## 第一章 商标概论

## 第二章 商标的构成要件

## 第三章 商标注册的申请和审核

## 第四章　商标权的内容

## 第五章　商标权终止

## 第六章　商标侵权行为的认定和法律责任

## 第七章　商标管理

# 1 Chapter1 第一章 商标概论

**本章导读**

　　对商标的内涵界定和理解是《商标法》学习和研究的前提和基础，不同的学者从不同的角度，对于商标的内涵和外延有着各自不同的认识。本章先从商标的概念出发，阐述商标的基本功能，然后梳理商标的种类，并进一步分析商标在实践当中的应用，最后整理我国商标立法宗旨和演变的过程。

## 第 一 节　　商标的概念

　　商标是《商标法》的核心概念，也是我国《商标法》所要保护的客体。但是关于商标的概念，我国《商标法》中历来对其并没有明确的描述，仅在第 8 条中规定：任何能够将自然人、法人或者其他组织的商品与他人的商品区别开的标志，包括文字、图形、字母、数字、三维标志、颜色组合和声音等，以及上述要素的组合，均可以作为商标申请注册。但第 8 条的描述仅是对商标形式的列举，具体的含义还是不得而知。

　　如果从文义角度对商标这一概念进行解释，商标应该是一种"标志"，并且这种"标志"具有"商业"的属性[①]。也就是说，商标除了是标志外，还应具有商业内涵，是生产经营者使用在商品或者服务上的标志。

　　关于商标的概念，理论界也有不少学者进行了相应的概括与界定。王迁教授在其《知识产权法教程》（第四版）中认为："商标是商品或者服务的提供者为了将自己的商品或者服务与他人提供的同种或者类似商品或服务相区别而使用的标记。"[②]吴汉东教授指出："商标是一种商业标志，用以将不同的经营者所提供的商品或者服务区别开来。商标一般由文字、图形、字母、数字、三维标志、颜色或者其组合构成，附着于商品、商品包装、服务设施或者相关

---

[①]　马晓燕，史灿方：《商标"第二含义"的文义解释——兼评〈商标法〉第 11 条》，载《学海》2009 年第 6 期。

[②]　王迁：《知识产权法教程》（第四版），中国人民大学出版社，2014 年版，第 122 页。

的广告宣传品上,目的是帮助消费者将一定的商品或者服务项目与其经营者联系起来,并且与其他经营者的同类商品或者服务项目相区别。"①刘春田教授将商标定义为"生产经营者在其生产、制造、加工、拣选或者经销的商品或者服务上采用的,区别商品或者服务来源的,由文字、图形或者其组合构成的,具有显著性特征的标志"②。丁丽瑛将商标定义为"商品生产者、经销者或者服务业经营者为了使其生产、经销的商品或者提供的服务与市场上其他生产者、经销者或者服务业经营者生产、经销、提供的同一类或者类似商品与服务区别开,而使用于商品或者服务上的一种标记"③。

以上观点虽然都对商标的概念进行了相应的阐述与界定,但都是不全面的,有的是从商标的功能出发,有的是从商标实证研究的基础上提出的。本书在对以上观点进行提炼整合后认为,商标是指在商品或者服务之上,将自己的商品或者服务与他人提供的同种或者类似商品或服务相区别而使用的标志。而这种标志可以由文字、图形、字母、数字、三维标志、颜色组合和声音等,以及上述各种要素的组合构成。

在对以上观点进行提炼整合后,可以认为"商标是指在商品或者服务之上,用于区别商品或服务提供者的一种具有显著性特征的标志。在我国,这种标志可以由文字、图形、字母、数字、三维标志、颜色组合和声音等,以及上述各种要素的组合构成"。能够将自然人、法人或其他组织的商品或者服务与他人的商品或者服务区别开的,以文字、图形、字母、数字、三维标志和颜色组合,以及上述要素的组合构成的可视性标志可认为是商标。

## 典型案例

### "京东方"商标与字号不正当竞争纠纷案④

京东方公司于2011年注册了第9866938号"京东方"商标,核定使用商品包括真空开关管等。经过京东方公司、北京京东方公司的长期使用和宣传,"京东方"字号及商标在行业内具有较高的知名度。

温州京东方公司成立于2013年,经营范围为加工、销售真空电器设备,其在生产销售的产品、产品宣传手册、相关设施等处均使用了"京东方"字样。京东方公司、北京京东方公司认为,温州京东方公司在企业名称和宣传性描述中使用"京东方"商业标识的行为构成不正当竞争。温州京东方公司辩称,京东方公司、北京京东方公司主体不适格;京东方公司与温州京东方公司的业务分属不同行业,且北京京东方公司的企业字号不具有市场影响力,不会造成混淆后果;温州京东方公司主观上无攀附故意。

浙江省宁波市中级人民法院一审认为,京东方公司、北京京东方公司与温州京东方公司均系从事商品交易和营利性服务的商事主体,其中京东方公司经营范围包括电器类产品的生产销售,北京京东方公司经营范围包括生产销售真空灭弧室等真空电器产品,两者与温州京东方公司的业务范围存在交叉重合,故京东方公司、北京京东方公司与本案具有直接的利害关系,原告主体资格适格。关于京东方公司、北京京东方公司诉称的不正当竞争行为,法

① 吴汉东:《知识产权法》(第五版),法律出版社,2014年版,第89页。
② 刘春田:《知识产权法》,北京大学出版社、高等教育出版社,2002年版,第202页。
③ 丁丽瑛:《知识产权法》(第二版),厦门大学出版社,2009年版,第308页。
④ (2019)浙民终1793号。

院认为：第一，京东方公司、北京京东方公司和温州京东方公司的产品同属于电器类产品，在销售渠道、销售对象等方面存在一定重合，在业务上具有交叉关联性及竞争性。第二，京东方公司、北京京东方公司持续使用"京东方"商业标识，获得较多荣誉，"京东方"字号及商标具有较高市场知名度。第三，温州京东方公司作为生产销售真空电器产品的企业，明知或应知"京东方"商业标识及其权利在先，却在自己的企业名称中使用"京东方"字号，攀附意图明显。综上，温州京东方公司在企业名称中使用"京东方"字号，在自己生产销售的产品、产品宣传手册、相关设施等处使用"京东方"字样作为宣传性描述等行为，违反了《反不正当竞争法》第 6 条第 2 项、第 4 项等规定，构成不正当竞争。据此，法院判决：温州京东方公司停止不正当竞争行为，并赔偿京东方公司、北京京东方公司 250 万元。

温州京东方公司不服一审判决，向浙江省高级人民法院提起上诉，后于二审中撤诉。现本案一审判决已生效。

### 案例评析

本案涉及在企业名称中使用的字号既是他人字号又是他人商标的行为的认定。本案判决依据《反不正当竞争法》第 6 条第 2 项、第 4 项的规定，厘清了涉案行为是否构成不正当竞争的裁判标准，包括双方业务上是否具有相关性或竞争性、字号及商标的知名度、是否具有攀附故意、是否会引起混淆后果。

## 典型案例

### 腾讯科技(深圳)有限公司与山东腾讯文化传媒有限公司商标侵权案①

深圳市腾讯计算机系统有限公司于 2003 年 2 月 28 日获准注册"腾讯"商标，商标注册号为第 1962827 号，核定使用服务为第 38 类，范围包括信息传送、电话通讯、移动电话通讯、计算机终端通讯、计算机辅助信息和图像传送等。2004 年 4 月 28 日，腾讯科技(深圳)有限公司受让取得第 1962827 号"腾讯"注册商标的专用权，专用权期限续展至 2023 年 2 月 27 日。被告山东腾讯文化传媒有限公司在其运营的网站首页显示有"腾讯传媒""腾讯集团"字样，该网站"DM 广告"点击进入发现，被告所做的广告设计中使用"腾讯传媒""腾讯百事通"字样且突出使用"腾讯"二字。原告认为，被告的此种行为已经侵犯原告的第 1962827 号"腾讯"注册商标专用权；"腾讯"企业字号的使用同样存在不正当竞争行为。被告山东腾讯文化传媒有限公司辩称，被告曾申请注册第 35 类腾讯传媒商标，后被商标局驳回，被告使用"腾讯传媒"并无恶意。被告企业是合法注册，被告的经营范围集中在第 35 类"广告设计"等，与原告的涉案商标核准的第 38 类"通讯服务"不属于同一类别，被告在公司网站、制作的广告设计上使用"腾讯传媒"等字样不侵犯原告的涉案注册商标专用权，被告使用"腾讯"作为企业字号也不构成不正当竞争。

法院梳理后，认为案件的争议焦点：一是涉案第 1962827 号"腾讯"注册商标是否构成驰名商标；二是被告使用"腾讯传媒""腾讯百事通"等标识是否构成商标侵权及使用"腾讯"

---

① （2018）鲁 01 民初 2104 号。

企业字号是否构成不正当竞争并承担侵权责任。法院经审理认为,经营者在市场交易中,应当遵循自愿、平等、公平、诚实信用的原则,遵守公认的商业道德。本案中,原告腾讯科技(深圳)有限公司不仅享有"腾讯"注册商标专有权,同时享有"腾讯"企业字号权。被告山东腾讯文化传媒有限公司于2016年9月6日成立,成立时间明显晚于原告腾讯科技(深圳)有限公司,且原告的涉案"腾讯"商标已为相关公众所广为知悉。因此,山东腾讯文化传媒有限公司使用"腾讯"企业字号足以误导相关公众将被告公司及其提供的广告设计服务与原告公司发生混淆、误认。因此,被告使用"腾讯"企业字号构成不正当竞争,应承担相应的责任。

**案例评析**

字号是企业名称的最主要构成部分,在企业的经营活动中,字号和商标都是公众辨别商品或服务来源的因素。企业字号和商标或同或不同,企业字号有区域的限制,不可避免会有不同区域的企业字号相同的情形出现,权利人是不能以享有字号权为由禁止他人正当使用相同字号的,只有在他人不当地利用或攀附在先商标在消费者心目中的影响力和商业信誉,从而损伤或破坏商标的识别功能时,商标权人才可以禁止他人使用字号。商标权是全国性质,取得注册后,即享有商标专用权,包括使用权和禁用权,使用权指的是注册人可以使用该注册商标,禁用权是指可以禁止他人以相同或者近似的商标在相同或者类似商品服务项上注册。同时,对于侵权行为可以依法请求停止侵权,赔偿损失。

# 第二节  商标的功能

商标的功能,是指商标在商品生产、交换或提供服务的过程中所具有的价值和发挥的作用,故此商标的功能又称为商标的作用。通常认为,商标具有的主要功能包括:

(1)商标的识别功能。这是指通过商标可以识别商品来源的功能或者说商标具有识别性,这是商标的基本、首要功能,商标就是因要识别商品来源才得以产生的,所以有此功能的标志方可成为商标[①]。消费者通过商标将相同或者类似商品或服务的提供者区分开来。在现代社会里,商标的这一功能尤为重要,因为随着社会经济的发展,市场上会出现许多相同的商品或者服务,这些商品或者服务来自不同的厂商和经营者,而这些厂家的生产、工艺、产品的质量均有差异,为了让消费者能够在众多商品中迅速识别自己的商品,就必然需要在相应商品上有一个醒目的商标。比如在汽车领域的"宝马""奔驰""大众""奇瑞",在物流领域的"中通""顺丰""圆通",在电子产品领域的"华为""中兴""小米"等商标,都表示了相同产品的不同厂家,因为有了不同的商标标识,消费者更容易在琳琅满目的商品中,迅速找到自己所需要的产品。

(2)商标的品质保障功能。台湾地区学者曾陈明汝认为,商标除了标识商品之来源或出处的原始功能外,还具有表彰自己之商品与他人商品相区别、表示所有贴附同一商标之商品乃出自同一来源、表示所有贴附同一商标之商品具有相同水准之品质以及作为广告及促销之主要工具等功能,简单地说即商标具有表彰营业信誉、追踪商品来源、品质保证以及广

---

① 刘武朝,徐春成:《商标功能源流考》载《南京师大学报》(社会科学版)2014年第A01期。

告功能①。生产者通过商标表示商品为自己所提供,服务提供者通过商标表示某项服务为自己所提供,消费者也通过商标来辨别商品或服务,对其质量作出鉴别,这种鉴别关系到生产经营者的兴衰,可以促使生产经营注重质量,保持质量的稳定。这一功能在商品制造者和最终提供者相分离的情况下显得特别重要。因为随着经济的不断发展,越来越多的品牌的厂家为了降低成本,会选择低劳动力成本或者资源丰富的地区作为其生产基地,这种情况下就会形成制造商和商标所有人相分离的情况。因此,消费者如果想要买到称心如意的商品或者享受到相应的服务,只能是通过品牌的选择来进行保障。

(3)商标的广告宣传的功能。现代的商业宣传往往以商标为中心,通过商标发布商品信息、推介商品、突出醒目②。同时,在市场竞争中,利用商标进行广告宣传,可迅速为企业打开商品的销路。由于人们生活节奏加快,以及商品化的不断发展,人们的消费活动逐步以广告和商标为依据,通过商标来了解商品的品质或者服务的来源。商标的广告宣传在驰名商标上体现得也特别明显,一些厂家为了吸引消费者,在显著位置展示其所售商品的商标,就是在利用这些驰名商标的广告宣传作用。比如,4S店中常常会有各种各样汽车的标志,商场中常常会有一系列组合的化妆品或者衣服的商标,这些都是在利用商标的广告宣传作用。

## 典型案例

### 高源诉天津滨海新区雪花啤酒有限公司、华润雪花啤酒(中国)有限公司侵害商标权纠纷案③

原告高源系第 3030501 号"大学生"中文文字商标权人,该商标核定使用的商品为第 32 类:矿泉水、啤酒、制矿泉水用配料,经续展,商标有效期限至 2023 年 2 月 6 日。高源注册该商标后仅授权天津市禹助水处理新技术有限公司在桶装饮用纯净水上使用"大学生"商标对外销售。2016 年 5 月,高源发现在天津市各大超市以及酒类批发、零售网点销售由滨海雪花啤酒公司生产的雪花"勇闯天涯"瓶装啤酒使用"大学生"文字,雪花啤酒(中国)公司在全国各地子公司亦生产相同包装和瓶贴的啤酒。"雪花勇闯天涯"活动是雪花啤酒(中国)公司组织的全国范围的品牌推广活动,自 2005 年开始已举行了十一届,2015 年举办"雪花·勇闯天涯·大学生挑战未登峰",2016 年延续"雪花·勇闯天涯·大学生挑战未登峰"主题活动,活动宣传语为"大学生·勇闯天涯""2016 年敢来吗!挑战自己,挑战青春,挑战未登峰"。举办该 2016 年主题活动的同时,华润雪花啤酒各地分公司推出本案被控侵权的"大学生版雪花勇闯天涯啤酒"。高源提起诉讼要求二被告停止侵权并赔偿损失。

天津市第二中级人民法院经审理认为,被告滨海雪花啤酒公司、雪花啤酒(中国)公司在使用"大学生"词汇时,均是与其"勇闯天涯""雪花"商标结合使用,并在"雪花·勇闯天涯"啤酒的宣传语境下使用,其目的是要借用"大学生"和"勇闯天涯"两词的结合文义,表达激发大学生挑战自我、不畏艰险、勇往直前的精神,其使用方式属于对"大学生"固有文义的描述性

① 曾陈明汝:《商标法原理》,中国人民大学出版社,2003 年版,第 10 页。
② 衣若芬:《商品宣传与法律知识——19 世纪 20—30 年代虎标永安堂药品的"反仿冒"广告》,载《苏州科技学院学报》(社会科学版)2014 年第 2 期。
③ (2016)津民终 398 号。

使用,并非标识商品用于识别商品来源的商标性使用。"大学生"为通用词汇,其作为注册商标具有显著性较弱、识别性不强的特征,其自身属性决定了保护范围会受到更多的限制。本案原告又未提交证据证明该商标经过广泛使用具有一定影响力,并产生在啤酒和饮料等商品上与"大学生"商标的紧密联系和直接对应性效果,因此应当根据实际情况从公平角度考虑,防止将"大学生"词汇完全纳入商标权人专用领域,排除他人正当使用。故判决驳回原告高源的诉讼请求。

原告高源不服一审判决,提起上诉。天津市高级人民法院经审理认为,原审判决认定事实清楚,适用法律正确,判决驳回上诉,维持原判。

**案例评析**

商标最主要的功能是指示商品或者服务的来源,以区分不同生产者的商品或服务。商标法规定的商标性使用,也指的是该使用行为发挥的是商标的区分识别功能。妨碍商标识别功能发挥的使用行为,通常构成商标侵权;反之,不构成侵权。

相关案例:不二家食品有限公司诉钱某某等商标侵权案,老凤祥公司诉苏果超市(淮安)公司侵害商标权案。

# 第三节　商标的种类

《中华人民共和国商标法》(以下简称《商标法》)关于商标种类的规定主要是第 3 条①和第 8 条②。商标可以根据不同的标准进行分类,严格意义上来说,这种分类是很有必要的,因为不同类别的商标,获得注册的条件往往有所不同,法律的保护手段也是有差异的。例如,声音和商品外包装很难具备固有显著性,通常需要经过使用并获得显著性之后才能被注册为声音商标和立体商标。再如,集体商标和证明商标并不发挥通常意义上识别商品或者服务来源的作用,其注册与保护也相应地具有特殊性③。

## 一、商品商标和服务商标

根据商标识别对象的不同,商标可以分为商品商标和服务商标。商品商标是用来分辨商标的提供者,而服务商标则是用来识别服务提供者。例如我们熟知的德邦物流、链家等均属于服务商标,如图 1-1 所示,而娃哈哈、面包新语则属于商品商标,如图 1-2 所示。

图 1-1　服务商标　　　　　　　　　　　　图 1-2　商品商标

---

①　《商标法》第 3 条:经商标局核准注册的商标为注册商标,包括商品商标、服务商标和集体商标、证明商标;商标注册人享有商标专用权,受法律保护。

②　《商标法》第 8 条:任何能够将自然人、法人或者其他组织的商品与他人的商品区别开的标志,包括文字、图形、字母、数字、三维标志、颜色组合和声音等,以及上述要素的组合,均可以作为商标申请注册。

③　王迁:《知识产权法教程》(第四版),中国人民大学出版社,2014 年版,第 107 页。

　　而商品商标又可以分为制造商标和销售商标。制造商标多用于区分商品的制造者,而销售商标则用于识别商品的销售者。比如,"华为""联想""mindray"等都是用来标注产品的来源,以此证明相应的产品是自己所生产制造,如图1-3所示。而对于"华润万家""沃尔玛"等许多大型超市来说,为了使自己在日趋激烈的市场竞争中更具竞争力,也会在许多小商品上印上自己的商标,以此来宣传自己的商业信誉。在这种情况下,华润万家的商标就具有销售商标的属性了,如图1-4所示。

图 1-3　制造商标　　　　　　　　　　　　　　　　　图 1-4　销售商标

## 二、普通商标、集体商标、证明商标

　　根据商标注册主体的不同,商标可以分为普通商标、集体商标以及证明商标。

　　集体商标(collective mark),是指以团体、协会或者其他组织名义注册,专供该组织成员在商事活动中使用,以表明使用者在该组织中的成员资格的标志。在有些国家,也可能由一些企业的联合会作为代表去注册,有时由领导这些企业的政府机关代行注册。集体商标的作用是向用户表明使用该商标的企业具有共同的特点。一个使用着集体商标的企业,有权同时使用自己独占的其他商标。在我国、美国、多数大陆法系的西方国家、一些东欧的国家和一些发展中国家的商标法中,都有给予集体商标以注册保护的规定。

　　证明商标,是指对于某种商品或者服务具有监督能力的组织所控制,而由该组织以外的单位或者个人使用于其商品或者服务,用于证明该商品或者服务的原产地、原料、制造方法、质量或者其他特定品质的特征,如质量标记、羊毛制品标记等,如图1-5所示。这些商标并不属于任何人或者企业专有,只有来源于某一地区或者达到相应的标准就可以使用该商标。

图 1-5　证明商标

　　地理标志是基于原产地的自然条件和原产地的世代劳动者的集体智慧而形成的标志,它应属于原产地劳动者集体所有,是一种集体权利而非公权,因为公权是政治权力,私权是平等主体之间的财产权利和人身权利。国际上对地理标志的保护,最早是在1883年的《保护工业产权巴黎公约》(以下简称《巴黎公约》)中有体现,但当时并无清晰的定义,该公约第1条第2项规定:工业产权的保护对象有专利、实用新型、外观设计、商标、服务标记、厂商名称、货源标记和原产地名称及制止不正当竞争。《巴黎公约》公约第10条规定了假标记:对带有假冒原产地或生产标记的商品进口时予以扣押。我国《商标法》第16条第2款规定,前款所称地理标志,是指标示某商品来源于某地区,该商品的特定质量、信誉或者其他特征,主要是由该地区的自然因素或者人文因素所决定的标志。一个地理标志必须包括三个方面的要件:①该地理标志必须是标示出某商品来源于某成员地域内,或者源于该地域中的某些地区或者某地方;②该商品必须具有某种特定的质量、信誉或者其他特征;③这些特征必须主要于该地理来源相关联。信阳毛尖、郫县豆瓣酱、柳州螺蛳粉、景德镇瓷器等都属于地理标志,如图1-6所示。

图1-6 地理标志

### 三、可视商标和非可视商标

可视商标和非可视商标区别的关键在于该商标是否可以通过视觉感知。可视商标包括文字、图形、文字与图形结合的商标,比如上文提到的奔驰车标、面包新语的图形文字组合商标都属于可视商标的范畴。非可视商标主要包括声音、气味商标等,比如腾讯公司QQ的"滴滴滴滴滴滴"声音,网红主播李佳琦的"OMG""买它、买它"都属于声音商标。同样,气味商标也属于非可视商标。我国《商标法》在2013年修订之后,不仅规定可视商标可以作为商标注册,也允许声音商标的注册。我国《商标法》第8条规定:"任何能够将自然人、法人或者其他组织的商品与他人的商品区别开的标志,包括文字、图形、字母、数字、三维标志、颜色组合和声音等,以及上述要素的组合,均可以作为商标申请注册。"

**典型案例**

## 腾讯公司 QQ 案①

2014年5月4日,腾讯公司向国家工商行政管理总局商标局(简称商标局)提出第14502527号"嘀嘀嘀嘀嘀嘀"(声音商标)商标(简称申请商标)的注册申请,指定使用在第38类"电视播放、新闻社、信息传送、电话会议服务、提供在线论坛、计算机辅助信息和图像传送、提供互联网聊天室、在线贺卡传送、数字文件传送、电子邮件(截止)"服务上。

针对申请商标的注册申请,商标局于2015年8月11日作出商标驳回通知,依据《商标法》第11条第1款第(3)项作出不予注册的决定,其理由为:申请商标由简单、普通的音调或旋律组成,使用在指定使用项目上缺乏显著性,不得作为商标注册。

该案件最终上诉至北京知识产权法院和北京市高级人民法院,均判定腾讯公司的QQ声音商标具有显著性,商评委应重新作出裁定。

**案例评析**

通常情况下,不存在在一个商品或者服务项目上经过使用而取得显著特征的标志,即可仅因其在该商品或者服务上的使用行为,而在其他商品或者服务项目上当然获得显著特征。

---

① 一审(2016)京73行初3203号;二审(2018)京行终3673号。

对于通过使用而取得显著特征的商标的审查,必须遵循"商品和服务项目特定化"之审查原则,避免显著特征使用取得认定过程中的泛化处理和以偏概全。

北京市高级人民法院认为,腾讯公司提供的证据能够证明申请商标"嘀嘀嘀嘀嘀嘀"声音通过在 QQ 即时通讯软件上的长期持续使用,具备了识别服务来源的作用。原审判决认定申请商标在与 QQ 即时通讯软件相关的"信息传送、提供在线论坛、计算机辅助信息和图像传送、提供互联网聊天室、数字文件传送、在线贺卡传送、电子邮件"服务上具备了商标注册所需的显著特征并无不当,申请商标可以在上述服务项目上予以初步审定,本院对此予以确认。

### 四、驰名商标和著名商标

驰名商标(well-known trade mark)又称为周知商标,最早出现在 1883 年签订的《巴黎公约》。我国于 1984 年加入该公约,成为其第 95 个成员国。和其他加入《巴黎公约》的成员国一样,我国依据该公约的规定对驰名商标给予特殊的法律保护,这已经成为我国商标法制工作中的一个重要组成部分。通常认为,驰名商标是指经过长期使用,在市场上享有较高的知名度,为社会大众所普遍知悉的商标,比如"可口可乐""奔驰""Fedex""五粮液""老干妈"等。

著名商标是指知名度高于普通商标但是低于驰名商标的商标,指在本地(市)范围内商标所有人拥有的,在本地市场上享有较高声誉并为相关公众所熟知的注册商标。由当地(市)工商行政管理局负责本地(市)知名商标的认定和管理工作。例如,"白云边"被评为湖北省著名商标,"银桥"被评为陕西省著名商标。

## 第 四 节 商标的使用

### 一、商标使用的概念

商标最基本也是最重要的功能就是表明商品或者服务的来源,正因为商标发挥着标识来源的作用,所以只有将商标投入实际使用之中才能真正被消费者了解,进一步实现其本质功能。商标,作为商业标识,必须在商业过程中使用,才具有生命力,否则就是一枚标志,而不能称为商标。商标使用,从某种意义上讲,是商标的一个本质属性。"商标使用"在《商标法》中有明确的规定。《商标法》第 48 条规定:本法所称商标使用,是指将商标用于商品、商品包装或者容器以及商品交易文书上,或者将商标用于广告宣传、展览以及其他商业活动中,用于识别商品来源的行为。该规定从形式和实质两个方面对商标使用进行了规定,形式上商标使用必须附着于相关载体(商品、包装、广告宣传等),实质上商标使用必须是用于识别商品来源的行为。由于对于这一条款的解读不同,我国理论界和实务界对商标的使用和理解也有所不同。葛洪义强调在商业活动中使用商标应该满足公开、连续、真实的要求,同时要具有区分商品来源的目的[①]。学者曹佳音则认为商标使用应包含两方面的内容:行为

---

① 葛洪义:《论商标的使用及其认定——基于〈商标法〉第三次修改》,载《中国检察官》,2011 第 11 期。

表现和功能特征,事实上前者是法条列举的使用方式,后者是对使用目的识别商品来源的另一种表述①。北大教授张今指出,商标使用是以指示商品或服务来源为直接目的,将贴附商标的商品或服务投入商业活动中的一切行为②。

虽然学者们对商标使用内涵的表述各有不同,但是本书认为,各位学者在商标法对商标使用规定的基础上,对其理解不同导致表述有所区别但是核心内容并无分歧。因此,本书认为应将商标使用的概念界定为:将商标用于商业活动中,并能够实现区分商品或者服务来源目的的使用行为。

## 二、商标使用的目的

商标的使用目的在于"识别商品来源",即通过使用商标,使他人了解该商品来源于什么地方或者来源于什么企业。换言之,就是通过商标的使用,使他人知道该商品是由哪个企业生产制造的,或者该企业是做什么的。2019 年修改的《商标法》第 4 条中增加的"使用目的",是遏制恶意商标注册申请所有法律规范的基石。由于现行法律并未将"使用目的"规定为注册商标申请的要件,因而并未审查申请人是否具有"使用目的",而仅仅在有人提出异议、"撤三"和无效程序中,个案审查申请人或注册商标权利人是否具有"使用目的"。

根据《商标法》第四次修改可知,应该在注册商标申请时,要求申请人提交"实际使用"或"诚实的使用意图"的证据。针对业界广为关注的"防御商标",建议在确有必要存在的情况下,将"防御"本身认定为"诚实的使用意图"。

当然,如果将来在审查阶段就可以基本阻止他人注册属于第三人本应注册的"防御商标","防御商标"则失去了存在的价值,而且能释放出诸多可以用以注册为商标的符号资源。

## 三、商标使用的方式

根据《商标法》第 48 条的相关规定,从商标的使用方式上来讲,包括以下七种具体形式:

(1)将商标用于商品上。即将商标直接使用在商品上。如一些汽车制造企业,将注册的商标制作出来,并镶嵌于车头、后备厢等部位。又如一些计算机制造企业,将注册的商标先制作出来,再镶嵌于计算机显示屏、主机上等。将商标用于商品上,虽然本身不涉及商品的使用效能,但从整体上、美观上看,商标已经成为商品的一个组成部分。这是一种比较常见的商标使用方式,特别是在一些电器、电子、服装、机械等类的商品上。

(2)将商标用于商品的包装上。即在商品的包装上使用商标。现实生活中,有些商品,如食品、药品等,需要一定的包装。在商品的包装上使用商标,如将商标印制在包装物上等,也是一种常见的商标使用方式。

(3)将商标用于容器上。即在商品的容器上使用商标。现实生活中,有些商品,如酒类、油类等以液体形式出现的商品等,需要一定的容器盛装。在商品的容器上使用商标,如在酒瓶上印制商标等,也是一种常见的商标使用方式。

(4)将商标用于交易文书上。即在合同文本等交易文书上使用商标。如有些企业将商标直接印制在合同意向书、合同正式文本上等。这种商标使用方式,主要是一些外资类企业

---

① 曹佳音:《我国商标法中"商标使用"概念辨析——以贴牌加工为线索》,载《北方法学》,2016 年第 2 期。
② 张今:《对驰名商标特殊保护的若干思考》,载《政法论坛》2000 年第 2 期。

以及国内一些具有相当经营规模或者具有相对优势地位,且通常是提供格式合同文本一方当事人的企业较多采用。

(5)将商标用于广告宣传中。即在广告宣传中使用商标。如有的企业制作的广告宣传片中,反复出现该企业的商标。又如有的企业在其印制的企业成长历程或者产品介绍等材料上使用商标等。这也是一种比较常见的商标使用方式。

(6)将商标用于展览中。即在展览中使用商标。如在某类产品的展销会上,直接在企业的展销摊位上使用商标等。

(7)将商标用于其他商业活动中。即在上述情形以外的其他商业活动中使用商标。如在某部电视剧作品中,某企业提供了赞助,在该电视剧中使用该企业的商标;又如某企业举办招待酒会,在酒会现场摆放特别制作的本企业的注册商标等。

## 典型案例

### "大桥 DAQIAO 及图"商标撤销复审行政纠纷案[①]

杭州油漆公司主张复审商标在 2003 年 11 月 16 日至 2006 年 11 月 15 日期间未进行符合《商标法》第 44 条规定的使用,而金连琴所主张的对复审商标的使用主要是指复审商标的广告出现在 2006 年 8 月 21 日的《湖州日报》及发生在 2006 年 9 月初使用复审商标的内外墙涂料商品的销售行为。在 2003 年 11 月 16 日至 2006 年 11 月 15 日这一期间,现有证据无法证明复审商标存在其他使用行为,且金连琴及商标评审委员会也未提供至今仍在使用复审商标的证据。这就是说,在 2003 年 11 月 16 日至 2006 年 11 月 15 日这三年期间里,使用复审商标的商品销售额仅为 1800 元,期间也仅有一次广告行为投放于在全国发行量并不大的《湖州日报》上,且上述广告行为与使用复审商标的商品销售行为均发生在杭州油漆公司主张复审商标未使用的三年期间后期,故本院认定复审商标的上述使用系出于规避《商标法》第 44 条相关规定以维持其注册效力目的的象征性使用行为,而不是出于真实商业目的的使用复审商标。因此,复审商标的上述使用不符合《商标法》第 44 条规定的使用行为,原审法院有关金连琴提交的证据无法证明复审商标在涉案三年期间已进行了符合《商标法》第 44 条第 4 项规定的使用行为的认定是正确的,商标评审委员会与金连琴的上诉理由均不能成立,其上诉请求本院不予支持。

**案例评析**

在商标法意义上使用商标包括将商标用于商品、商品包装或者容器以及商品交易文书上,或者将商标用于广告宣传、展览以及其他商业活动中。商标使用应当具有真实性和指向性,即商标使用是商标权人控制下的使用,该使用行为能够表达出该商标与特定商品或服务的关联性,能够使相关公众意识到该商标指向了特定的商品或服务。对于仅以或主要以维持注册效力为目的的象征性使用商标的行为,不应视为在商标法意义上使用商标。判定商标使用行为是否属于仅以或主要以维持注册效力为目的的象征性使用行为,应综合考察行为人使用该商标的主观目的、具体使用方式、是否还存在其他使用商标的行为等因素。

---

① (2010)京行终字第 294 号。

**典型案例**

## 成超与通用磨坊食品亚洲有限公司、国家工商行政管理总局商标评审委员会商标撤销案

成超因与通用磨坊食品亚洲有限公司(以下简称通用磨坊公司)、国家工商行政管理总局商标评审委员会(以下简称商标评审委员会)商标撤销复审行政纠纷一案,不服北京市高级人民法院(2014)高行终字第1934号行政判决,向最高人民法院申请再审。

成超主张复审商标在法定期间内以广告宣传和许可他人使用的方式进行了真实的商业使用,但从其提交的相关证据来看,并不能佐证其主张。成超提交的其与苏州吴越春秋文化传媒有限公司签订的《广告代理合同》《广告协议》及用于佐证履行情况的发票、《姑苏晚报》有关湾仔码头小吃部的招商广告,不能证明复审商标在核定使用服务上进行了实际使用;成超与苏州凌琳日化有限公司食堂签订的《湾仔码头商标合作合同》以及与宁波海曙天一湾仔码头茶餐厅签订的《商标合作协议》,均没有有效证据佐证其实际履行情况,故上述证据不能证明复审商标在核定使用的服务上进行了实际使用。成超虽与苏州市吴中区金庭西湾农家乐饭店签订了《商标许可使用合同》,但无有效证据证明复审商标的实际使用情况,成超提交的《城市商报》中缝刊登的苏州市吴中区金庭西湾农家乐饭店"畅游太湖品位农家"广告,不仅晚于复审商标的指定期间,且该证据亦不能佐证复审商标的实际使用。综上,成超所提交的上述证据均不能佐证复审商标在指定期间进行了实际使用,成超关于二审法院认定事实错误的申请再审理由不能成立,本院不予支持。

**案例评析**

商标标识的价值在于能够识别商品或者服务的来源,2001年修正的《商标法》第44条规定,撤销不使用商标的目的在于促使商标的实际使用,发挥商标的实际效用,防止浪费商标资源。2002年修订的《中华人民共和国商标法实施条例》(以下简称《商标法实施条例》)第3条规定,商标的使用,包括将商标用于商品、商品包装或者容器以及商品交易文书上,或者将商标用于广告宣传、展览以及其他商业活动中。商标的使用,不仅包括商标权人自用,也包括许可他人使用以及其他不违背商标权人意志的使用。没有实际使用注册商标,仅有转让、许可行为,或者仅有商标注册信息的公布或者对其注册商标享有专有权的声明等,不能认定为商标使用。判断商标是否实际使用,需要判断商标注册人是否有真实的使用意图和实际的使用行为,仅为维持注册商标的存在而进行的象征性使用,不构成商标的实际使用。

**典型案例**

## "汉武刘彻大帝"商标撤销复审案

第7217244号"汉武刘彻大帝"商标(以下称复审商标)由闫夕阳于2009年2月25日向商标局申请注册,于2010年7月28日核准注册,核定使用在第33类"酒(饮料)、薄荷酒、果酒(含酒精)、烧酒、蒸馏酒精饮料、葡萄酒、蜂蜜酒、含水果的酒精饮料、含酒精液体、黄酒"商品上。复申商标经商标局核准于2013年5月20日转让予金华和润商贸有限公司,又于2014年2月13日转让予金华市金笑商贸有限公司,即本案申请人。被申请人贵州汉武大帝

酒业有限公司于 2015 年 10 月 14 日对复审商标提出撤销三年不使用申请,商标局审查认为,申请人提交其在 2012 年 10 月 14 日至 2015 年 10 月 13 日期间(以下称指定期间)复审商标的使用证据无效,遂作出撤三字〔2016〕第 Y005833 号撤销决定予以撤销。申请人不服该决定,于 2016 年 8 月 8 日向商标评审委员会申请复审。复审的主要理由是:申请人是复审商标的合法拥有者,复审商标经长期、持续、有效的使用已具有知名度,请求对复审商标维持注册。对此,被申请人答辩称:经调查,复审商标未真实投入商业使用。申请人提交的证据多为自制证据,缺乏真实性、合法性、关联性,申请人提交的发票证据为象征性使用,申请人虽然提供公证件,但不能证明复审商标在指定期限内真实流通于市场。因此,请求撤销复审商标的注册。

　　商标评审委员会经审理认为:商标的使用是指商标的商业使用,包括将商标用于商品、容器以及商品交易文书上,或者将商标用于广告宣传、展览以及其他商业活动中。商标的使用人既包括注册人,也包括注册人许可的他人。金华和润商贸有限公司与其他公司的委托加工合同及发票、加工定做合同、经销商合同及发票、产品形象设计合同、发票及公证书和申请人在商标局审理期间提交的一张销售发票形成时间早于指定期间,不能证明复审商标在指定期间的实际使用情况;申请人经营部租赁合同、联营专柜合同证据未提供租赁发票予以佐证,不能证明合同实际履行情况;申请人提交的户外广告、店铺照片证据在缺乏其他证据予以佐证的情况下无法确定其形成时间,不能证明复审商标在指定期间的实际使用情况;申请人在我委审理期间提交的三张销售发票所涉及商品数量、金额均较少,难以认定复审商标附着在商品上从生产环节进入流通环节,并为不特定公众所知悉的商业使用状态,且不符合一般销售惯例,有为规避法律规定而进行象征性使用之嫌。综上所述,在案证据不足以证明复审商标在指定期间内在复审商品上进行了公开、合法真实的使用,复审商标应予撤销。

### 案例评析

　　构成商标法意义上的商业使用的前提是该商品必须真实合法流通于市场,并出于以商业经营为目的的真实使用意图,从而使该注册商标达到或发挥出区分商品来源的作用,不以区分商品来源为目的的使用不能认定为商标法意义上的商业使用。与此同时,商标的使用应当与其核定使用的商品紧密联系起来。更进一步说,注册商标应附着在商品上,从生产环节进入到市场流通环节,并为不特定公众所知悉的商业使用状态,且应符合人们日常生活经验法则和行业销售交易惯例,不能使相关公众在商标与其所标示的商品之间建立紧密联系,意在通过自制证据维持注册商标的单次、象征性使用,均缺乏真实的商业使用意图,属于有为规避法律规定而进行单次性、象征性使用行为,当然应予以撤销。

## 典型案例

### 莱斯防盗产品国际有限公司诉浦江亚环锁业有限公司侵害"PRETUL"商标案[①]

　　储伯公司设立于墨西哥,在墨西哥等多个国家和地区在第 6 类、第 8 类等类别上注册了"PRETUL"或"PRETUL 及椭圆图形"商标,其中注册号为 770611、注册类别为第 6 类的

---

① (2018)京行终 5471 号。

"PRETUL"商标于 2002 年 11 月 27 日在墨西哥注册。

2003 年 5 月 21 日,许浩荣在中国获准注册第 3071808 号"PRETUL 及椭圆图形"商标,核定使用商品为第 6 类的家具用金属附件、五金锁具、挂锁、金属锁(非电)等。2010 年 3 月 27 日,该商标转让给莱斯公司。

2010 年 8 月,储伯公司与亚环公司签订了两份售货确认书,分别约定亚环公司供给储伯公司挂锁 684 打、10233 打,总金额为 3069.79 美元及 61339.03 美元。经储伯公司授权,两批挂锁的锁体、钥匙及所附的产品说明书上均带有"PRETUL"商标,而挂锁包装盒上则均标有"PRETUL 及椭圆图形"商标。货物在出口至墨西哥时,因涉嫌侵犯莱斯公司的商标专用权被宁波海关扣留。

原告莱斯公司认为亚环公司生产并销售带有"PRETUL"商标的挂锁,侵犯了其商标权,将亚环公司诉至法院。本案经宁波市中级人民法院一审、浙江省高级人民法院二审及最高人民法院提审,最终认定亚环公司涉外贴牌加工的行为不构成对莱斯公司的商标侵权。

**案例评析**

商标作为区分商品或者服务来源的标识,其基本功能在于商标的识别性,亚环公司依据储伯公司的授权使用相关"PRETUL"标志的行为,在中国境内仅属物理贴附行为,为储伯公司在其享有商标专用权的墨西哥国使用其商标提供了必要的技术性条件,在中国境内并不具有识别商品来源的功能。因此,亚环公司在委托加工产品上贴附的标志,既不具有区分所加工商品来源的意义,也不能实现识别该商品来源的功能,故其所贴附的标志不具有商标的属性,在产品上贴附标志的行为亦不能被认定为商标意义上的使用行为。

## 典型案例

## "汾酒"商标不规范使用侵权案

山西汾阳市杏花村宴会汾酒业有限公司(以下简称:宴会汾酒公司)被山西杏花村汾酒厂股份有限公司(以下简称:杏花村汾酒公司)认为侵犯了"汾酒"商标而告上了法庭。

宴会汾酒公司取得了"青汾"商标的授权,生产"青汾"酒。不过,宴会汾酒公司生产的青汾酒包装上并没有原样使用注册的"青汾"商标。"青汾"商标是一个图形商标,把"青汾"两个字设计成了一个三角形。宴会汾酒公司在使用的时候着重用了"青汾"两个文字,而不只用了图形。而杏花村汾酒公司是"汾酒"的商标注册人,它认为宴会汾酒公司使用文字"青汾"侵犯了"汾酒"的商标权。

本案经过法院一审、二审,已经判决。法院认为:宴会汾酒公司对商标的这种使用方式侵犯了"汾酒"商标的商标权,应该承担相应的侵权责任。

**案例评析**

已经注册的商标,经过了商标局的审查,符合《商标法》的规定,理论上不会发生与在先注册的相同或者类似的商品上的商标相同或者近似的情况,也不会发生与在后注册的相同或者类似的商品上的商标相同或者近似的情况。但是,这种审查只限于申请注册的商标标识本身。当商标注册人自行改变注册商标之后,其实改变后的商标已经不是经核准注册的商标了,而是成为新的商标,新的商标是否与在先注册或者在后注册的相同或者类似商品上的商标相同或者近似是无法保证的,非常可能出现与已经注册的相同或者类似商品上的商标相同或者近似的情况,产生侵权纠纷。

# 第五节 我国商标法的立法宗旨和演变

## 一、商标法的立法宗旨

《商标法》第1条规定:"为了加强商标管理,保护商标专用权,促使生产、经营者保证商品和服务质量,维护商标信誉,以保障消费者和生产、经营者的利益,促进社会主义市场经济的发展,特制定本法。"该条款自1982年商标法颁布以来,几乎没有任何改变,被称为《商标法》的"立法宗旨"。该立法宗旨可以理解为:通过要求商标管理机关主动解放思想、实事求是;把握方向、调查研究、与时俱进,完善管理体系、提高管理能力;有效地保护注册商标和未注册商标的合法权益。同时,为了保护商标专用权,需要相关机关依法核准注册商标,其注册人对该商标所享有的"排他性"支配权——可以自己独占使用,也可许可他人使用,但他人不得擅自使用。

总之,《商标法》通过一系列条款,惩罚侵犯商标专用权的行为、实施对商标专用权的保护。让人民当家做主,促使生产、经营者保证商品和服务质量,维护商标信誉,以保障消费者和生产、经营者的利益,促进社会主义市场经济的发展。也就是说从商标法律制度的建立和健全,到商标的基本标准、注册条件、商标专用权的取得和保护,以及对商标违法犯罪行为的惩治等各方面来看,都以"促进社会主义市场经济的发展"为出发点、体现社会主义市场经济发展的要求。

## 二、商标法的历史变迁过程

中国知识产权制度的历史,是一部从"逼我所用"到"为我所用"的制度变迁史,也是一部从被动移植到主动安排的政策发展史[1]。我国《商标法》颁布于1982年,并于1983年3月1日起实施,该法历经1993年第一次修订、2001年第二次修订和2013年第三次修订和2019年的第四次修订,走过了三十余年的历程,条文数量和实质内容都发生了重大的变化,从43条增至73条。

从时间和社会转型来看,《商标法》与我国改革开放、法治现代化以及社会主义市场经济的确立与发展一路同行。回顾过去,《商标法》的历次修订都反映了我国不同时期的社会经济状况,立法对各个阶段的现实需要都作出了回应[2]。三十余年来,我们的商标法律研究和实践在重视学习外国相关制度以融入世界经济体系的同时,也在不断积累中国经验,使我们的商标制度慢慢刻上了本土烙印。

《商标法》1993年的修改和2001年的修改,根本动因和目标是配合加入世界贸易组织的进程以及履行加入世界贸易组织的承诺,也就体现了非常明显的"被动""外压"属性。但是2013年的《商标法》的第三次修改则完全是为了解决中国当时的现实需求做出的"自觉"动作。第四次修法依然以中国现实问题为导向,充分体现我们的知识产权保护法律制度从外压型被动立法到自觉型主动立法的真正蜕变。1993年《商标法》第一次修改的主要原因是

---

① 吴汉东:《利弊之间:知识产权制度的政策科学分析》,载《法商研究》2006年第5期。
② 金武卫:《〈商标法〉第三次修改回顾与总结》,载《知识产权》2013年第10期。

随着改革开放的不断深化和实践经验的积累,中国确立建立社会主义市场经济体制,特别是中国又先后加入《巴黎公约》和《商标国际注册马德里协定》(以下简称《马德里协定》),需要进一步完善中国的商标法律制度,与国际上通行做法相衔接,以适应中国发展社会主义市场经济的需要。这一时期的更改,主要涉及:①扩大了商标保护的范围,增加了对服务商标的注册和保护;②加大了对商标侵权行为的打击力度;③增加地名不得作为商标注册的规定;④增加商标使用许可的规定;⑤明确了注册不当商标的撤销规定。

2001年《商标法》的修改是国家工商行政管理总局在总结实践经验和广泛征求意见的基础上,按照中国加入世界贸易组织的承诺,针对1993年《商标法》与《与贸易有关的知识产权协定》(以下简称《TRIPS协定》)存在的差距进行修改[①]。这次修改的主要内容是:①扩大商标权的主体和客体。将集体商标、证明商标纳入商标法;商标构成要素增添了新内容,准予注册立体商标;增加对驰名商标保护的内容,明确了认定驰名商标时应考虑的因素。1993年的《商标法》没有规定驰名商标保护制度,《中华人民共和国商标法实施细则》(以下简称《商标法实施细则》)只规定了保护"公众所知悉的商标",此次修改明确规定了对驰名商标的特殊保护制度,即对驰名的未注册商标的跨类保护。②商标确权程序增加司法审查,即如果当事人不服商评委员会裁决的,可以依法提起行政诉讼。③加大了工商行政管理部门查处商标侵权行为的手段,增加诉前申请财产保全、证据保全等救济措施。

2013年《商标法》的第三次修改是因为随着社会的进步,经济逐步全球化,商标在经济生活中的作用越来越大,现行商标法已有的内容已经难以适应社会发展的需要。因此为了简化商标审查的程序,防止确权时间过长,以及遏制商标领域的抢注以及不正当竞争的现象,2013年对商标法进行了第四次修改。与以往不同的是,此次修改是为了适应社会发展的需求,国家工商行政管理总局进行主动修改,这也在另一层面上反映了我国知识产权保护的进程实现了一个新的跨越。此次修改的主要内容是:①增加关于商标审查时限的规定;②完善商标注册异议制度;③理清驰名商标保护制度;④加强商标专用权保护;⑤规范商标申请和使用行为,禁止抢注他人商标,维护公平竞争的市场秩序;⑥规范商标代理活动;⑦明确将他人商标用作字号的处理方式,即将他人注册商标、未注册的驰名商标作为企业名称中的字号使用,误导公众,构成不正当竞争行为;⑧增加了对注册商标退化为通用名称予以撤销的规定,对商标申请注册时并不构成核定使用商品的通用名称,但因商标注册人使用不当或者导致商标显著性特征退化变成通用名称的情形作出了相应规定。

2019年《商标法》的第四次修改,仍然是一次主动修改。此次修改的主要原因是第三次修改的基本目标已经达成,在扩大商标注册范围、明确审查审理时限、打击驰名商标保护异化、规范商标侵权认定等等方面,都取得了良好的实施效果。但自2014年5月1日第三次修改后的《商标法》实施以来,我们国家的经济发展状况、市场营商环境、包括商标保护在内的知识产权保护状况都发生了变化,而本次修法主要是对本次修法要回应这些变化,修改主要涉及以下几个方面:

(1)遏制商标恶意抢注、化解商标囤积压力

尽管早在2001年修改的《商标法》就已经明确了禁止抢先注册他人已经使用并具有一定影响的商标,但是一直以来,恶意抢注商标、囤积而后倒卖商标、商标闲置的现象仍屡见不

---

① 汪泽:《中国商标案例精读》,商务印刷馆,2015年版,第58页。

鲜。从积极的方面看,这个现象反映了商标的市场价值得到认可,甚至在某些情况下也一定程度上体现了市场主体的商标保护意识和战略管理意识在提高。但是,从消极的方面看,以商标为买卖对象,注册而不用的市场营商环境存在巨大的问题,市场诚信经营的观念差,也与商标法法律制度最初的设计初衷相悖。闲置商标大量存在,以在先注册阻碍在后申请,但真正意图是用商标的主体获得注册,这进一步造成注册恐慌,商标申请量和注册量持续冲高,实际上导致恶性循环。具体来看,此次修改主要体现在第4条第1款在原有条文的基础上增加了不以使用为目的的恶意商标注册申请,应当予以驳回,第19条第3款也在关于代理机构应遵循诚实信用原则的基础上增加了恶意囤积应拒绝委托的限制,第33条关于商标异议的条款同样增加了恶意囤积可以作为商标异议的条件,第44条关于商标的无效也将恶意囤积纳入。可以看出,为了遏制商标抢注、囤积行为,第四次商标修改主要从事前、事中、事后三方面全方位进行遏制:①在申请阶段将予以驳回;②在初步审定公告阶段,在先权利人、利害关系人有权据此提出异议;③即使已经注册成功,也将面临被宣告无效。这里面的关键词是"恶意"和"情节严重"。什么是"恶意"?什么是"情节严重"?引用上海华东政法大学的黄武双教授关于惩罚性赔偿的观点,理论上不需要考虑那么多的"情节严重",其实就是主观的恶意,就是明明知道商标权的存在,却置若罔闻,仍然去实施侵权行为。惩罚性赔偿,其实就是惩罚恶意,完全一模一样的直接侵权,很多侵权行为都是硬上,谁好就仿谁,而且反复多次侵权的,完全可以适用惩罚性赔偿。

## 典型案例

### "JOY@ABLE"商标驳回复审案[①]

郑州易值科贸有限公司短期内提交了大量注册申请,经复审认为,申请人作为商标注册人,在全部45个商品及服务类别上共注册了929件商标,其中2018年至2019年不足9个月的时间内就申请注册了500余件商标。申请人短期内大量申请注册商标的行为明显超出了生产经营的正常需要。申请人关于其近期商标申请均为其实际使用商标扩展注册的复审理由与其实际申请行为及商标的构成情况不符,不能解释其注册行为具有合理性和正当性。因此,申请商标已构成《商标法》第4条所指情形。申请人提交大量申请,明显超出正常经营活动需要,缺乏真实使用意图,亦扰乱正常的商标注册秩序。根据《商标法》第4条、第30条的规定,国家知识产权局决定驳回上述商标注册申请。

**案例评析**

适用《商标法》第4条规定,需要慎重把握"不以使用为目的"及"恶意"两个要件,综合考量以下几点:申请人的具体情况、申请人的商标申请注册量及申请注册的类别跨度和时间跨度、申请人名下商标的标识构成及申请人是否有合理的抗辩事由。

(2) 提高了"赔偿额度"

提高"赔偿额度"主要体现在两方面:①提高了"恶意侵犯商标专用权"的赔偿限额:在确定数额以后,按照一至五倍确定赔偿数额。②提高了无法确定数额时的赔偿限额:在无法确定数额的情况下,由人民法院根据侵权行为的情节判决给予500万元以下的赔偿(修改

---

① 商评字〔2019〕第0000251009号。

前为 300 万元)。

这是因为在之前的实践经验中,商标侵权代价小而维权成本高,一直是我国知识产权保护领域的突出问题。修改后的新《商标法》第 63 条明确了惩罚性赔偿规定:"对恶意侵犯商标专用权,情节严重的,可以在权利人因侵权受到的损失、侵权人因侵权获得的利益或者注册商标使用许可费的一到三倍的范围内确定赔偿数额。"所谓恶意,是指侵权人在实施这一侵权行为时是具有主观恶意的,在实践中往往体现为"明知"以及反复侵权的行为。

依据现有法律规定,侵犯知识产权的损害赔偿额的计算方式包括原告损失、被告获益、许可使用费的合理倍数和法定赔偿 4 种。这 4 种计算方式都需要原告提交相应证据,然而现实是,原告能提交证明损失的证据是极为有限的,因此判决被告承担的赔偿金额可能难以产生"杀一儆百"的效果。在这种情况下,此次修改的《商标法》将法定赔偿额的上限提升至500 万元,并将惩罚性赔偿额提升至最高 5 倍,应该可以起到更有力的"威慑"作用,更大程度地剥夺侵权人所获非法利益,甚至让侵权行为人巨额"蚀本"。综合发挥提高损害赔偿金额、合理配置举证义务、合理运用举证义务移转规则、合理运用举证妨碍制度的作用,并充分发挥诉前禁令、诉中禁令等救济措施,才有可能实现"把违法成本显著提上去,把法律威慑作用充分发挥出来"的目标。

(3) 针对恶意申请与诉讼的处罚

恶意注册商标的目的,至少包括囤积大量商标用以出售、阻止其他经营者在既有市场或新市场的正当经营行为、讹诈特定权利人、攀附他人商誉并造成消费者混淆和误认等各种情形。此次修改的《商标法》第 68 条增加了第 4 款"对恶意申请商标注册的,根据情节给予警告、罚款等行政处罚;对恶意提起商标诉讼的,由人民法院依法给予处罚。"根据上述规定,除了在先权利人或利害关系人可以在申请、异议、"撤三"、无效等阶段诉求救济之外,还对注册商标申请人的恶意申请注册行为和恶意提起商标诉讼的行为规定了较为严格的处罚措施,这些处罚措施,应该可以发挥有效的震慑作用。实践中,已经存在一些恶意注册商标之人,通过恶意诉讼获得了数十万元、数百万元甚至上千万元的"不义之财"。这些恶意注册和恶意诉讼的行为,如不加遏制,必将怂恿企图不劳而获者,撼动作为市场秩序核心基础的诚实信用原则和公认的商业道德。

## 典型案例

### 平衡身体公司诉永康一恋公司侵害注册商标专用权案[1]

原告平衡身体公司主要从事运动器材的生产销售和健身课程的推广工作,在第 28 类健身器材等商品类别注册有第 17787572 号"MOTR"商标。平衡身体公司早在 2006 年进入中国市场,"MOTR"健身器材及健身项目的相关信息亦常见于微信、搜狐网、《长江商报》、《新快报》等媒体宣传报道。被告永康一恋运动器材有限公司(以下简称永康一恋公司)主要经营运动器材及配件。

2017 年 11 月 11 日,平衡身体公司的代理人通过证据保全方式,在永康一恋公司工厂处购买了一款普拉提滚筒产品。该产品及产品手册封面、培训视频等多处标注"MOTR"标识

---

[1] (2018) 沪 0115 民初 53351 号。

和"balanced body"字样。后平衡身体公司经调查发现,永康一恋公司还通过微信商城、微信朋友圈等方式销售上述产品,并于 2018 年 3 月在"第五届中国(上海)国际健身、康体休闲展览会"上进行展销。永康一恋公司曾因生产出口西班牙的一款产品涉嫌侵犯原告的欧盟商标而于 2012 年与原告签署和解协议,永康一恋公司明确承诺不再实施侵犯平衡身体公司知识产权的行为。平衡身体公司认为永康一恋公司在明知其商标及知名度的情况下实施重复侵权行为,系对平衡身体公司注册商标专用权的恶意侵害,故主张适用惩罚性赔偿,要求永康一恋公司停止侵权并赔偿包括合理支出在内的经济损失共计人民币 300 万元。

永康一恋公司辩称,"MOTR"标识系涉案普拉提滚筒产品的通用名称。涉案商标为"movement on the roller"的英文首字母缩写,中文含义为"在滚轮上的运动",属于对产品功能、用途的描述,不具有显著性。平衡身体公司在国内未以营利为目的而使用涉案商标,涉案商标无法与平衡身体公司之间建立唯一对应的关系。永康一恋公司经营规模小,接触涉案商标的时间短,系根据用户需求购买零部件进行组装,加之涉案产品受众范围小,不存在大量生产、销售的行为。因此,永康一恋公司认为其未侵犯平衡身体公司的涉案商标,无须承担赔偿责任。

法院根据《最高人民法院关于审理商标民事纠纷案件适用法律若干问题的解释》第 14 条的规定,认可平衡身体公司所主张的计算公式,并根据已查明的事实逐一确定上述公式中各项参数的具体数值,在此基础上最终确定侵权获利数额。平衡身体公司主张适用惩罚性赔偿,按照非法获益金额的三倍确定永康一恋公司应承担的赔偿责任。对此法院认为,根据《商标法》第 63 条第 1 款"对恶意侵犯商标专用权,情节严重的,可以在按照上述方法确定数额的一倍以上三倍以下确定赔偿数额"的规定,平衡身体公司的该请求具有事实和法律依据,应予支持。

**案例评析**

商标侵权惩罚性赔偿适用于侵权人恶意侵权且情节严重的情形。认定恶意可考虑是否存在重复侵权行为;认定情节严重可考虑侵权行为的性质、地域范围、规模、后果等因素;认定赔偿基数可根据侵权商品销售量与侵权商品单位利润乘积计算的侵权获利确定,其中侵权商品销售量可根据侵权人的商品宣传内容确定,侵权商品单位利润可根据侵权人自认确定;认定赔偿倍数可根据侵权人的恶意程度、侵权情节的严重程度确定。法院在侵权人拒绝履行证据披露义务构成举证妨碍的情形下,可依据拒证推定原则,综合权利人提交证据的证明效力确定赔偿额。

## 典型案例

### 闪银案[①]

第 13675000 号"闪银"商标(以下称争议商标)由武汉中郡校园服务有限公司(即本案被申请人)于 2013 年 12 月 5 日申请注册,核定使用在第 36 类"保险、金融服务、基金投资、金融贷款、电子转账、信用卡服务、发行有价证券、经纪、担保、信托"服务上,2015 年 9 月 7 日获准注册。2015 年 12 月 7 日北京闪银奇异科技有限公司(即本案申请人)对争议商标提出无

---

① 商评字〔2018〕第 0000103781 号。

效宣告请求。申请人称：被申请人自成立至今，先后在45个类别上申请、注册了包括争议商标在内的共1049件商标，被申请人无实际使用争议商标的意图。被申请人与申请人的代理人电话沟通中，明确表示了其申请商标是通过商标转让进行牟利，而非自己使用。被申请人大量注册商标的唯一目的是通过高额的转让费谋取不正当利益。除武汉中郡校园服务有限公司外，被申请人股东刘凤金、傅发春还设立了多家关联公司抢注商标，其中有两家是专业的商标代理机构。因此，依据《商标法》第44条第1款等规定，请求对争议商标予以无效宣告。对此，被申请人答辩称：被申请人虽申请注册商标数量较多，但并不违反法律规定，请求维持争议商标注册。

经审理认为，被申请人先后在45个类别申请、注册了包括争议商标在内的共1049件商标，其注册数量庞大。申请人提供的腾讯微博、新浪微博页面打印件等可以证明申请人在"金融服务"上在先使用了"闪银"商标，且争议商标与"闪银"完全相同，鉴于"闪银"并非现有固定搭配的词汇，被申请人的注册行为难谓正当，因此，除非被申请人可以合理解释争议商标的渊源，否则争议商标与申请人商标构成巧合的可能性很小。被申请人并未对争议商标的合理来源进行陈述并予以举证。综合考虑以上情形，原商标评审委员会合理认为，被申请人以申请人商标特有表现形式申请注册在与申请人商标使用的"金融服务"具有一定相关性的"金融服务、基金投资、金融贷款、电子转账、信用卡服务"等服务上，具有不正当利用申请人商标以营利的目的。被申请人的注册行为不仅会导致相关公众对服务来源产生误认，更扰乱了正常的商标注册管理秩序，并有损于公平竞争的市场环境，违反了诚实信用原则，不应鼓励和支持。因此，争议商标的申请注册构成了《商标法》第44条第1款规定的情形。

### 案例评析

《商标法》第44条第1款中"以其他不正当手段取得商标注册的行为"是指确有充分证据证明系争商标注册人采用欺骗手段以外的其他扰乱商标注册秩序、损害公共利益、不正当占用公共资源或者谋取不正当利益等其他不正当手段取得注册的行为。该行为违反了诚实信用原则，损害了公共利益。实践中，系争商标申请人申请注册多件商标，且与他人具有较强显著性的商标构成相同或者近似的；系争商标申请人申请注册大量商标，且明显缺乏真实使用意图的，均属于本条所指的"以其他不正当手段取得注册"的情形。

（4）增加"销毁"条款

应权利人请求，根据具体情况，法院责令侵权产品以及用于制造侵权产品的材料、工具的销毁、禁入商业渠道。此外，假冒注册商标的商品不得在仅去除假冒注册商标后进入商业渠道。

针对假冒注册商标的商品去除假冒注册商标后，再次进入商业渠道的质疑，已有一些年头。侵犯知识产权者已经出现组织化的趋势，他们利用了各种物质资源并将导致资源的浪费。堵住侵权商品成品、半成品、侵权标识、制造工具等重新进入商业渠道，是一件关乎知识产权法律制度的立法宗旨能否实现、司法裁判和行政执法措施能否最终有效运行的大事。按照之前的做法，如果仅去除侵权标识而不销毁侵权商品，可能滋生侵权人购回或者以不当手段取回部分侵权商品并重新附加侵权标识的现象，为侵权人以极低成本重操旧业提供了便利，最终将损害人们对法律的信仰，还是不能从源头上杜绝侵权现象的发生。修改后的规定为，"或者在特殊情况下，责令禁止前述材料、工具进入商业渠道，且不予补偿"。特殊情况主要考虑了销毁可能危害环境，以及原料、设备没收后可以另派其他合法用途等情形。可以期待,这一新增规定将解决遏制侵犯商标行为在制度设计上最后一公里内的"漏洞"问题,客观上构建起保护商标权人的完整制度链条。

(5) 进一步对商标代理机构的违法行为加上枷锁

进一步对商标代理机构的违法行为加上枷锁体现在:①恶意申请商标注册将得到行政处罚。②恶意商标诉讼,人民法院依法对其予以处罚。③不得申请其代理服务申请商标注册之外的商标注册,以及不得进行代理知道或者应当知道委托人系恶意注册商标申请的行为。否则,在初步审定公告阶段,在先权利人、利害关系人有权据此提出异议,此外,即使注册成功,也将面临被宣告无效。

此次修改的《商标法》第19条第3款规定:"商标代理机构知道或者应当知道委托人申请注册的商标属于本法第4条、第15条和第32条规定情形的,不得接受其委托。"违反前述规定的,将由工商行政管理部门责令限期改正,给予警告,处1万元以上10万元以下的罚款;对直接负责的主管人员和其他直接责任人员给予警告,处5000元以上5万元以下的罚款;构成犯罪的,依法追究刑事责任。对商标代理机构追究前述责任,可以遏制相当一部分恶意申请注册商标的行为,净化商标申请与使用环境。

## 典型案例

## "一只酸奶牛"商标无效宣告案[①]

原被申请人成都离岸商务服务中心成立于2007年11月7日,经营范围包括:社会经济咨询(不含投资咨询)、知识产权代理服务、会议及展览服务(以上经营范围不含国家法律、行政法规、国务院决定禁止或限制的项目,依法须批准的项目,经相关部门批准后方可开展经营活动)。2017年12月20日出资方式变更后,原被申请人经营范围变更为:社会经济咨询(不含投资咨询)、会议及展览服务、翻译服务、机构商务代理(以上经营范围不含国家法律、行政法规、国务院决定禁止或限制的项目,依法须批准的项目,经相关部门批准后方可开展经营活动)。原被申请人在2015年4月9日向商标局申请注册争议商标时,其经营范围包括"知识产权代理服务"。

申请人于2017年10月17日对争议商标提出无效宣告请求,原被申请人于2017年12月11日向商标局提出争议商标的转让申请,2017年12月20日经成都市锦江区市场和质量监督管理局核准进行出资方式变更后,其经营范围中删除了"知识产权代理服务"。2018年4月20日经商标局核准,争议商标由原被申请人转让至现被申请人。

根据《商标法实施条例》第84条的规定,《商标法》所称商标代理机构,包括经工商行政管理部门登记从事商标代理业务的服务机构和从事商标代理业务的律师事务所。具体到本案,争议商标自2015年4月9日申请注册之日至2017年12月20日变更经营范围之时一直属于原被申请人所有,原被申请人企业经营范围涉及"知识产权代理服务",而商标代理属于知识产权代理服务。因此,原被申请人主体应属于"经工商行政管理部门登记从事商标代理业务的服务机构"的范畴,争议商标并非指定使用在知识产权代理服务上。故原被申请人申请注册争议商标的行为已构成《商标法》第19条第4款所指情形。

---

① 商评字〔2018〕第0000137961号。

**案例评析**

《商标法》第19条第4款规定："商标代理机构除对其代理服务申请商标注册外,不得申请注册其他商标。"该规定系对商标代理机构申请注册商标的限制性规定,即经合法登记从事商标代理业务的服务机构和从事商标代理业务的律师事务所均不得从事与其商标代理服务以外的其他商标的申请注册或受让服务。原被申请人在注册申请争议商标时的经营范围包括"知识产权代理服务","知识产权代理服务"包括了专利、商标、版权等代理服务,故其属于《商标法》第19条及《商标法实施条例》第84条第1款所规定的"经工商行政管理部门登记从事商标代理业务的服务机构"。

## 拓 展 阅 读

1. 黄晖:《商标法》,法律出版社,2004
2. 王莲峰:《商标法学》,北京大学出版社,2007
3. 吴汉东等:《知识产权基本问题研究》,中国人民大学出版社,2005

## 深 度 思 考

1. 商标和商号的区别是什么?
2. 商标法产生的原因是什么?
3. 商标法的内容有哪些?
4. 商标法在社会经济生活中有哪些作用?

## 即 测 即 练

# 2 第二章
## Chapter2
# 商标的构成要件

**本章导读**

　　商标的构成要件是商标使用和注册的前提,我国《商标法》对商标的使用和注册申请作出了规定。商标的本质特点在于其区别性,因此能够注册的商标应当具有显著性等条件。此外,可注册的商标还应当符合法律规定的其他条件。本章主要讲解商标的显著性的含义、分类和判断条件,以及可以注册的商标在构成要素上应当具备的合法性要件与避免侵犯他人在先权利。

## 第 一 节　　显　著　性

　　商标显著性的制度目的是通过保护经营者对通用名称、描述性与功能性标志的自由使用以实现公平竞争,其本质含义是与所指定商品或服务的区别性[1]。这种区别性便于消费者在购买商品与服务时区分不同的商品与服务来源提供者。譬如,钟情某一品牌的消费者可以快速地从琳琅满目的商品中挑选自己心仪的商品,进而避免了误购,节省时间成本。这也充分说明了商标显著性的地位,即它是商标的第一构成要件。有些观点也将其称为商标的区分性或识别性。

### 一、商标显著性的含义

　　显著性的英文表述是"distinctive character"或者"distinctiveness"。我国学者吴汉东认为,所谓商标的显著性,要考虑构成商标的文字或者图形是否有创意设计,是否立意新颖,是否足够简洁抽象[2]。对此,学者王莲峰也持相同立场,指出从商标构成要素上看应别具一格,方便人们辨识[3]。这种定义主要强调的是商标构成要素的独特性,正因如此,商标构成要素

---

[1]　参见刘铁光:《商标显著性:一个概念的澄清与制度体系的改造》,载《法学评论》2017年第6期。

[2]　吴汉东:《知识产权法》,中国政法大学出版社,2002年版,第229页。

[3]　王莲峰:《商标法学》(第三版),北京大学出版社,2019年版,第64页。

本身是否具有创意是决定显著性的重要依据。对此,有学者将上述学说称为"外观构成说"[1]。不过,也有学者持不同看法。学者刘颖将商标一分为二,即商标不仅仅是一个独特的符号,而且也是与商品或服务紧密结合能够起到区分此商品与彼商品、此服务与彼服务的"物"[2]。也就是说,判断商标是否具有显著性,应依据该商标是否具备商品或服务的识别力,这种识别力是商标本身能够区分不同商品和服务提供者的能力。学者黄晖将商标这种区分和识别的能力进一步解释为"该标志使用在具体的商品或者服务时,能够让消费者辨识出它应对或者实际与商品或服务的特定出处有关"[3]。据本书理解,"特定出处"用语中"特定"具有针对性,专门指明某一商品或服务;而"出处"是指商品或服务的来源,即将此商品与彼商品,此服务与彼服务相区分,是商标可以起到的重要功能。对此,学者彭学龙也同意商标显著性是确定商品或服务"出处",进而区分与其他同类商品或服务的属性。简言之,商标显著性的强与弱取决于市场和消费者对商标所附着的商品或服务的评价与认可[4]。

自 1982 年我国首次颁布《商标法》以来,商标法已经历经四次修订,关于商标显著性均有明确的规定。1982 年《商标法》第 7 条规定:"商标使用的文学、图形或者其组合,应当有显著特征,便于识别。使用注册商标的,并应当标明'注册商标'或者'注册标记'。"这说明我国自开始制定商标法,对于商标的立法要求就是方便消费者识别,避免混淆。1993 年我国第一次修订《商标法》,第 7 条未做改动,依然强调商标的可识别性。2001 年《商标法》第二次修订时对商标显著性做了较大的改动。首先表现在增加了第 8 条,特别强调了商标的可区分性,即"任何能够将自然人、法人或者其他组织的商品与他人的商品区别开的可视性标志"。这句话说明商标的显著性在第二次修订时发生了变化,从以往单一的"可识别性"到再增加一个"可区分性",前者注重商标符号本身的创意设计,后者则注重不同商品或服务提供者的差异。这与我国在 21 世纪初正式加入世界贸易组织,加大改革开放,鼓励企业积极竞争的思路是一脉相承的。其次将原来第 7 条修改为第 9 条,除了继续保持"申请注册的商标,应当有显著特征,便于识别",还增加了"并不得与他人在先取得的合法权利相冲突",这是商标另一个重要的构成要素,本书后续将详细讲解,这里不再赘述。2013 年《商标法》第三次修订,第 8 条将"可视性标志"改为"标志",这是由于构成商标的要素增加了"声音",其他未做改动。2019 年《商标法》第四次修订,继续维持了 2013 年《商标法》的第 8 条和第 9 条,也未做任何改动。

本书认为,关于商标显著性的定义,虽然学界有不同意见,但从立法现状来看商标显著性应从以下几点进行把握:一方面,商标必须具备可识别性,激发消费者购买兴趣,这也是当代所谓"眼球经济"对消费的价值导向;另一方面,商标必须具备可区分性,能够将不同的商品或服务提供者区别开来,起到指明不同产品来源或出处的功能。

## 二、商标显著性的判断

由于商标显著性是决定商标是否可以取得注册的关键条件,而显著性的定义无论是可识别性和可区分性,其确定都具有主观性。为了使商标显著性审查建立在科学分析的基础

---

[1] 参见汪泽:《商标显著性研究》,载《商标通讯》2003 年第 4 期。

[2] 刘颖:《商标法》(第三版),北京大学出版社,2019 年版,第 15 页。

[3] 黄晖:《商标法》,法律出版社,2004 年版,第 56 页。

[4] 彭学龙:《商标显著性新探》,载《法律科学》2006 年第 2 期。

上,早期有学者建议使用"反证法",即反问商标整体外观和形式是否表示商品固有的性能或性质?是否表示了商品的数量、质量、用途、价值、产地等?是否已经成为商品通用名称?如答案是肯定的,则商标缺乏显著性,反之则显著性较高[①]。这种否定检查法,也被部分学者称为"固有显著性",指的是商标作为符号本身具有的显著性,多是由一些臆造或者任意性词语构成[②]。如天津"狗不理"包子,"狗不理"这个商标与所卖的包子之间并无特定含义。同时,一些词语带有暗含的意思,比如"飞鸽"牌自行车、"playboy"杂志,也具有固有显著性。

然而,现实生活中创意突出、美观新颖的商标毕竟是少数。因此,学者胡开忠认为在确定一个商标是否具有显著性时,可以适当降低要求[③]。检验一个商标是否具有显著性的最好"试金石"就是市场和消费者,如商标使用后,逐步获得消费者认可,能够区分不同生产经营者生产的产品或提供的服务,则这个商标则应认为具备显著性。如"六个核桃"商标,虽然其直接描述了商品主要原料等特点,原始显著性较弱,但经过长期使用和宣传,已经被消费者广泛认可,具有较高的知名度和影响力,取得了商标显著性。相反,也有一些原本具有显著性的商标,如"阿司匹林"和"凡士林"商标,因为使用不当等原因,商标显著性退化,逐渐丧失显著性而成为某一类商品的通用名称。这说明,商标的显著性贯穿商标申请、注册、使用和管理等全部流程,每一个阶段都必须重视和维护商标的显著性。

▶ **1. 固有显著性**

如前所述,商标的构成要素可以是文字、图形、字母、数字、三维立体、颜色组合和声音要素或其组合。目前国内较为常见的做法是根据显著性强弱程度将商标分为臆造商标、任意商标和暗示性商标三种。国外对商标显著性的划分较细,称之为"五分法"。这是源自美国1976 年 Abercrombie & Fitch Co. vs Hunting World Inc. 一案[④],该案法官亨利(Henry Friendly)把商标分为"属名的"(generic)、"叙述的"(descriptive)、"暗示的"(suggestive)、"任意的"(arbitrary)和"臆造的"(fanciful)。其中,"属名的"可以理解为我国《商标法》规定的通用名称,而"叙述的"则因显著性太弱,除非通过长时间销售、使用而获得消费者口碑的,有学者也将其称为"第二含义"[⑤],当叙述性商标借助"第二含义"使消费者将商标与特定来源相关联时,它也就获得了显著性,受到《商标法》保护。

(1)臆造商标。主要是指构成商标的文字、字母或其他要素无特定含义,或者是字典中从未出现,由商标申请人自己杜撰的词汇。这类商标本身无任何含义,与所标识的商品或服务没有直接联系。以百度的商标为例,其"百度"并非描述现实事物,属于臆造词语,其显著性较高,容易获得商标注册,"新浪"与"搜狐"亦是如此。与此相反,浙江赵某申请的"酸甜美"(申请号:12571586)因其描述了商品特点(申请商标分类为第 29 类,腌渍水果蔬菜)而显著性不高,被商标局驳回申请。无独有偶,新疆袁某申请的"桂花凉皮"(申请号:36425914)则是直接使用描述性词语说明商品的特点,明显缺乏显著性,因此最终也是被驳回申请。

(2)任意商标。所谓任意商标,相对于臆造商标而言,它本身有一定的含义,但与商

① 张华:《商标显著性引发的思考》,载《知识产权》1992 年第 5 期。
② 殷召良、刘志苏:《商标显著性之比较研究》,载《当代法学》1998 年第 4 期。
③ 胡开忠:《商标法学教程》,中国人民大学出版社,2015 年版,第 46 页。
④ Abercrombie & Fitch Co. vs Hunting World Inc. , 537 F 2d 4,9(2d Cir, 1976)
⑤ 参见张耕:《试论"第二含义"》,载《现代法学》1997 年第 6 期。

所附着的商品或服务本身并无直接关联。具体而言,任意商标通常使用现实生活中已经存在的客观事物,如"白猫""西湖""黄河"等。以数字商标为例,虽然是简单数字组合,但也要求新颖别致,耐人寻味。法国著名的香奈儿5号香水(Chanel No.5)、1字牌胶靴使得顾客相信相关商品有独到之处。我国章光101和三九胃泰(999)等注册商标虽简单明了,但像505神功元气袋也预示着(第一个5是五行,0是肚脐,第二个5是五脏)养生治病的含义,让消费者印象深刻。有学者将其概括为数字商标与本土文化的联带①,反映出传统思维模式和现代视觉元素的鲜明特点。与此相反,上海某科技公司申请的"123美术"(申请号:36264900),虽然从商标构成来看,与科技公司提供的产品或服务并无直接联系,但因其含义不突出,"123"与"美术"之间的逻辑不清楚,故显著性不高而被驳回申请。

(3)暗示商标。正因为这类商标具有"暗示"的意思,对商标所标识的商品或服务特点进行了说明,商标显著性相对于臆造商标和任意商标来说,显著性就更弱一些。如北京金六福酒公司申请的"甜蜜蜜"商标(注册号:1655512)核准使用在含酒精的饮料类商品,鄂尔多斯市某羊绒制品有限公司申请的"暖洋洋"商标(注册号:4552588)核准使用在第23类,即纺织线和纱以及人造毛线等商品。但是,暗示商标毕竟显著性不高,实践中也会发生暗示商标申请被驳回的情况。如重庆某啤酒有限公司申请的"冰爽"(申请号:1619368)因其申请第32类(啤酒)上被驳回申请,江苏某物流有限公司申请的"急速达"因其申请第39类(运输)也同样被驳回申请。

为进一步区分显著性商标和非显著性商标,《商标法》第11条第1款第1项规定了"仅有本商品的通用名称、图形、型号的"以及第2项"仅直接表示商品的质量、主要原料、功能、用途、重量、数量及其他特点的"都不得作为商标注册。此外,我国《商标法》第12条也对立体商标的非显著性做了规定。

(1)商品的通用名称。所谓通用名称,是对某一类商品或服务约定俗成的称谓,其使用范围较为普遍,时间较长。比如,酒类就有"大曲"、"特曲"和"高粱酒"等通用名称。至于通用名称应如何进行界定,需要从三个方面入手。其一,法律层面。现行《商标法》并未对通用名称做出权威定义。2017年新修订的《商标审查及审理标准》,第二部分"商标显著特征的审查"专门对"通用名称"进行了解释,即"是指国家标准、行业标准规定的或者约定俗成的名称、图形、型号,其中名称包括全称、简称、缩写、俗称。"这说明,通用名称来自国家、行业或民间标准,包括了名称,图形和型号。从称呼来看,通用名称既包括全称、简称,也包括缩写和俗称。如自行车是全称,单车则是俗称;彩色电视接收机是全称,而彩电则是简称。其二,司法解释层面。《关于审理商标授权确权行政案件若干问题的规定》(2017)第10条②对通用

---

① 参见候晓盼:《中国早期商标与数字文化》,载《装饰》2006年第1期。
② 参见《最高人民法院关于审理商标授权确权行政案件若干问题的规定》第10条规定:"诉争商标属于法定的商品名称或者约定俗成的商品名称的,人民法院应当认定其属于商标法第11条第1款第(1)项所指的通用名称。依据法律规定或者国家标准、行业标准属于商品通用名称的,应当认定为通用名称。相关公众普遍认为某一名称能够指代一类商品的,应当认定为约定俗成的通用名称。被专业工具书、辞典列为商品名称的,可以作为认定约定俗成的通用名称的参考。约定俗成的通用名称一般以全国范围内相关公众的通常认识为判断标准。对于由于历史传统、风土人情、地理环境等原因形成的相关市场固定的商品,在该相关市场内通用的称谓,人民法院可以认定为通用名称。诉争商标申请人明知或者应知其申请注册的商标为部分区域内约定俗成的商品名称的,人民法院可以视其申请注册的商标为通用名称。人民法院审查判断诉争商标是否属于通用名称,一般以商标申请日时的事实状态为准。核准注册时事实状态发生变化的,以核准注册时的事实状态判断其是否属于通用名称。"

名称的来源除了《商标审查及审理标准》规定的国家、行业和民间标准,还增加了"法定"标准,并且进一步细化了"约定俗成"的地域范围,公众认知和工具书解释等判定标准,以及与特点区域人文地理因素相关的商品名称,也可视为通用名称。通用名称并非一成不变,约定俗成也会有变化,因此最高人民法院将认定通用名称的时间点限定在申请日所处的客观事实状态,不过若核准注册时事实状态发生变化,则以变化了的事实状态为准。其三,法理层面。从概念特征入手,有学者将通用名称与商标进行对比,得出通用名称具备"公共性"和"指示性"两大特点。前者是与商标的"专用性"相区分;后者与商标指明"谁提供"不同,通用名称则是指明"是什么"[①]。从内涵入手,有学者将通用名称定义为"某一范围内为相关公众普遍使用的,反映一类商品与另一类商品之间根本区别的规范化称谓,包括规范的商品名称、俗称以及简称"[②]。特别要注意的是如何理解"某一范围内为相关公众普遍使用",这就需要具体案件具体处理。一般而言,一定的地域范围和一定的时间都是必须要考虑的因素。当然,例如儿童玩具类通用名称也要考虑到一定年龄段儿童群体是否可以作为普通使用的判断主体。

## 典型案例

### 五常市弘鑫源米业有限公司、福州米厂侵害商标权纠纷再审案[③]

在这一起商标权侵权纠纷案中,再审申请人五常市弘鑫源米业有限公司(以下简称弘鑫源公司)因与被申请人福州米厂、原审被告句容经济开发区逸品汤山超市侵害商标专用权纠纷一案,不服江苏省高级人民法院(2018)苏民终 891 号民事判决,向最高人民法院申请再审。本案争议焦点问题之一是"稻花香"是否构成通用名称。最高人民法院经审理,认为"稻花香"并非通用名称,理由如下:一方面,"稻花香"不符合约定俗称这一判断标准。本案中,被诉侵权产品销售范围并不局限于五常地区,而是销往全国各地。因此,应以全国范围内相关公众的通常认识为标准判断"稻花香"是否属于约定俗成的通用名称。弘鑫源公司所提出的相关照片、票据、证书、报纸和网页打印件未能证明"稻花香"已经成为全国公众对稻米这类商品的通用名称。另一方面,"稻花香"不符合法定标准。法定标准是指依据法律规定为通用名称的,或者国家标准、行业标准中将其作为商品通用名称使用的,应当认定为通用名称。最高人民法院认为弘鑫源公司提出黑龙江省粮食行业协会 2017 年公布《黑龙江好粮油(团体标准汇编)》,其中第二项团体标准就是"黑龙江好粮油稻花香大米——T/HLHX002-2017",这一主张不成立。原因有二:一是该团体标准在"范围"一节记载"本标准适用于黑龙江生产并具有天然龙江香型的粳稻谷加工而成的使用商品大米",可见该团体标准为黑龙江地方标准;二是该团体标准公布于 2017 年 8 月,涉案商标于 1999 年 7 月核准注册,涉案商标开始维权的时间亦早于该团体标准的公布时间。因此,该团体标准并不能证明"稻花香"属于法定通用名称。

---

① 参见侯瑞雪:《关于商标转化为商品通用名称的思考》,载《商业研究》2002 年第 14 期。
② 参见尹红强:《商品通用名称与商标权辨析》,载《河北学刊》2014 年第 2 期。
③ 本案例根据"五常市弘鑫源米业有限公司、福州米厂侵害商标权纠纷再审审查与审判监督民事裁定书"所改编。参见 http://wenshu.court.gov.cn/website/wenshu/181107ANFZ0BXSK4/index.html? docId = 8c7fe686d3f847d38fabab910115d81d,2020-04-07。

### 案例评析

本案充分说明了确定一个商品名称是否属于通用名称,应遵守"国家标准、行业标准规定的或者约定俗成的名称、图形、型号"这一标准进行判断。其中,若商品或服务提供的范围遍布全国,则应综合考虑全国范围内的相关消费者(公众)的认知情况。这就需要从公证的网页资料、报纸杂志、产品包装实物、市场调查报告、证人证言等各个方面进行证明,若能充分证明则通用名称成立,反之则不成立。这就是约定俗成这一抽象标准在具体司法实践中落实的过程。确定一个商品名称是否属于通用名称的另外一个重要的标准是国家和行业标准,这也与所涉商品或服务提供的范围有关,即是否涵盖全国范围。若商品销售范围是全国,那么当事人有责任证明相关国家或级别较高的行业标准已经认可这一称谓成为通用名称。本案中,当事人提供的黑龙江粮食行业协会标准仅为黑龙江地方标准,而涉案商品行销全国,自然不能作为合格的证据证明。

## 典型案例

### 四川百年灯影牛肉食品有限责任公司、达州市宏隆肉类制品有限公司侵害商标权纠纷再审①

再审申请人四川百年灯影牛肉食品有限责任公司(以下简称百年灯影公司)因与被申请人达州市宏隆肉类制品有限公司(以下简称宏隆公司)侵害商标权纠纷一案,不服四川省高级人民法院(2016)川民终 1065 号民事判决,向最高人民法院申请再审。再审的焦点之一就是"灯影牛肉"是否属于通用名称。最高人民法院经审理,对百年灯影公司有关"灯影牛肉"不属于通用名称的主张不予支持。理由如下:从"灯影牛肉"的 100 多年历史渊源考察,有其独有的"薄如纸,灯照透明"的特点,反映出品质薄脆口感,不易完整保存。此外,"灯影牛肉"获得四川省第一批非物质文化遗产,以及达州地方质检部门核准为国家地理标志保护商品。达州地方志书,《中国土特名产辞典》,多个媒体、期刊、书籍和论文均有报道和记载。再结合达州辖区内一百多家牛肉制品企业将"灯影牛肉"作为商品名称使用这一客观事实,最高人民法院最终认定"灯影牛肉"应构成通用名称。

### 案例评析

与"稻花香"案子相反,"灯影牛肉"案则认定构成通用名称。两者相比,"灯影牛肉"从历史渊源、品质反映、非物质文化遗产、地理标志、地方志书、媒体报道和企业使用等多个方面证明了"灯影牛肉"符合国家和行业标准,同时也符合约定俗成的要求,已经构成"薄如纸,透如光"这一类牛肉制品的通用名称。因此,显著性较弱的"灯影牛肉"不能作为商标申请。

(2)叙述性商标。叙述性商标如果仅仅直接表示商品或服务的质量、主要原料、功能、用途、重量、数量及其他特点的,则属于缺乏显著性的情形,不能被核准注册。这是因为某一类商品或服务在质量、数量、重量、功能等方面的特点总是较为一致的,如"纯净"(用在食用

---

① 本案例根据"四川百年灯影牛肉食品有限责任公司、达州市宏隆肉类制品有限公司侵害商标权纠纷再审审查与审判监督民事裁定书"[(2018)最高法民申 1660 号]所改编。参见 http://wenshu. court. gov. cn/website/wenshu/181107ANFZ0BXSK4/index. html? docId=e1bf9b40db8042c5a8b8aa3800bf1489,2019-04-23。

油上)、"桑蚕丝"(用在服装上)、"瘦身"(用在健身器上)、"一米"(用在度量衡器具上)、"一吨"(用在粮食上)。这类商标无法区分商品或服务来源,也妨碍了市场经济环境下的公平竞争。

**典型案例**

## 第 1906301 号"六年根"商标争议案①

被申请人(国内某人参中药饮片公司)于 2001 年 8 月 16 日向商标局提出注册申请"六年根"商标,于 2002 年 10 月 21 日经商标局核准注册,核定使用商品为第 5 类洋参冲剂等。申请人(韩国某人参公司)依据 2001 年《商标法》第 10 条第 1 款第 8 项、第 11 条第 1 款第 2 项的规定请求撤销该争议商标。申请人认为"六年根",即六年根生,经过长期使用已经成为该行业内常用的固定表述,表示六年生长期的人参。争议商标注册和使用易造成不良影响,文字本身直接表示了指定使用商品的主要原料、品质等特点,缺乏显著性。关于商标的显著性问题,商标评审委员会(以下简称商评委)经审理认为:争议商标为"六年根",易使消费者理解为"六年生长期的人参",指定使用在"洋参冲剂"等商品上,直接表示商品的品质特点,相关公众难以识别商品来源,缺乏显著特征。故争议商标属于 2001 年《商标法》第 11 条第 1 款第 2 项所指情形。关于其他撤销理由,商评委经审理认为,争议商标"六年根"指定使用在第 5 类"洋参冲剂"等商品上并无 2001 年《商标法》第 10 条第 1 款第 8 项所指不良影响之情形。综上,商评委依据 2001 年《商标法》第 11 条第 1 款第 2 项的规定撤销争议商标。

**案例评析**

本案涉及商标显著性的判断,根据现行《商标法》第 11 条第 1 款第 2 项规定,"仅直接表示商品的质量、主要原料、功能、用途、重量、数量及其他特点"的标志不得作为商标进行申请注册。本案中的争议商标为"六年根",核准使用在"洋参冲剂"等商品上,而"六年根"很容易被理解为"六年生长期的人参",这就等于直接表示了人参这一商品重在"根"的年份这一特殊品质特点。其他类似情形,如"鳄鱼皮"(用在皮包上)、"防盗"(用在报警器上),都因直接表示了商品的主要原料和功能,不具有显著性而不能注册。不过,若"六年根"用在其他中药材,如熟地或黄芪等,则不易让消费者联想到人参的"根",显著性就略高一些。总之,这类商标由于使得相关公众难以识别商品来源或出处,缺乏显著性特征。

**典型案例**

## 第 26021616 号"够格"商标驳回复审案②

申请人杭州某科技有限公司于 2017 年 8 月 23 日向商标局提出注册申请"够格"商标(申请号:26021616),指定使用在第 20 类"枕头"等商品上。商标局认为该标识仅直接表示

---

① 本案例根据国家知识产权局商标局"商标评审"中公布的"案例评析"所改编。参见 http://spw.sbj.cnipa.gov.cn/alpx/201902/t20190218_289904.html,2019-02-18。
② 本案例根据国家知识产权局商标局"商标评审"中公布的"案例评析"所改编。参见 http://spw.sbj.cnipa.gov.cn/alpx/201906/t20190612_302335.html,2019-06-12。

商品的质量特点,违反了《商标法》第 11 条第 1 款第 2 项等规定为由驳回其注册申请。2018 年 6 月 19 日,申请人不服上述驳回决定,依法向商评委提出复审。商评委经审理后认为,"够格"二字含有"符合一定的标准或条件"的意思,使用在"枕头"等商品上已经直接表示了该类商品的质量特点,已构成《商标法》第 11 条第 1 款第 2 项所指之情形,故对申请商标在复审商品上的注册申请予以驳回。

### 案例评析

我国《商标法》第 11 条第 1 款规定了 3 种缺乏显著性的情形。在案件审理中,从法条逻辑关系及防止适用混乱目的出发,这三项条款在法律适用的优先级上具有一定的差别,即优先适用具有较为详细描述以及特殊指代情况的前两项,而不是"兜底条款"第三项。本案中,申请商标文字"够格"具有的含义并非为专门针对某一特殊商品特点的描述,而是对所有商品乃至服务都能够使用的描述词汇。本案表面上看适用《商标法》第 11 条第 1 款第 2 项或第 3 项都可以,但本案在适用缺乏显著性条款时,考虑到了能归为具体条款就不用兜底条款的这种优先级,依据《商标法》第 11 条第 1 款第 2 项予以驳回申请商标注册申请,而未适用《商标法》第 11 条第 1 款第 3 项的规定。

## 典型案例

### 第 26244465 号"轻轻松上上课"商标驳回复审案[①]

申请人宿州某教育信息咨询有限公司于 2017 年 9 月 5 日就"轻轻松上上课"商标(申请号:26244465)提出注册申请,指定使用在第 41 类"视频制作;关于培训、科学、公共法律和社会事务的文件出版;教育"等服务上。商标局在审查过程中认为该申请商标使用在指定服务项目上,缺乏显著性,不得作为商标注册,以违反了《商标法》第 11 条第 1 款第 3 项为由驳回其注册申请。2018 年 6 月 19 日,申请人不服上述驳回决定,依法向商评委提出复审。商评委经审理后认为,申请商标"轻轻松上上课"作为指定"教育"类服务的标识,对于所有"教育"或"培训"服务行业而言,上课是一个基本教育或培训途径,并不能使相关公众将申请人与其他教育咨询公司相区分,无法确定服务来源。因此,该申请商标已构成《商标法》第 11 条第 1 款第 3 项规定之情形,故对申请商标在复审服务上的注册申请予以驳回。

### 案例评析

如前所述,《商标法》第 11 条第 1 款规定的三个情形具有法律适用的先后顺序,第 3 项"其他缺乏显著特征的",不得作为商标注册。该条款泛指除第 1 项和第 2 项之外的所有不具备表示商品或服务来源的商标。就"轻轻松上上课"商标本身而言,是否具备显著性,应当综合考虑构成该商标文字的含义、读音和外观构成。显而易见,从含义上看,"轻轻松上上课"仅是一个普通日常用语,描述上课的轻松状态;从读音上看,也没有给人留下深刻的印象;从外观构成来看,也是普通汉字,并非经过独特设计的字体。另外,"轻轻松上上课"指定使用在"教育"服务上,普通公众对这句话的认知习惯也并无其他含义的理解。本案中,申请人将"轻轻松上上课"作为商标申请,若无其他显著要素组合且无证据证明该标志经过使

---

① 本案例根据国家知识产权局商标局"商标评审"中公布的"案例评析"所改编。参见 http://spw.sbj.cnipa.gov.cn/alpx/201906/t20190618_302455.html,2019-06-18。

用已取得显著特征,相关公众很难将其作为商标加以识别,缺乏商标应有的显著特征。

（3）功能性三维商标。我国《商标法》第12条规定,"以三维标志申请注册商标的,仅由商品自身的性质产生的形状、为获得技术效果而需有的商品形状或者使商品具有实质性价值的形状,不得注册"。关于三维立体商标的法律规范并非中国独有,国外也有类似规定。德国1995年《商标法》第3条规定,作为产品包装外形的立体形状,只要可以起到区分不同商品或服务出处,就可以作为商标注册,但因商品本身形状,获得技术效果的形状或使产品大幅度增值的形状不能作为商标注册。这与我国《商标法》第12条的规定十分相似。法国《知识产权法典》第L.711-1条规定,"图形标记,例如外形,尤其是商品或其包装的外形或者表示服务特征的外形"。当然,法国《知识产权法典》对立体商标也做了相应的限制。其中,第L.711-2c条规定,"纯由商品性质和功能所决定的外形,或赋予商品实质价值的外形所构成的标记,缺乏显著性"。上述立法对三维商标的限制说明,三维立体商标的显著性首先要排除的就是仅仅由于商品本身性质决定的外形,这是商品天然形状,缺乏独到之处,不能起到区分商品来源的目的。其次,商品功能决定的外形,属于专利外观设计领域,若准予商标注册,则当事人可以通过无限续展商标权获得长久垄断,不利于企业自由竞争。最后,商品实质价值决定的外形[1]。假设用一种香水瓶询问消费者,如果换一种包装是否仍然购买。若答案是肯定的,则说明该香水瓶可以作为立体商标进行申请注册;反之,说明香水瓶具有决定性作用,消费者购买的是具有美学作用的外形,则不能作为立体商标给予保护。

**典型案例**

## 珠海金晟照明科技有限公司与国家知识产权局商标申请驳回复审行政纠纷案[2]

上诉人珠海金晟照明科技有限公司（简称金晟公司）因与国家知识产权局商标申请驳回复审行政纠纷一案,不服北京知识产权法院（2019）京73行初9543号行政判决,于法定期限内向北京市高级人民法院提起上诉。北京市高级人民法院经审查,认为上诉人金晟公司申请的立体商标（申请号：29767234）整体表现为灯具造型的三维标志,其指定使用的商品为"灯·球形灯罩"等。根据相关公众的一般认知,该三维标志易被识别为灯等商品的自身形状。根据《最高人民法院关于审理商标授权确权行政案件若干问题的规定》第9条的规定："仅以商品自身形状或者自身形状的一部分作为三维标志申请注册商标,相关公众一般情况下不易将其识别为指示商品来源标志的,该三维标志不具有作为商标的显著特征"。据此,被诉决定及原审判决认定诉争商标不具有作为商标的显著特征,并无不当。对金晟公司的相关主张不予支持。

**案例评析**

本案当事人以灯具造型的三维立体商标申请使用在灯类商品上,属于商品本身性质决

① 参见卡特琳娜·吉约曼冈：《立体商标、颜色商标及法国的实践》,载《中华商标》2002年第4期。
② 本案例根据"珠海金晟照明科技有限公司与国家知识产权局其他二审行政判决书"[（2020）京行终1579号]所改编。参见http://wenshu.court.gov.cn/website/wenshu/181107ANFZ0BXSK4/index.html?docId=4be3dad0750345f19771abf4000deedc,2020-07-10。

定的外形,是对商品性质的描述。虽然不同于用文字等标记直接描述商品外形,但是用立体三维标记叙述商品外形仍然属于显著性不突出。正因如此,消费者对使用在灯类商品上的灯具式样立体商标无法辨别商品的来源,这是导致当事人申请的商标最终被驳回的真正原因。

## 典型案例

### 广东可味巧克力食品有限公司等与国家工商行政管理总局商标评审委员会二审案①

上诉人广东可味巧克力食品有限公司(以下简称可味公司)因商标权无效宣告请求行政纠纷一案,不服北京知识产权法院(2019)京73行初3483号行政判决,向北京市高级人民法院提起上诉。本案中,诉争商标为三维立体玫瑰花标志,该标志的设计独创性不强,且玫瑰花与巧克力、糖果等商品均可以作为节日礼品存在关联,可味公司将巧克力、糖果等商品制作成玫瑰花形状,意在通过商品的外观、造型等影响消费者购买的意愿,属于使用商品具有实质价值的形状,不易被相关公众作为区分商品来源的商标加以识别,诉争商标使用在指定的巧克力、糖果等商品上不具有区分商品来源的作用,缺乏注册商标应有的显著特征。最终,北京市高级人民法院对可味公司的相关上诉理由不予支持,驳回上诉,维持原判。

**案例评析**

如前所述,商标显著性的判断标准,一是识别性,二是区分性。尤其是区分性,是商标最基本的功能。通过区分不同的商品或服务来源,优胜劣汰,鼓励提供优质商品或服务的企业积极参与市场竞争,打击"搭便车"、蹭驰名商标名气的不法行为,保护消费者和同业竞争者的利益。因此,一项立体标志是否具有商标应有的显著特征应当结合该标志的构成要素、商标指定使用的商品、商标的具体使用形式等,以相关公众是否能够以该标志区分商品或服务的来源为判断标准。本案中,上诉人可味公司申请的玫瑰花三维立体商标,构成要素单一,仅为玫瑰花的天然造型,且指定使用在糖果、巧克力等商品上,容易使消费者与节日礼物等产生关联想象进而刺激消费者购买。假设换一种普通造型,消费者未必会对此类巧克力、糖果产生购买欲望。这就说明该玫瑰花三维立体商标未能在消费者和商品生产者之间起到识别来源的作用,因此缺乏显著性的三维商标自然只能被驳回,不予支持。

▶ 2. 获得显著性

如前所述,商标的显著性分为固有显著性和获得显著性。固有显著性针对的是商标标识本身具备独特的设计,风格新颖,令人难忘。如前所述,臆造商标、任意商标和暗示商标均具有强度不等的显著性。但具有固有显著性的商标在社会实践中仍属少数,多数仍属于显著性较弱的商标。我国《商标法》对商标获得显著性的规定并非从来就有,也是根据实践进行修订的结果。《商标法》自1982年颁布,一直到2001年《商标法》第二次修订,才增加了第

---

① 本案例根据"广东可味巧克力食品有限公司等与国家工商行政管理总局商标评审委员会二审行政判决书"[(2020)京行终790号]所改编。参见 http://wenshu.court.gov.cn/website/wenshu/181107ANFZ0BXSK4/index.html?docId=2c096b5f966f4eb3b85aabdd000d963a,2020-06-17。

11 条。[①]《商标法》第 11 条第 2 款规定了获得显著性，针对的是三种情形：一是通用名称，二是描述性商标，三是其他缺乏显著性的标识。这是给予显著性较弱的商标一个市场和消费者考验的机会，即缺乏显著性的商标经过长期、连续的使用而产生了新的含义（也有称为"第二含义"），可以申请注册商标。国际条约中对获得显著性也有相关规定。《巴黎公约》第 6 条之 5 第 3 款第 1 项规定："决定一项商标是否给予保护，必须考虑到一切实际情况，特别是商标已经使用期间的长短。"可见，商标经过使用在市场上获得了相应的消费者口碑及商誉，能够起到区分商品或服务提供者的作用。这种"实际情况"就是对上述客观事实的认可。《TRIPS 协定》第 15 条第 1 款规定："即使有的标记本来不能区分相关商品或服务，成员亦可根据其经过使用而获得的识别性，确认其可否注册。"由此可见，国际条约之所以承认获得显著性制度，是因为必须要承认一个弱显著性标识通过在市场上使用获得相关公众认可，其背后原因是对市场主体在激烈的商业竞争中所付出的劳动给予应有的尊重。

以描述性商标为例，柳州两面针股份有限公司申请的"两面针"（申请号：3021182）商标核准使用在"牙膏"等商品上，虽然商标中"两面针"两字为一味中药，可活血化瘀、行气止痛、祛风通络、解毒消肿，将其作为商标使用在指定的牙膏等商品上，仅直接表示了牙膏含有的原料等特点，违反了《商标法》第 11 条第 1 款第 2 项的规定。但由于柳州两面针股份有限公司自 1995 年申请注册成功"两面针"商标（申请号：587920）以来，该牙膏等产品行销国内，知名度较高，公众能够识别"两面针"牙膏的来源为柳州两面针股份有限公司生产，故"两面针"获得显著性。与此相类似的，内蒙古蒙牛乳业（集团）股份有限公司申请的"酸酸乳"（申请号：5057358）注册商标，核准使用在酸奶等奶制品商品上。哈尔滨黑又亮日用品有限公司申请的"黑又亮"（申请号：12557908）注册商标，核准使用在第 3 类（鞋油）上。

以立体商标为例，学者程德理通过对比立体商标与文字类商标的显著性，认为其背后原理是大致相同的，即都是通过消费者个体认知心理发挥作用。[②] 简单地说，就是人们常见的认知过程是习惯于集中精力观察某一个突出的文字或图片，而忽略周围其他文字或图片。那么，对于通过使用提高显著性的立体商标而言，必须注意是否醒目地使用，是否与商品生产者建立独家关系。美国可口可乐公司在中国申请了大量的商标，其中不乏立体商标，如图 2-1 所示。

该立体商标已于 2005 年 12 月 14 日获得中国商标注册，并经两次商标续展，将保护期延长到 2025 年 12 月 13 日。由于可口可乐公司长期、大范围的广告宣传和市场营销，上述立体商标使得消费者很容易将其与可口可乐公司进行联想，建立独一无二的对应关系，这就使得该商标的显著性大幅提高。相反，可口可乐公司申请的立体商标，如图 2-2 所示，则因没有醒目使用，与市面常见灌装饮料瓶子造型无异而被驳回申请。

图 2-1 可口可乐商标

---

① 《商标法》第 11 条："下列标志不得作为商标注册：（一）仅有本商品的通用名称、图形、型号的；（二）仅直接表示商品的质量、主要原料、功能、用途、重量、数量及其他特点的；（三）其他缺乏显著特征的。前款所列标志经过使用取得显著特征，并便于识别的，可以作为商标注册。"

② 参见程德理：《立体商标获得显著性认定研究》，载《同济大学学报》（社会科学版）2020 年第 3 期。

**图 2-2　可口可乐被驳回的立体商标**

## 典型案例

### 第 19119659 号三维标志商标驳回复审案①

宝洁公司于 2016 年 2 月 19 日提出三维标志(申请号:19119659)商标注册申请,指定使用在第 3 类"洗发剂"等商品上。商标局初步审查之后,认为该申请商标中的三维标志图形为商品普通包装的外观图形,缺乏显著性,不具备商标的识别作用,以违反了《商标法》第 11 条第 1 款第 3 项的规定为由驳回其注册申请。2016 年 12 月 23 日,申请人不服商标局的上述驳回决定,依法向商标评审委员会提出复审。商评委经审理后认为,申请商标中瓶子的立体形状为申请人已经长期、大量使用在"海飞丝"洗发液、护发素商品上的包装物的立体形状,已具有一定市场知名度。并且,瓶子整体与行业常用的包装物存在一定区别。申请人的"海飞丝"商标已在"护发素、洗发剂、香波"商品上具有较高知名度,其产品的外包装作为不可分割的一部分,已能够与申请人建立独家对应关系,作为区分商品来源的标识加以识别。故申请商标使用在"洗发液、护发素、洗发剂、干洗式洗发剂"商品上具备商标应有的显著特征,未违反《商标法》第 11 条第 1 款第 3 项的规定,予以初步审定。

#### 案例评析

涉及获得显著性认定问题,除了上述"海飞丝"瓶子案,还有"BEST BUY"商标驳回复审案、"小肥羊"商标异议案、"棕色方形瓶"商标无效案等案件,在社会上引起了广泛反响。为了减少争议,2017 年颁布的《最高人民法院关于审理商标授权确权行政案件若干问题的规定》在其第 11 条②专门解释如何认定立体标志的获得显著性问题。纵观此案,商评委之所以能够判定"海飞丝"洗发液、护发素商品上的包装物立体商标显著性成立,取决于两个关键因素。首先是瓶子整体与洗发液护发素行业常见的包装物存在差异。立体商标与平面商标不同的是,立体商标通常是商标与商品合二为一,平面商标则往往商标与商品呈分离状态。这

---

① 本案例根据国家知识产权局商标局"商标评审"中公布的"案例评析"所改编。参见 http://spw.sbj.cnipa.gov.cn/alpx/201806/t20180612_274581.html,2018-06-12。

② 仅以商品自身形状或者自身形状的一部分作为三维标志申请注册商标,相关公众一般情况下不易将其识别为指示商品来源标志的,该三维标志不具有作为商标的显著特征。该形状系申请人所独创或者最早使用并不能当然导致其具有作为商标的显著特征。第一款所称标志经过长期或者广泛使用,相关公众能够通过该标志识别商品来源的,可以认定该标志具有显著特征。

就容易使消费者将立体商标误以为是商品本身,难以起到区分不同来源商品生产者的目的。为此,立体商标必须在外形上进行独特设计,以加深公众对该商标的印象。但即便如此,消费者识别的依然是商品,而非商品生产者,没有将该商品与商品生产者之间建立一一对应的联想。其次,要考虑的因素是消费者的认知心理,这需要商品生产者通过长期大量的使用和宣传。本案中,"海飞丝"本身已是一个知名度较高的商标,消费者已经能够将其与宝洁公司建立直接关联。同理,"海飞丝"洗发液、护发素商品上的包装物立体商标亦是如此。

## 典型案例

### 世界经理人文摘有限公司、世界经理人资讯有限公司侵害商标权纠纷再审[①]

申诉人世界经理人文摘有限公司(以下简称文摘公司)因与被申诉人世界经理人资讯有限公司、上海领袖广告有限公司、丁海森侵犯商标权与不正当竞争纠纷一案,不服北京市高级人民法院(2012)高民再终字第1861号民事判决,向最高人民检察院申诉。最高人民检察院作出高检民监〔2015〕237号民事抗诉书,向最高人民法院提出抗诉。最高人民法院经审查,认为本案争议焦点之一是文摘公司的第1093985号"世界经理人文摘World Executive's Digest"中英文文字商标是否具有获得显著性。首先,最高人民法院考虑到"世界经理人"商标核定使用在杂志等商品上,容易理解为服务对象为经理人,整体显著性较弱。其次,经过文摘公司长期使用,该商标已经具备区分商品来源的作用,获得了显著性。理由如下:第一,时间足够长,且没有中断过。《世界经理人文摘》自1997年到2004年,已经在内地发行7年。第二,使用方式醒目。《世界经理人文摘》自1997年发行就在封面位置以大字横向突出显示"世界经理人"字样,后期改名后在杂志封面上部唯一突出显示"世界经理人"字样。最后,发行量巨大。《世界经理人文摘》从2002年到2006年的年合格发行量从21万册到39万册不等,数量较大。这表明该杂志在相关公众中具有了一定知名度。因此,可以确定"世界经理人"这一商标元素对于相关公众而言已经能够起到区别商品来源作用,具有了作为商标的显著性。在"世界经理人"这一商标元素已经具有显著性的前提下,第1093985号"世界经理人文摘World Executive's Digest"中英文文字商标也具有显著性。

#### 案例评析

根据国家知识产权局商标局公布的2017年版《商标审查及审理标准》,对于经过使用获得显著性的商标审查,应"考虑相关公众对该商标的认知情况、申请人实际使用该商标的情况以及该商标经使用取得显著特征的其他因素"。结合本案,文摘公司通过长时间、大量地使用和宣传"世界经理人"商标,付出相当的人力、物力成本,是其积极参与市场竞争的体现。公众对文摘公司的努力也有所反馈,即订阅该杂志的群体数量的庞大。据此,最高人民法院判定文摘公司"世界经理人"已具显著性,则其他"世界经理人文摘World Executive's Digest"商标也具备了显著性。

---

① 案例根据"世界经理人文摘有限公司、世界经理人资讯有限公司侵害商标权纠纷再审民事判决书"〔(2017)最高法民再106号〕所改编。参见 http://wenshu. court. gov. cn/website/wenshu/181107ANFZ0BXSK4/index. html? docId ＝8a43a10597f34cb7b644abdb00c421af,2020-06-15。

▶ 3. 显著性的退化和丧失

商标固有显著性需要精心设计和创新，如臆造商标和任意商标；商标获得显著性则需要长时间的人力、物力投入，花费巨大成本才可以得到。商标显著性对于商标而言是非常重要的特质，因此，商标显著性退化和丧失就是一个值得人们关注的问题。商标显著性退化和丧失，主要表现是原本显著性较高的商标因权利人不当使用或者其他人不法使用，使得商标显著性逐渐退化乃至丧失，最终成为商品的通用名称。例如，"阿司匹林（aspirin）"退化为乙酰水杨酸的通用名称，"escalator"退化为电梯的通用名称。

现行法律制度对驰名商标显著性的退化已经作出相关规定，《商标法》第13条分三个层次对驰名商标作出特别保护。第一，驰名商标持有人可以主动申请法律保护。对于何谓驰名商标，第13条第1款规定"为相关公众所熟知的商标"，即在市场上拥有较高知名度的商标。这类商标因为良好声誉，很容易被他人搭便车、蹭名牌，获取不正当利益。例如，"宝马"牌水杯或"海尔"牌睡衣，虽然消费者不易将这类水杯和睡衣生产商与德国宝马公司或青岛海尔集团相混淆，但若任其发展不加禁止，就会模糊商标和商品之间的联系，不能发挥商标的识别功能，冲淡了"宝马"或"海尔"这类驰名商标的显著性。正因如此，法律规定驰名商标持有人认为其权利受到侵害时，可以请求驰名商标保护。第二，对未注册驰名商标的同类保护。任何人都不得复制、摹仿或者翻译这类商标，涉及的对象仅限于相同或类似的商品。这是基于商标保护的专有性限制，未申请注册的驰名商标不能得到商标专有保护。2002年《最高人民法院关于审理商标民事纠纷案件适用法律若干问题的解释》第2条将这种未注册驰名商标分为驰名商标整体和部分，复制、摹仿、翻译未注册驰名商标的主要部分，容易导致混淆的，应当承担停止侵害的民事法律责任。第三，已注册驰名商标的"跨类"保护。任何人都不得复制、摹仿或者翻译他人已经在中国注册的驰名商标，涉及的对象不仅包括相同或类似商品，而且还包括不相同或不相类似的商品。不过，第13条第2款与第3款也有稍许差别。对未在中国注册的驰名商标，只要他人的复制、摹仿或者翻译行为，使其商标与驰名商标产生混淆，就不予注册并禁止使用。而对已经在中国注册的驰名商标，由于保护范围较广，涉及同类和跨类商品，因此判断的标准就要比第2款的情形复杂一些，即除了混淆误导公众，同时还要具备指示驰名商标注册人的利益受到损害的，不予注册并禁止使用。本书认为，《商标法》第13条第2款和第3款立法的目的最终都落在"不予注册并禁止使用"，可以有效防止他人搭驰名商标的便车，削弱驰名商标的显著性。可以看出，我国《商标法》对未注册和已注册的驰名商标显著性的反淡化方面进行了法律保护。

**典型案例**

## 诺和诺德公司、国家工商行政管理总局商标评审委员会商标行政管理（商标）再审[①]

再审申请人诺和诺德公司因与被申请人商评委、一审第三人沈阳市其乐大帝商贸有限

---

[①] 案例根据"世界经理人文摘有限公司、世界经理人资讯有限公司侵害商标权纠纷再审民事判决书"[（2018）最高法行再87号]所改编。参见 http://wenshu.court.gov.cn/website/wenshu/181107ANFZ0BXSK4/index.html? docId= 8a43a10597f34cb7b644abdb00c421af,2020-06-15。

公司(以下简称其乐大帝公司)商标异议复审行政纠纷一案,不服北京市高级人民法院(2015)高行(知)终字第 1904 号行政判决,向最高人民法院申请再审。最高人民法院经审理,认为本案争议焦点之一是 1993 年诺和诺德公司申请注册核定使用在第 5 类"人用药品"等商品的第 712538 号诺和诺德商标(以下简称引证商标)是否构成驰名商标。争议焦点之二是 2011 年其乐大帝公司申请注册第 9455418 号诺和诺德商标(以下简称被异议商标),指定使用在第 25 类"服装"等商品上,是否属于《商标法》第 13 条规定的情形。最高人民法院审查后发现,引证商标于 1994 年获准注册,诺和诺德公司在国内生产、销售的药品的包装、宣传手册上广泛使用引证商标。被异议商标申请注册时,引证商标已经持续使用了近 7 年。综合考虑到相关公众对引证商标的知晓程度、引证商标的持续使用情况、引证商标曾被作为驰名商标受保护的记录等,最高人民法院认为,引证商标在被异议商标申请注册日之前已经达到驰名的程度。对于焦点二,法院认为虽然被异议商标指定使用在第 25 类"服装"商品上,与引证商标核定使用的第 5 类人用药品差距较远,但是被异议商标与引证商标从视觉上比较,基本无差别。"诺和诺德"系臆造词,显著性较强。其乐大帝公司将使用被异议商标的产品,以具有预防糖尿病足功效进行宣传,并在糖尿病学术会议现场、医院等场所进行展示、销售。这就说明被异议商标实际使用的商品与引证商标核定使用的商品在销售渠道、消费群体等方面关联程度较高。相关公众在上述商品上看到被异议商标时,容易认为相关商品由诺和诺德公司提供或与其存在特定关联,从而损害诺和诺德公司的合法利益。综上,最高人民法院判定,其乐大帝公司将他人驰名商标申请注册在不相同不相类似的商品之上,导致公众误认,损害驰名商标持有人的合法利益,违反了《商标法》第 13 条第 3 款的规定。

#### 案例评析

本案是一起典型的淡化他人驰名商标的行为。目前,他人不法行为导致商标显著性退化和丧失突出表现就是淡化商标。侵权人将他人商标用在无竞争关系的不相同或不相类似的商品之上。表面上看,这似乎并不会引起公众对侵权人申请注册商标与商品之间的误认,如"宝马"牌水杯。但若商家将水杯宣传成"车载"水杯,或者在宣传画册直接或间接使用"宝马"汽车图案或其他具有暗示性的要素,则极易让消费者对该水杯产生不正确联想,误以为是德国宝马汽车公司生产的水杯,导致无法识别商品的真实来源,进而也使得侵权人通过这样的"借用"行为,减弱了商标的区分功能,减损了商标持有人的无形资产价值,使得消费者作出错误判断,而无法得到应有的消费体验。

# 第二节　合　法　性

商标注册的目的在于使用,但是在某些情形下如果商标不符合法律规定,是无法进行使用的。这是由于商标附着于商品或服务之上,随着现代商业活动遍布国内外,影响力较大。若商标中的文字、图案、字母或者数字等要素损害了其他商标权人和社会公众的利益,不仅无法注册,而且也不能使用。这就是商标法对商标的合法性要求。根据我国商标法对"合法性"的相关规定,本书归纳整理为以下几个方面:一是不得使用和注册法律禁止的标志;二是不得恶意抢注;三是误导公众的地理标志不得注册和使用。

▶ **1. 不得使用和注册法律禁止的标志**

商标注册是商标申请人获得商标专用权的前提,除了要符合商标显著性以外,还应遵守国家法律规定。法国《知识产权法典》第 711-3 条规定,下列标记不得作为商标或商标的一个部分:第一,巴黎公约第 6 条之 3 的规定,即一个国家的名称、国旗、国徽,政府间组织的名称、旗帜、徽章,其他徽记以及一国用以表明监督和保证的官方符号和检验印章等;第二,是违反公共秩序或善良风俗,或被法律禁止使用的;第三,欺骗公众,尤其在商品或服务的性质,质量或产源方面。1993 年印度尼西亚《商标法》规定,商标出现下列情形不得注册:与国家标志、旗帜、徽记以及名称相同或者近似的,与官方标志、印章、邮票相同或近似的[①]。不过,印度尼西亚《商标法》将上述要件解释为相对要件,即只要权利人书面授权同意,则也可以进行商标注册。根据我国《商标法》第 10 条的规定,共有九种情形属于不得作为商标注册,也不得作为未注册商标进行使用:

(1) 同中华人民共和国的国家名称、国旗、国徽、国歌、军旗、军徽、军歌、勋章等相同或者近似的,以及同中央国家机关的名称、标志、所在地特定地点的名称或者标志性建筑物的名称、图形相同的。

《商标法》第 10 条第 1 款可以分成两个层次进行理解。一方面,与国家名称、国旗、国徽、国歌、军旗、军徽、军歌、勋章等相同或近似的,不得作为商标注册,也不得作为未注册商标进行使用。这是因为国家名称、国旗等是国家象征,作为商标使用会有损国家尊严。国家名称包括中英文的全称、简称和缩写。在第 34710340 号"PRC"商标驳回复审决定书(商评字〔2020〕第 0000141882 号)中,商标局经复审,认为申请商标与引证商标一、二均包含显著识别文字"PRC",而"PRC"为中华人民共和国的英文缩写,不得作为商标注册及使用。因此,商标局对申请商标在复审商品上的注册申请予以驳回。我国国旗是五星红旗,因此在第 36052015 号"红旗"商标驳回复审决定书(商评字〔2020〕第 0000084420 号)中,商标局经复审查明申请商标"红旗"易使公众将其与国旗相联系,故对申请商标的注册申请予以驳回。另一方面,2001 年修订的《商标法》第 10 条第 1 款新增加了第 2 项,即"同中央国家机关的名称、标志、所在地特定地点的名称或者标志性建筑物的名称、图形相同的"不得作为商标注册,也不得作为未注册商标使用,包括紫光阁、钓鱼台、人民大会堂、天安门、新华门等。以天安门为例,目前仅注册且在有效期的是两个北京公司在 1993 年申请的第 745454 号和第 130972 号"天安门"商标,而 2001 年之后,以"天安门"注册商标均未成功。同样地,人民大会堂管理局纪念品服务部自 1994 年开始申请并注册"人民大会堂"系列商标获得商标专用权保护,然而 2000 年以后任何人再申请类似的商标均未成功。

(2) 同外国的国家名称、国旗、国徽、军旗等相同或者近似的,但经该国政府同意的除外。

《巴黎公约》第 6 条之 3 第(1)款(a)项规定,"本联盟各国同意,对未经主管机关许可,而将本联盟国家的国徽、国旗和其他的国家徽记、各该国用以表明监督和保证的官方符号和检验印章以及从徽章学的观点看来的任何仿制用作商标或商标的组成部分,拒绝注册或使其注册无效,并采取适当措施禁止使用"。这条国际惯例体现了对其他国家的尊重,但是某一国家的法律允许上述使用的,则不适用本条规定。根据 2017 年《商标审查及审理标准》,诸

---

① 参见赵刚:《〈印度尼西亚共和国商标法〉简介(上)》,载《中华商标》1996 年第 5 期。

如使用"France"(法国英译名)、"大韩"、"Mei Guo"或者"拉脱维雅"这类读音和含义相同或近似的,则属于违反我国商标法第10条第2款的规定。

(3) 同政府间国际组织的名称、旗帜、徽记等相同或者近似的,但经该组织同意或者不易误导公众的除外。

该条也是国际惯例,同样也是出于对国际组织的尊重。本条中"政府间国际组织",是指若干国家为实现特定目的和任务,通过缔结条约或协议的方式建立的组织。该组织一般都有常设组织机构,有明确的宗旨、原则及活动章程。按照国际组织活动的特点,可分为一般政治性组织,如联合国、欧洲联盟、东南亚国家联盟、非洲统一组织等;专门性组织,如万国邮政联盟、世界气象组织等。国际组织的名称包括全称、简称或者缩写。例如:联合国的英文全称为"United Nations",缩写为"UN";欧洲联盟的中文简称为"欧盟",英文全称为"European Union",缩写为"EU"。根据《商标审查及审理标准》规定,若申请人提交相关证明文件证明该组织已经同意其使用,则本条不适用。另外,不容易误导公众的,如使用"尤尼"等词汇申请商标的,虽然商标中含有字母U与N,但整体已经变形,与UN形状相比较较为特殊,不会误导公众[①]。

(4) 与表明实施控制、予以保证的官方标志、检验印记相同或者近似的,但经授权的除外。

2001年我国商标法修订,第10条新增加"与表明实施控制、予以保证的官方标志、检验印记相同或者近似的,但经授权的除外"。需要注意的是,本条中的"官方标志"和"检验印记"是用以表明商品质量、性能、成分、原料等符合一定的标准或要求,从而予以保证和证明的标志或印记。比如,中国强制性产品认证标志就是字母"CCC"外加一个椭圆的图案,也叫3C认证。我国自2002年8月开始实施3C认证以来,第一批列入强制性认证目录的产品包括电线电缆、开关、低压电器、电动工具、家用电器、轿车轮胎、汽车载重轮胎等。因此,3C认证实际上是一个安全认证。只要公众将任一商标的文字和图形与3C认证相混淆,就可以认定构成相同或近似。但是,如果申请人提交了相关授权证明文件的,则不违反该条规定。

(5) 同"红十字""红新月"的名称、标志相同或者近似的。

众所周知,"红十字"是国际人道主义保护标志,有"红十字"出现的地方,就意味着有相关组织在对战争受难者进行保护和救助,诸如救援难民、伤兵和灾民。"红新月"是阿拉伯国家和部分伊斯兰国家使用,和"红十字"一样均传播人道主义、博爱和奉献精神。"红十字"是白底红色十字,而"红新月"是白底外加向左弯曲或者向右弯曲的一轮新月。禁止他人使用与"红十字"和"红新月"相同或类似的标志,也是出于对国际救助组织的尊重。

(6) 带有民族歧视性的。

根据我国商标法,带有民族歧视性的标志不得作为商标使用。这一规定体现了我国对各民族的尊重。我国是一个多民族国家,各民族一律平等,宪法规定禁止对于任何民族的歧视。因此,法律不准许使用或注册带有民族歧视性的商标。这里的"民族"在理解时应包括外国民族和种族,带有种族歧视的商标也在禁止之列,如历史上曾用的"王回回"膏药商标,已被禁止使用。民族歧视性的判定应综合考虑商标的构成及其指定使用商品或者服务。例如,"印第安人"商标申请使用在抽水马桶等商品上,因有丑化或者贬低特定民族的含义,被

---

① 《商标审查及审理标准》,2017年版,第24页。

判定为带有民族歧视性的,因此,不予注册且禁止作为商标使用。

(7) 带有欺骗性,容易使公众对商品的质量等特点或者产地产生误认的。

本条的立法目的是保护消费者合法利益,要求商品生产者如实反映商品的真实特点,不能利用商标对商品质量、产地进行欺骗性宣传,使得消费者发生误认,削弱商标的识别性。因此,"欺骗性"是第 10 条第 1 款第 7 项的绝对事由,特别是损害公共利益和公共秩序的行为,是商标不予注册的绝对事由。司法实践中,法院在审查判断有关标志是否具有欺骗性时,应当考虑标志或其构成要素是否足以使相关公众对产品的描述产生错误认识,构成欺骗相关公众。在重庆市磁器口陈麻花食品有限公司等与国家知识产权局二审[(2019)京行终 9864 号]案中,上诉人重庆市磁器口陈麻花食品有限公司(简称陈麻花公司)因商标权无效宣告请求行政纠纷一案,不服北京知识产权法院(2019)京 73 行初 3835 号行政判决,向北京市高级人民法院提起上诉。本案中,诉争商标"磁器口陈麻花"中的"麻花"系一种商品,使用在除"麻花"之外的怪味豆、琥珀花生、黑麻片、糕点等商品上,以一般公众的辨识能力容易对标有诉争商标标识商品的产地、质量、主要原料等特点产生误认。因此,诉争商标在除"麻花"之外商品上的注册违反了商标法第 10 条第 1 款第 7 项的规定。

(8) 有害于社会主义道德风尚或者有其他不良影响的。

该条款从内容来说可以分为两个知识点加以理解。一是"有害于社会主义道德风尚"。这是一个列举式规范,2017 年《商标审查及审理标准》将其解释为"我国人们共同生活及其行为的准则、规范以及在一定时期内社会上流行的良好风气和习惯"。例如,使用"街头霸王""鲁家二房""屌丝男士"等词汇申请商标,明显违反了良好社会风气这一行为准则。二是"其他不良影响"。这是一个概括式规范,指的是第 10 条第 1 项至第 7 项列举情形以外的与有害于社会主义道德风尚相类似的,可能对我国政治、经济、文化、宗教、民族等社会公共利益和公共秩序产生消极、负面影响的情形。在泰山石膏股份有限公司、山东万佳建材有限公司与国家工商行政管理总局商标评审委员会商标争议行政纠纷再审案[(2016)最高法行再 21 号]中,被申请人山东万佳公司持有的第 3011175 号"泰山大帝"商标的注册是否属于商标法第 10 条第 1 款第 8 项规定的"不良影响"情形。经审查,最高人民法院认为判断"泰山大帝"是否系道教神灵的称谓,是否具有宗教含义,不仅需考量本案当事人所提交的相关证据,也需考量相关宗教机构人士的认知以及道教在中国民间信众广泛的历史渊源和社会现实。结合本案,第一,由部分书籍、新闻报道和论文中提及"泰山大帝";第二,泰安当地宗教管理部门和道教协会证明"泰山大帝"是道教神灵的称谓,这已经构成宗教机构人士的认知;第三,道教中"泰山大帝"称谓是客观存在,具有宗教意义。万佳公司注册和使用"泰山大帝"商标,可能对宗教信仰、宗教感情或者民间信仰造成伤害,从而造成不良影响。因此,最高人民法院认为该商标符合商标法第 10 条第 1 款第 8 项规定的"不良影响"情形,应予撤销。

(9) 县级以上行政区划的地名或者公众知晓的外国地名,不得作为商标。但是,地名具有其他含义或者作为集体商标、证明商标组成部分的除外;已经注册的使用地名的商标继续有效。

商标中包含"地名"词汇是否可以注册和使用,我国《商标法》第 10 条第 2 款给出否定答案。不仅如此,《最高人民法院关于审理商标授权确权行政案件若干问题的规定》第 6 条同时规定,商标标志由县级以上行政区划的地名或者公众知晓的外国地名和其他要素组成,如果整体上具有区别于地名的含义,人民法院应当认定其不属于商标法第 10 条第 2 款所指情形。《商标审查及审理标准》将"县级以上行政区划的地名"解释为包括全称、简称以及县级以上的省、自治区、直辖市、特别行政区,省会城市、计划单列市、著名旅游城市名称的拼音形式。例如,"新疆红""深圳久大"和"皖"等词汇及拼音都不可以作为商标注册和使用。

因此,作为商标授权确权审查中的绝对理由条款,商标法禁止将地名注册为商标的主要理由在于:第一,防止商标权人不正当地垄断公共资源。地名作为指代特定地理区域的符号表达形式,如果被个人所独占,势必影响社会公众使用地名的表达自由。第二,防止商标权人通过地名误导社会公众。地名还可能与出产特定品质商品的产区产生指代关系,如果商标权人提供的商品并非来源于该产区,将使社会公众发生误认误购。第三,维护商标的显著特征。如果商标整体上可被无歧义地识别为地名,除非法律另有规定,一般无法对特定的商品来源发挥识别功能。

2019 年,最高人民法院在审理夏洛特欧琳碧雅控股有限公司、国家知识产权局商标行政管理(商标)再审案[(2019)最高法行再 52 号]中,对于申请商标是否因含有"OLYMPIA"而违反了商标法第 10 条第 2 款的规定给出了清晰的回答。首先,申请商标整体上不易被识别为地名。申请商标由"CHARLOTTEOLYMPIA"两个英文单词构成,虽然"OLYMPIA"(奥林匹亚)作为现代奥林匹克运动的发源地,确为中国公众所熟知,但是"OLYMPIA"只是申请商标的组成部分,而非唯一内容。整体上不具有对作为地名的"奥林匹亚"的直接指向关系。其次,申请商标更容易被理解为人名。根据夏洛特公司提交的证据,"CHARLOTTE"(夏洛特)与"OLYMPIA"(奥林匹娅)均为较常见的外国女性名字,考虑到外国人名的排列和使用方式,申请商标易被识别为人名而非地名。最后,申请商标包含了其他含义,且具有一定知名度:一是申请商标"CHARLOTTEOLYMPIA"直接来源于夏洛特公司创设人及设计师的名字,与其企业名称也具有直接对应关系;二是国内已有多家媒体对夏洛特公司及"CHARLOTTEOLYMPIA"品牌进行了宣传报道,夏洛特公司在时尚界享有一定的知名度。因此,上述事实说明申请商标中虽然包含了"OLYMPIA"字样,但因整体上已经产生了区别于地名的含义,并未影响申请商标对商品和服务来源的指代功能。基于上述理由,最高人民法院认为申请商标并未构成商标法第 10 条第 2 款所涉情形。

▶ 2. 不得恶意抢注商标

商标恶意抢注是一种不正当的商标注册行为,主要是指行为人以获利为目的故意将他人已经使用并有一定影响的商标、域名、商号等权益作为自己的商标申请注册,损害他人合法权益和商业信誉,误导消费者,破坏市场正常竞争秩序[①]。对商标恶意注册行为,《商标法》早在 1993 年修订时就明确了注册不当商标的撤销规定,第 27 条第 1 款规定:已经注册的商标,如果是以欺骗手段或者其他不正当手段取得注册的,不仅可以由商标局撤销该注册商标,而且其他单位或者个人也可以请求商标评审委员会裁定撤销该注册商标。对于如何理解"以欺骗手段或者其他不正当手段",1993 年《商标法实施细则(第二次修订)》第 25 条第 1 款对此进行了详细规定,包括:①虚构、隐瞒事实真相或者伪造申请书件及有关文件进行注册的;②违反诚实信用原则,以复制、模仿、翻译等方式,将他人已为公众熟知的商标进行注册的;③未经授权,代理人以其名义将被代理人的商标进行注册的;④侵犯他人合法的在先权利进行注册的;⑤以其他不正当手段取得注册的。

---

① 参见熊英:《对防范商标恶意抢注的立法建议》,载《中华商标》1998 年第 6 期。

当前,我国正从制造大国向创新大国转型,重视品牌价值,维护正常市场竞争秩序是当务之急。首先,商标恶意抢注行为严重损害了正常经营者的经济利益,毁损他人商业信誉,非法占用公共资源。商标恶意抢注行为人以非法获利为目的,以抢注商标威胁他人,要求他人以高价回收,或者将他人卷入旷日持久的司法诉讼,浪费大量人力、物力。这种现象如不遏制,将会影响到正常经营者对商标知名度的培育,妨碍了知名品牌的孵化。其次,商标恶意抢注行为危害商标注册和使用秩序。由于以非法获利为目的,很多商标恶意抢注行为人并不是以使用商标为目的,造成商标大量闲置。近十年,我国商标申请和注册飞速增长,多年占据世界第一的位置。然而,由于商标审查周期长,商标恶意抢注造成的"闲置"商标就成为障碍商标,导致很多正常的商标申请难上加难,从而降低了商标审查效率,增加了商标审查人员的负担。最后,商标恶意抢注危害我国知识产权保护的国际形象。例如,吉利集团有限公司在"摩托车、小汽车"等商品上抢注英国路华公司在先使用的"陆虎"商标[1];东莞市东之声电器有限公司在"扩音器喇叭、车辆用收音机"等商品上抢注美国高思公司在先使用的"KOSS及图"商标[2]。

(1)代理人恶意抢注行为

对于代理活动中代理人的欺骗性商标注册行为,2001年《商标法》修订时增加了第15条[3]进行规范。2013年《商标法》修订时在原来的第15条的基础上增加第2款,即"就同一种商品或者类似商品申请注册的商标与他人在先使用的未注册商标相同或者近似,申请人与该他人具有前款规定以外的合同、业务往来关系或者其他关系而明知该他人商标存在,该他人提出异议的,不予注册"。这就将商标恶意注册的行为人范围从"代理活动"扩展到"相关活动",但这个"相关活动"并非泛泛而指,是专门针对"合同、业务或其他关系"且明知该商标存在的,也就是说商标恶意抢注最易发生的场合,即代理、合同、业务往来等,提醒相关权利人保护自己正当权益。

**典型案例**

## 国家工商行政管理总局商标评审委员会等与 艾玛克股份有限公司二审[4]

上诉人商评委、爱玛客(香港)连锁发展公司(简称爱玛客公司)因商标权无效宣告请求行政纠纷一案,不服北京知识产权法院(2016)京73行初5422号行政判决,向北京市高级人民法院提起上诉。北京市高级人民法院审查,发现本案争议焦点之一是爱玛客公司注册诉争商标的行为是否属于代理人恶意抢注行为。为此,需要解决三个问题:第一,被上诉人意大利艾玛克股份有限公司的商标如何证明其在先使用;第二,爱玛客公司与被上诉人意大

---

[1] 北京市第一中级人民法院(2011)一中知行初字第1043号行政判决书。

[2] 北京市第一中级人民法院(2010)一中知行初字第175号行政判决书。

[3] 《商标法》(2001年修正)第15条:"未经授权,代理人或者代表人以自己的名义将被代理人或者被代表人的商标进行注册,被代理人或者被代表人提出异议的,不予注册并禁止使用。"

[4] 案例根据"国家工商行政管理总局商标评审委员会等与艾玛克股份有限公司二审行政判决书"[(2018)京行终4335号]所改编。参见 http://wenshu.court.gov.cn/website/wenshu/181107ANFZ0BXSK4/index.html? docId = fa9813fb2809436fb10baa73015c307b,2019-07-17。

利艾玛克股份有限公司之间是否存在代理关系；第二，爱玛客公司是否知晓艾玛克公司的"IMAC"商标。经查明，北京市高级人民法院认为，首先，根据艾玛克股份有限公司提交的"IMAC"商标在诉争商标申请日之前在其他国家和地区的注册情况，可以认定"IMAC"商标系艾玛克公司在先所有的商标；其次，根据艾玛克股份有限公司提交的证据可以认定在诉争商标申请日之前爱玛客公司和艾玛克公司之间已经形成了代理关系。最后，爱玛客公司的董事还曾前往艾玛克公司进行样品审查和订单指导，并且这位董事还担任爱玛客公司的法定代表人长达5年之久。因此，可以推断爱玛客公司应当知晓艾玛克公司的"IMAC"商标。最终，北京市高级人民法院判定爱玛客公司申请注册诉争商标的行为违反了2001年商标法第15条的规定。商评委和爱玛客公司的相关上诉理由均不能成立，均予以不支持。

**案例评析**

本案中，北京市高级人民法院对《商标法》第15条第1款进一步解释道："对于如何证明被代理人或被代表人的商标是其在先使用商标，并不要求被代理人或者被代表人的商标已经在中国大陆地区申请注册或者已经在中国大陆地区进行了使用，在其他国家和地区的注册情况也一样适用。"本案最大的启示是关于当事人之间代理关系的证明。一般而言，代理协议、保密协议、双方往来函件和销售单据等证据材料可以作为代理关系存在的证据。本案中，艾玛克公司提交了涉诉商标申请日之前双方签订的协议书，对方向艾玛克公司发出的请求授予在中国制造"IMAC"鞋品权利的提议及双方邮件回复往来资料，以及双方就中国市场《销售代理协议》邮件往来资料。除此之外，合作协议、劳动合同、任职文件等一般情况下也可以证明存在代表关系。总之，无论是代理关系还是代表关系，都是一种较为紧密的商业关系。客观上，双方应形成较为稳定且直接的商业关系。

**典型案例**

## 张洪巍、D. H. A. 西亚姆瓦拉有限公司与国家工商行政管理总局商标评审委员会二审案[①]

上诉人D. H. A. 西亚姆瓦拉有限公司（简称西亚姆瓦拉有限公司）因商标异议复审行政纠纷一案，不服北京市第一中级人民法院（2014）一中知行初字第5471号行政判决，向北京市高级人民法院提起上诉。本案中，西亚姆瓦拉公司称原审第三人张洪巍以不正当手段抢先注册其已经使用并有一定影响的"MASTERART及图"商标。因此，争议的焦点之一就是判定张洪巍与西亚姆瓦拉公司之间是否存在代理关系，被异议商标的申请注册是否属于商标代理人恶意抢注商标的情形。对此，北京市高级人民法院经审查认为：首先，西亚姆瓦拉公司提交的订货合同晚于异议商标申请日；其次，有关证明函和网页搜索页面等证据不足以证明在被异议商标申请日之前，张洪巍与天津方尧公司之间存在雇佣关系。最后，西亚姆瓦拉公司在本案中提交的证据不足以证明在被异议商标申请日之前，张洪巍已经与西亚姆瓦拉公司建立代理关系。因此，北京市高级人民法院认为被异议商标的申请注册并未违

① 案例根据"张洪巍、D. H. A. 西亚姆瓦拉有限公司与国家工商行政管理总局商标评审委员会二审行政判决书"[（2017）京行终2660号]所改编。参见 http://wenshu.court.gov.cn/website/wenshu/181107ANFZ0BXSK4/index.html? docId=84da82120d3648398483a80f0010cfcb，2017-10-17。

反 2001 年商标法第 15 条的规定,西亚姆瓦拉公司的相关上诉理由不能成立,不予支持。

**案例评析**

2010 年《最高人民法院关于审理商标授权确权行政案件若干问题的意见》第 12 条规定,商标代理人、代表人或者经销、代理等销售代理关系意义上的代理人、代表人未经授权,以自己的名义将被代理人或者被代表人商标进行注册的,人民法院应当认定属于代理人、代表人抢注被代理人、被代表人商标的行为。本案中,西亚姆瓦拉公司提交的装箱单、运输单等证据仅能证明西亚姆瓦拉公司与西安森普公司在被异议商标申请之日前存在贸易关系,而西亚姆瓦拉公司提交的三份订货合同可以证明天津方尧公司为西安森普公司供应商,但上述合同签订之日晚于被异议商标申请之日,故西亚姆瓦拉公司关于被异议商标的申请注册违反 2001 年商标法第 15 条的理由不能成立。这说明代理关系的成立,必须考虑两点:一是如果仅证明存在一般贸易往来及订购货物的情形下,不足以证明存在代理关系或代表关系[①];二是代理关系的证据时间是被异议商标申请之前还是之后,若是之后则不能证明行为人抢注他人商标。

(2) 间接商务往来关系人恶意抢注行为

我国《商标法》第 15 条第 1 款从代理关系出发,要求代理人承担更为严格的规避义务,即由于存在与被代理人的紧密关系,对被代理人已使用但未注册商标的知晓程度应高于一般主体,因此也应承担更高的法律要求。第 15 条第 2 款[②]也是为了维护公平竞争的市场秩序及遏制特定关系人的商标抢注行为,但是与第 1 款相比,适用条件略高。这是因为:一方面,要求"他人在先使用的未注册商标"。对于在先使用,法条本身并没有限定是在中国境内使用。如前所述,北京市高级人民法院在艾玛克股份有限公司一案中并没有限定涉案商标必须在中国境内使用。不过,关于这种理解是否符合《商标法》第 15 条第 2 款的立法本意,尚有待商榷。另一方面,同一种或类似商品的识别性。由于第 15 条第 2 款针对的恶意注册行为是同一种商品或者类似商品上申请注册与他人在先使用的未注册商标相同或者近似,就此产生一种疑问,是否需要这种恶意注册行为具有混淆性。法条并无进一步界定,按照司法实践来看,特定关系人通过业务或其他商业往来知晓他人在先使用未注册商标,意图"搭便车"损害他人已有一定影响的未注册商标,主观上应有混淆商品来源,误导消费者的意思。因此,如果无法产生商品来源的识别性,可以认定违反第 15 条第 2 款的规定。

**典型案例**

## 浙江英菲尔德家居科技有限公司与国家知识产权局一审案[③]

原告浙江英菲尔德家居科技有限公司因不服商评委作出的商评字(2018)第 75365 号关

---

① 参见汤凌燕,马兰花:《我国〈商标法〉第 15 条的理解与适用》,载《福建农林大学学报》(哲学社会科学版)2020 年第 2 期。

② 《商标法》第 15 条第 2 款:"就同一种商品或者类似商品申请注册的商标与他人在先使用的未注册商标相同或者近似,申请人与该他人具有前款规定以外的合同、业务往来关系或者其他关系而明知该他人商标存在,该他人提出异议的,不予注册。"

③ 案例根据《浙江英菲尔德家居科技有限公司与国家知识产权局一审行政判决书》[(2018)京 73 行初 6103 号]所改编。参见 http://wenshu.court.gov.cn/website/wenshu/181107ANFZ0BXSK4/index.html?docId=c8f166c1ffaa42148ea3aaef00d3ca6b,2019-10-24。

于第 16858693 号"门迪尼巴洛克 MENDINIBALUOKE"商标(简称诉争商标)不予注册复审决定书,向北京知识产权法院提起行政诉讼。本案争议焦点是诉争商标与引证商标是否构成使用在类似商品上的近似商标,违反了商标法第 15 条第 2 款规定的情形。对此,北京知识产权法院经审查发现:首先,在长达 5 年多时间内,原告与第三人的商标被许可人巴洛克木业公司之间存在合同及业务往来关系,且诉争商标申请日晚于双方合同关系签订日;其次,第三人的商标被许可人巴洛克木业公司早在合同签署之前,以及合同存续期间连续在各大新闻媒体广泛宣传其产品及商标,通过巴洛克木业公司产品及宣传手册不难发现其在先使用的证明充分;最后,诉争商标与引证商标系在同一种或者类似商品上使用相同或近似商标。诉争商标中的汉字部分为"门迪尼巴洛克",与引证商标"门迪尼"近似,诉争商标英文部分"Mendini"与引证商标英文部分"Mendini"亦完全相同。因此,诉争商标与第三人在先使用的"门迪尼"标识构成近似商标。诉争商标指定使用在第 19 类"木地板、非金属地板"等商品,与第三人在先使用的商标亦使用在"木地板"商品上,构成相同或类似商品。故诉争商标与第三人在先使用的引证商标构成使用在同一种或类似商品上的近似商标,违反了《商标法》第 15 条第 2 款的规定。最终,北京知识产权法院驳回原告浙江英菲尔德家居科技有限公司的诉讼请求。

**案例评析**

《商标法》第 15 条第 2 款的立法目的就在于,禁止因具有特定关系而明知他人商标存在的人抢注他人商标,旨在保护在先使用的未注册商标的合法权益,维护公平竞争的市场环境[①]。2017 年《最高人民法院关于审理商标授权确权行政案件若干问题的规定》第 16 条规定,以下情形可以认定为商标法第 15 条第 2 款中规定的"其他关系":①商标申请人与在先使用人之间具有亲属关系;②商标申请人与在先使用人之间具有劳动关系;③商标申请人与在先使用人营业地址邻近;④商标申请人与在先使用人曾就达成代理、代表关系进行过磋商,但未形成代理、代表关系;⑤商标申请人与在先使用人曾就达成合同、业务往来关系进行过磋商,但未达成合同、业务往来关系。本案中,巴洛克木业公司与原告在 2010 年 3 月 1 日至 2013 年 12 月 31 日期间存在代加工关系,且第三人还提交了在 2013 年—2015 年间巴洛克木业公司与原告之间的往来发票。由此可见,在 2010 年 3 月 1 日至 2015 年 12 月 23 日期间,原告与第三人的商标被许可人巴洛克木业公司之间存在合同及业务往来关系。原告与巴洛克木业公司属于有特定关系的情形,且原告也申请了与巴洛克木业公司使用在同一种或类似商品上相同或近似的商标,故违反了商标法第 15 条第 2 款。

▶ **3. 误导公众的地理标志不得注册和使用**

我国《商标法》第 16 条第 1 款规定:"商标中有商品的地理标志,而该商品并非来源于该标志所标示的地区,误导公众的,不予注册并禁止使用;但是,已经善意取得注册的继续有效。"对于这一条,有学者将其解释为适用于所有商品,并且禁止以该地理标志或商标的使用在货物的真实来源或原产地方面"误导"公众为条件[②]。我国商标法中加入地理标志保护始于 2001 年修订,自此之后形成了独特的地理标志立法保护模式,也就是所谓的"两种法律模

---

① 参见周丽婷:《〈商标法〉第 15 条第 2 款的司法认定》,载《法律适用》2018 年第 12 期。
② 董炳和:《商标法第 16 条与 TRIPS 协定之差别》,载《中华商标》2004 年第 4 期。

式并行、三套保护制度同在"。其中,所谓"两种法律模式并行",是指我国地理标志保护存在商标法与专门法两种并行的法律模式。所谓"三套保护制度同在",是指我国地理标志保护具体存在以《商标法》等为依据的集体商标和证明商标制度,以《农产品地理标志管理办法》等为依据的农产品地理标志保护制度,和以《地理标志产品保护规定》等为依据的地理标志产品保护制度等。此外,我国《反不正当竞争法》也为地理标志提供补充性保护①。总的来说,允许个人或企业将地理标志注册为商标,会引起与将地名作为商标注册相同的问题,即不但不符合商标应当具有的显著性的要求,还会排斥同样来自于该地理区域的商品提供者使用该地理标志的正当权利。因此,地理标志只能由符合法定条件的团体、协会或具有监督能力的组织作为集体商标或证明商标予以注册,并根据公平、合理的条件允许所有来自该特定地理区域的商品提供者使用。

（1）地理标志的概念

《商标法》第 16 条第 2 款规定:"前款所称地理标志,是指标示某商品来源于某地区,该商品的特定质量、信誉或者其他特征,主要由该地区的自然因素或者人文因素所决定的标志"。这一定义来源于《TRIPS 协定》第 22 条第 1 款中"Geographical Indication"(地理标志)以及《保护原产地名称及其国际注册里斯本协定》中"Appellations of Origin"(原产地名称)的称谓。本书认为,地理标志可以从两个方面进行理解:一是何谓地理。众所周知,我国是世界四大文明古国之一,历史悠久,文化灿烂,人文资源丰富;而作为农业大国,我国幅员辽阔,气候多样,许多各具地方特色的名优特产饮誉海内外。这些因素有机地结合在一起,造就了我国丰富的地理资源②。二是何谓标志。如前所述,商标的指示作用是指示商品或者服务的提供者,从而区分同类商品的不同生产者。地理标志的指示作用是指示商品的产地,从而区分该产地与其他地区生产的同类产品。因此,地理标志通常被拆分为"地理名称＋商品名称",譬如绍兴黄酒,金华火腿等。另外,地理标志本身在指示商品产地的同时即可以体现来源地的商品所具有的特定质量、信誉或者其他特征。相对于商标注重"标志"的显著性,地理标志则侧重"地理名称",即特定气候土壤造就的独一无二的产品品质,对于标志本身要求并不高。总之,本书认为地理标志就是指标识某商品来源于某地区,该商品的特定质量、信誉或者其他特征,主要由该地区的自然因素或者人文因素所决定的标志。

（2）误导性的地理标志

地理标志所对应的产品与一般产品差异在于特殊的产地,例如宁波汤圆,就意味着来自宁波地区具有一定口感和品质的汤圆,包括汤圆所需的原材料、食材以及人工制作技艺的因素,综合形成独特味道的区域性食物。如果消费者去超市购买的汤圆,虽然外包装标注"宁波汤圆",但实际上产地却来自其他地区,那么就属于误导性使用地理标志,就要禁止使用。因为公众是以原产地名称的存在而对相关产品的品质、声誉或其他特性等产生一种"善意的信赖",误导性的使用地理标志就是利用了公众的这种善良。

---

① 林秀芹,孙智:《我国地理标志法律保护的困境及出路》,载《云南师范大学学报》(哲学社会科学版)2020 年第 1 期。

② 何晓平:《论我国地理标志专门法保护制度》,载《法学杂志》2007 年第 6 期。

# 典型案例

## 社团法人高丽人参联合会与国家工商行政管理
## 总局商标评审委员会二审①

上诉人社团法人高丽人参联合会(简称高丽人参联合会)因商标申请驳回复审行政纠纷一案,不服北京知识产权法院(2018)京73行初4792号行政判决,于法定期限内向北京市高级人民法院提起上诉。经审查,北京市高级人民法院认为:本案中,高丽人参联合会将"高丽红参"作为地理标志证明商标申请注册。对于地理标志而言,如果申请注册的地理标志证明商标所确定的使用该商标的商品的产地与该地理标志的实际地域范围不符,无论是不适当地扩大了其地域范围,还是缩小了其地域范围,都将误导公众并难以起到证明使用该商标的商品来源于特定产区、具有特定品质的作用。具体到本案,高丽人参联合会提交的国家标准、行业标准及药典等证据中均无"高丽参""高丽红参"的规定。同时,其提交的《高丽红参的特定品质受地域环境或人文因素决定的说明》中,包含有"中国吉林省附近地区栽培加工的高丽红参""其他高丽红参(栽培加工于中国、日本等地)""其他可以栽培高丽红参的地区,如中国东北地区、日本岛根"等表述;加之,高丽人参联合会在《驳回商标注册申请复审申请书》及二审庭审中,均未否认"高丽参"存在韩国以外的其他产地。因此,原审判决及被诉决定认定现有证据不足以证明"高丽参""高丽红参"仅来源于韩国,该结论并无不当。虽然高丽人参联合会提交的韩国将"高丽参""高丽红参"作为地理标志保护的相关规定,以及中国进口药材管理的相关规定、中国国家图书馆关于"高丽参""高丽红参"的检索结果等证据,可以证明韩国确为"高丽参""高丽红参"的产地,但是,其将"高丽红参"作为地理标志申请注册,易导致相关公众认为"高丽红参"的实际产地仅为韩国,进而对商品的特定产区、具备的特定品质等产生误认。最终,北京市高级人民法院驳回了高丽人参联合会的上诉,维持原判。

### 案例评析

我国《商标法》第16条第1款规定:"商标中有商品的地理标志,而该商品并非来源于该标志所标示的地区,误导公众的,不予注册并禁止使用;但是,已经善意取得注册的继续有效。"本案中,上诉人高丽人参联合会申请"高丽参""高丽红参"地理标志,但这类人参是否仅仅产自韩国地域。对这一疑问,上诉人提交的在案证据不足以证明,这就导致产品与地域之间无法建立关联性。"高丽参"和"高丽红参"既有可能来源于韩国地域,也有可能来自日本某些地区或我国东北地区。因此,高丽人参联合会将"高丽红参"文字作为商标指定使用在"人参"商品上,将造成消费者对其他国家和地区出产的高丽参商品的品质及来源产生误认。

---

① 案例根据"社团法人高丽人参联合会与国家工商行政管理总局商标评审委员会二审行政判决书"[(2018)京行终5471号]改编。参见 http://wenshu.court.gov.cn/website/wenshu/181107ANFZ0BXSK4/index.html?docId=26f9b8a6362e4ada9821ac01000df9a5,2020-07-23。

**典型案例**

## 滦南县柏各庄合顺粮食加工厂、盘锦市大米协会侵害商标权纠纷二审①

上诉人滦南县柏各庄合顺粮食加工厂（以下简称合顺粮厂）因与被上诉人盘锦市大米协会侵害商标权纠纷一案，不服天津市第二中级人民法院（2019）津02知民初101号民事判决，向天津市高级人民法院提起上诉。一审法院查明：2011年12月21日，盘锦市大米协会经核准在第30类米商品上注册了第9528884号商标，该商标为地理标志证明商标，由"盘锦大米"文字构成，该商标注册有效期至2021年12月20日。因此，盘锦市大米协会是涉案地理标志证明商标的注册人，对其依法取得的注册商标享有专用权，并受法律保护。关于合顺粮厂的行为是否侵害盘锦市大米协会注册商标专用权的问题，一审法院认为涉案大米的外包装袋上突出标注"盘锦珍珠米"字样，与盘锦市大米协会第9528884号注册商标相近似。同时，涉案大米外包装袋上明确标注原粮产地为"辽宁省盘锦市优质水稻基地"，相关公众会据此认为涉案大米系原产于辽宁省盘锦市特定地域的盘锦大米。依照盘锦市大米协会制定的《"盘锦大米"证明商标使用管理规则》的相关规定，涉案证明商标用以证明大米的生产地域范围为辽宁省盘锦市的特定地域，且具有特定品质。合顺粮厂未举证证明涉案大米系原产于辽宁省盘锦市特定地域的大米，其在涉案大米外包装袋上的标注行为会引起相关消费者对产品来源以及品质的误认。最终，天津市高级人民法院判定驳回合顺粮厂上诉，维持原判。

**案例评析**

本案中，天津市高级人民法院之所以驳回上诉人的上诉，理由基于以下几点：一方面，确认被上诉人盘锦市大米协会对涉案地理标志的权利。一是盘锦市大米协会主体适格；二是按照地理标志申请条件成功申请并注册了第9528884号地理标志证明商标并继续续展商标注册有效期；三是履行了相关义务。2020年4月，国家知识产权局颁布了《地理标志专用标志使用管理办法（试行）》，其中第4条第1款规定，地理标志专用标志合法使用人应当遵循诚实信用原则，履行按照相关标准、管理规范和使用管理规则组织生产地理标志产品的义务。本案中，盘锦市大米协会制定的《"盘锦大米"证明商标使用管理规则》对"盘锦大米"证明商标的使用条件、使用申请程序、管理、保护等进行了明确规定，履行了法定义务。另一方面，确认上诉人误导性使用被上诉人盘锦市大米协会的地理标志。由于涉案大米的外包装袋上突出标注"盘锦珍珠米"字样，与盘锦市大米协会第9528884号注册商标相近似，容易使消费者误以为上诉人合顺粮厂所销售的大米产自辽宁省盘锦市，符合商标法第16条第1款的规定。

---

① 案例根据"滦南县柏各庄合顺粮食加工厂、盘锦市大米协会侵害商标权纠纷二审民事判决书"[（2020）津民终103号]改编。参见 http://wenshu.court.gov.cn/website/wenshu/181107ANFZ0BXSK4/index.html?docId=f7d235638965440e9ff3ab9f014611dd，2020-04-17。

## 典型案例

### 成都市郫都区食品工业协会与宝鸡市金台区乌诚信调料店
### 侵害商标权纠纷二审①

上诉人成都市郫都区食品工业协会(以下简称:郫都食品协会)因与被上诉人宝鸡市金台区乌诚信调料店(以下简称:乌诚信调料店)侵害商标权纠纷一案,不服陕西省宝鸡市中级人民法院(2019)陕03民初90号民事判决,向陕西省高级人民法院提起上诉。一审法院认为案件争议焦点是乌诚信调料店是否侵犯了郫都食品协会的地理标志证明商标。经审查,陕西省高级人民法院认为涉案第1388982号"郫县豆瓣"为证明商标,即系证明商品原产地为四川成都郫都区地域范围,且商品的特定品质主要由川西平原独特的自然环境所决定,并采用传统的特殊工艺所生产,具有郫县豆瓣特定品质。然而,乌诚信调料店的被诉侵权商品在容器标贴正面显著位置,以醒目方式突出标注"郫县风味豆瓣","风味"两字较小,但注明的生产商是成都益厨香食品有限公司,注明的产地为河北省邢台市。生产商使用的"郫县"标识既不能与其产地和生产工艺产生实际联系,也不能与实际行政区划相对应,加之将该标识与郫都食品协会"郫县豆瓣"注册商标相比较,除"郫"与"郫"字不相同外,其他文字的读音、含义、排列方式均相同,且"郫"与"郫"二字本身极为相近,加之被控侵权标识的"郫"字进行了艺术化处理,与注册商标中的"郫"字呈现高度相似,故上述标注并非单纯描述性说明,可能使公众误认为其生产销售的豆瓣酱系来源于四川成都郫都区地域范围,并具有相应的特定品质,构成对第1388982号注册证明商标专用权的侵害。

#### 案例评析

这是一起较为典型的侵害他人合法拥有的地理标志证明商标专用权的案件。本案中,被上诉人乌诚信调料店的涉诉商品产地并非四川成都郫都区地域,突出使用"郫县豆瓣"四个字,且与"郫县豆瓣"地理标志证明商标高度近似,容易误导消费者的购买选择,同时对"郫县豆瓣"品质产生贬损后果。被上诉人乌诚信调料店的被诉行为违反诚信原则和公认的商业道德,有损"郫县豆瓣"商誉以及有权使用"郫县豆瓣"地理标志证明商标的市场主体的经济利益,因此符合商标法第16条第1款的规定。

## 第三节　在　先　性

商标是指示商品或服务来源或出处的重要标志,消费者借助这一重要功能快速锁定和购买自己偏好的商品。这对于商品生产者来说就意味着从申请商标开始就要精心设计,增强其显著性,使其与同类或近似商品区分开。但是,这就会导致另外一种现象,即某些商品

---

① 案例根据"成都市郫都区食品工业协会与宝鸡市金台区乌诚信调料店侵害商标权纠纷二审民事判决书"[(2020)陕民终360号]改编。参见 http://wenshu.court.gov.cn/website/wenshu/181107ANFZ0BXSK4/index.html? docId=688ec4fad84848d2a933ab990160be79,2020-04-22。

生产者试图"搭便车""蹭名牌",扩大自己商品的影响力,增加商品销售量。于是,日常生活中就会出现商标权与其他权利的冲突,例如商标权与姓名权、肖像权、著作权、专利权等权利的冲突。尊重在先权原则是大陆法系国家普遍采用的原则,但在保护力度上,有的国家采取绝对保护原则,即无论什么条件都保护在先权,而有的国家规定在先权只有在一定条件下才予以保护,并有保护期限的限制,即采取相对保护在先权原则①。根据《巴黎条约》第6条之5第2款的规定,申请注册的商标不得侵犯被请求保护的国家权利人的既得权利,否则不予核准注册,已核准注册的应当撤销。《TRIPS协定》第16条第5款也规定,商标不得损害任何已有的在先权。2001年我国《商标法》第二次修订时,在坚持"申请在先原则"和"注册原则"的同时,突出保护了未注册商标的在先权利,即因使用而导致有一定影响的未注册商标的合法权利。《商标法》第9条规定:"申请注册的商标,应当有显著特征,便于识别,并不得与他人在先取得的合法权利相冲突"。现行《商标法》第32条又强调:"申请注册商标不得损害他人现有的在先权利,也不得以不正当手段抢先注册他人已经使用并有一定影响的商标"。

## 一、在先权利的概念

关于在先权利的概念,一般而言有两种定义方式。一是概括式,如"在先已依法形成的他人合法的知识产权或其他民事权利"。例如商号权、知名商品的名称和装潢、原产地名称权、著作权等。换言之,对于那些经长期使用或广泛使用,已经产生了相当知名度和美誉度,并具备显著特征以便于消费者识别商品及商品生产者的未注册商标,法律给予相应的保护,他人既不得擅自使用和仿冒,也不得抢先注册②。二是列举式,如"在先权利"应包括注册商标权、已经使用并有一定影响的商标,以及驰名商标具有的权利,姓名权、肖像权等人身权利,公司名称与企业名称,字号和商号,版权,工业品外观设计,原产地名称,域名及网站名称,知名商品特有的名称、包装、装潢,特殊标志③。为正确审理注册商标、企业名称与在先权利冲突的民事纠纷案件,2008年最高人民法院颁布了《关于审理注册商标、企业名称与在先权利冲突的民事纠纷案件若干问题的规定》,其中第1条第1款规定:"原告以他人注册商标使用的文字、图形等侵犯其著作权、外观设计专利权、企业名称权等在先权利为由提起诉讼,符合民事诉讼法第108条规定的,人民法院应当受理。"本书认为,"在先权利"应抓住"在先"这个关键词,即在诉争商标申请日之前享有的合法权利,包括知识产权,如外观设计专利权、著作权;也包括民事权利,如企业名称权,公民的姓名权和肖像权等。由于《关于审理注册商标、企业名称与在先权利冲突的民事纠纷案件若干问题的规定》采用"企业名称权等在先权利"的措辞,因此可以认为"在先权利"的范围尚未确定,有待司法实践进一步完善。

## 二、在先权利的类型

2017年1月,最高人民法院公布了《关于审理商标授权确权行政案件若干问题的规定》(以下简称《规定》)。该《规定》对于商标授权确权中的"在先权利"的种类、构成条件、适用前提,进行了更为周密、细致和可操作的规定。其中,有以下几个方面需要注意:首先,"在先

① 熊敏琴:《商标权和外观设计专利权的权利冲突》,载《中华商标》2002年第9期。
② 华鹰:《新商标法关于商标在先权利规定的现实意义》,载《商业研究》2003年第8期。
③ 黄晖:《商标与其他在先权利的冲突及解决程序》,载《工商行政管理》2001年第23期。

权利"中的"权利"不仅要在诉争商标申请日之前已经合法存在,而且在诉争商标核准注册时依然存在,才构成"在先权利"[①];其次,无论当事人主张诉争商标损害其在先著作权、姓名权和商号,都应提交相应的证据和材料证明其合法权利的存在;最后,无论是在先著作权、姓名权还是商号权,都需要确定前提要件。例如,在先著作权权利人对作品的所有权,姓名权权利人与商品之间存在特定的联系以及在先字号权权利人经营商号所获得的一定知名度。

(1)在先著作权。《规定》第19条指出:"当事人主张诉争商标损害其在先著作权的,人民法院应当依照著作权法等相关规定,对所主张的客体是否构成作品、当事人是否为著作权人或者其他有权主张著作权的利害关系人以及诉争商标是否构成对著作权的侵害等进行审查。商标标志构成受著作权法保护的作品的,当事人提供的涉及商标标志的设计底稿、原件、取得权利的合同、诉争商标申请日之前的著作权登记证书等,均可以作为证明著作权归属的初步证据。商标公告、商标注册证等可以作为确定商标申请人为有权主张商标标志著作权的利害关系人的初步证据。"有学者分析认为,该条最关键的是第2款中明确了证明某个构成作品的商标标志的权利归属的"初步证据"范围。值得注意的是,任何一种商标均有确定的注册类别和范围,因而只能阻止他人将相同或者类似的商标注册在与其注册类别相同或者相近的商品范围上,他人仍然可以将相同或类似的商标注册在类别相差较远的商品上。然而,一旦其商标被认定为构成作品,则禁止他人注册的范围可以扩展到所有商品。显然,这对相应的商标权利人意义重大[②]。在上海志玉贸易有限公司、南京奥特佳新能源科技有限公司商标行政管理(商标)再审一案[③]中,再审申请人上海志玉贸易有限公司(以下简称志玉公司)因与被申请人南京奥特佳新能源科技有限公司(以下简称奥特佳公司)及一审被告、二审被上诉人国家知识产权局商标权无效宣告行政纠纷一案,不服北京市高级人民法院(2019)京行终1503号行政判决,向最高人民法院申请再审。经审查,本案争议焦点是诉争商标是否违反了商标法第32条的规定,即"申请商标注册不得损害他人现有的在先权利,也不得以不正当手段抢先注册他人已经使用并有一定影响的商标"。为此,最高人民法院审查后认为,首先,诉争商标申请日晚于"奥特佳旋涡"作品著作权登记日。奥特佳公司提交的在其名下的作品名称为"奥特佳漩涡"的作品著作权登记证,而该证书登记的作品完成时间为2000年6月1日,志玉公司诉争商标申请日则为2000年6月7日。其次,奥特佳公司提交了较为充分的"初步证据",即诉争商标申请日之前的著作权登记证书。最后,本案诉争商标的图形与"奥特佳漩涡"作品在构图设计、视觉效果、表现形式等方面接近,已构成实质性相似。最终,最高人民法院裁定驳回志玉公司的再审申请。因此,本书认为,商标与在先著作权冲突,需满足以下要件:①诉争商标与他人在先享有的著作权作品相同或实质性相似;②他人在先著作权必须提供作品证明;③诉争商标注册申请人未经著作权人许可。

---

（2）姓名权。实践中,姓名权作为在先权利受到保护的情形是他人申请商标注册时未经姓名权人同意将其姓名作为商标注册,常见的是知名人物的姓名。《规定》第 20 条[①]的法律适用是:①普通公众的认知会将该诉争商标的文字指向该姓名权人;②诉争商标的注册已经或者可能给姓名权人造成损害。有学者对此分析认为,诉争商标是否损害他人姓名权首先应考虑的是该姓名权人在普通公众中的知晓程度。由于法律允许同名同姓存在,因此姓名权不具有独占性和排他性,若当事人主张姓名权遭受在后商标注册侵害,则必须是以相关公众已经明确认知为前提。并且,姓名权人负有证明姓名权人在相关行业或者公众中知名度情况的举证责任。一般而言,对于姓名权的保护范围一般应与姓名权人的知名度相关,知名度越高的公众人物,其以姓名权对抗系争商标注册的商品或服务范围越广[②]。在"迈克尔·杰弗里·乔丹、国家知识产权局商标行政管理(商标)再审"[③]一案中,争议商标的注册是否损害了再审申请人主张的在先姓名权,违反《商标法》第 31 条关于"申请商标注册不得损害他人现有的在先权利"的规定。对此,再审申请人提交了 10 组证据,大致可以归为媒体报道、篮球运动形象、商业活动价值报道、证明争议商标注册人的恶意证据、相关已判决案件、相关公众认知、调查报告和其他证据。经审查,最高人民法院最终认定:其一,最高人民法院于 2016 年 12 月 7 日作出(2016)最高法行再 27 号行政判决(以下简称 27 号判决),该判决认定再审申请人对该案中的争议商标标识"乔丹"享有在先的姓名权。因此,可以认为"乔丹"在我国具有较高的知名度、为相关公众所熟悉,我国相关公众通常以"乔丹"指代再审申请人,并且"乔丹"已经与再审申请人之间形成了稳定的对应关系,故再审申请人就"乔丹"享有姓名权。在本案争议商标的申请日之前,直至 2015 年,再审申请人在我国一直具有较高的知名度,其知名范围已不仅仅局限于篮球运动领域,而是已成为具有较高知名度的公众人物。其二,未经许可擅自将他人享有在先姓名权的姓名注册为商标,容易导致相关公众误认为标记有该商标的商品或者服务与该自然人存在代言、许可等特定联系的,应当认定该商标的注册损害他人的在先姓名权,违反《商标法》第 31 条的规定。除此之外,在"李二娜等与国家知识产权局二审"[④]一案中,上诉人李二娜因商标权无效宣告请求行政纠纷一案,不服北京知识产权法院(2018)京 73 行初 10552 号行政判决,向北京市高级人民法院提起上诉。北京知识产权法院认为,根据当事人的诉辩主张,本案的争议焦点为诉争商标的注册是否侵害了刘纯燕就其艺名"金龟子"所主张的在先姓名权。根据 2013 年《商标法》第 32 条和《规定》第 20 条,在商标确权行政案件中,在先姓名权益的保护应当从以下几个方面综合考量:一是相关公众是否能够将所涉的姓名、艺名、绰号等主体识别标志与特定自然人建立起对应关系;

---

①　当事人主张诉争商标损害其姓名权,如果相关公众认为该商标标志指代了该自然人,容易认为标记有该商标的商品系经过该自然人许可或者与该自然人存在特定联系的,人民法院应当认定该商标损害了该自然人的姓名权。当事人以其笔名、艺名、译名等特定名称主张姓名权,该特定名称具有一定的知名度,与该自然人建立了稳定的对应关系,相关公众以其指代该自然人的,人民法院予以支持。

②　参见李钊:《对"申请商标注册不得损害他人现有的在先权利"的理解与适用》,载《中华商标》2015 年第 8 期。

③　案例根据"迈克尔·杰弗里·乔丹、国家工商行政管理总局商标评审委员会商标行政管理(商标)再审审查与审判监督行政裁定书"[(2018)最高法行再 32 号]改编。参见 http://wenshu.court.gov.cn/website/wenshu/181107ANFZ0BXSK4/index.html?docId=a72dd2337dd74dd8ac78a85600c42675,2017-12-27

④　案例根据"李二娜等与国家知识产权局二审行政判决书"[(2019)京行终 7285 号]改编。参见 http://wenshu.court.gov.cn/website/wenshu/181107ANFZ0BXSK4/index.html?docId=58bb02c30f1d468180aeab1100494aa1,2019-11-26

二是相关公众是否容易认为标有诉争商标的商品或服务系经过该自然人许可或者与该自然人存在特定联系;三是诉争商标申请人是否具有明知他人姓名而盗用、冒用的主观恶意。经审查,北京市高级人民法院认为:①在案证据可以证明相关公众已将"金龟子"与刘纯燕建立起对应关系;②诉争商标核定使用的"教育、培训"等服务与刘纯燕主持的少儿节目及其艺名"金龟子"的知名度之间容易使相关公众发生混淆或者误认的可能性;③争商标核定使用的服务对象、内容与"金龟子"艺名赖以知名的领域具有较高的重合度,且李二娜未能对其使用"金龟子"申请诉争商标作出合理解释。在此情况下,可以推定李二娜在申请注册诉争商标时,明知"金龟子"系刘纯燕的艺名这一事实,具有较为明显的主观恶意。综上,北京市高级人民法院判定诉争商标的申请注册损害了刘纯燕在先的"金龟子"艺名的合法权益,违反了 2013 年《商标法》第 32 条的规定。

(3)商号权。按照《商标审查及审理标准》,认定系争商标构成损害他人现有的商号权时,通常应满足以下主要两个条件:①他人现有商号在系争商标申请注册日前在同行业中具有一定知名度。②系争商标指定使用商品或服务与该商号从事经营活动的行业密切关联,系争商标易使消费者认为与商号有联系,对商品或服务来源产生混淆误认[①]。可见,对商号权的保护范围原则上限定在相同或类似商品或服务上。在"唐纳森润滑科技江苏有限公司、国家知识产权局商标行政管理(商标)再审"[②]一案中,再审申请人唐纳森润滑科技江苏有限公司(以下简称唐纳森润滑公司)因与被申请人国家知识产权局、唐纳森(无锡)过滤器有限公司(以下简称唐纳森过滤器公司)商标权无效宣告行政纠纷一案不服北京市高级人民法院(2019)京行终 1177 号行政判决,向最高人民法院申请再审。本案急议焦点为诉争商标是否构成 2001 年《商标法》第 31 条前半段规定的损害他人现有的在先权利的情形。经审查,最高人民法院认为:第一,唐纳森过滤器公司提交的关于营业收入和销售情况的合同及发票、广告宣传报道、所获荣誉证书等证据可以证明其于诉争商标申请日之前,在其主要经营的滤清器、工业除尘器等商品上具有较高知名度,且其在商业活动中,常将中文商号"唐纳森"与英文"Donaldson"结合使用,在相关市场上建立了稳定的对应关系。第二,唐纳森润滑公司提交的"金山词霸"查询结果亦显示"DONALDSON"的中文解释为"人名唐纳森或者(澳大利亚、美国)地名唐纳森",证明诉争商标的显著识别部分"Donaldson"与唐纳森过滤器公司的商号"唐纳森"具有译文对应关系。结合前述关于诉争商标核定使用的"润滑油"等商品与各引证商标核定使用的"滤清器、清洁器"等商品、服务属于密切关联商品、服务的认定,诉争商标的注册和使用容易使相关消费者对商品来源发生混淆误认,致使唐纳森过滤器公司的利益受到损害。最终,最高人民法院认为原一、二审法院认为诉争商标的注册构成 2001 年《商标法》第 31 条所指"损害他人现有的在先权利"的情形,并无不当,驳回唐纳森润滑科技江苏有限公司的再审申请。

对于在后商标注册申请侵犯了在先商号权的认定,尤其要注意第一个要件,即他人现有商号在系争商标申请注册日前在同行业中具有一定知名度。在"魔幻飞跃公司、国家知识产

---

① 参见王继连:《〈商标法〉第三十一条的理解与适用——相关商标案件审理的启示》,载《中华商标》2012 年第 9 期。

② 案例根据"唐纳森润滑科技江苏有限公司、国家知识产权局商标行政管理(商标)再审审查与审判监督行政裁定书"[(2020)最高法行申 1148 号]改编。参见 http://wenshu. court. gov. cn/website/wenshu/181107ANFZ0BXSK4/index. html? docId=b13d2c771dfb49a6aad6abfb00c4949f,2020-07-21。

权局商标行政管理(商标)再审"①一案中,再审申请人魔幻飞跃公司因与被申请人国家知识产权局、杭州金渔投资管理有限公司(以下简称金渔公司)商标无效宣告请求行政纠纷一案,不服北京市高级人民法院(2018)京行终 1421 号行政判决,向最高人民法院申请再审。本案争议焦点为诉争商标的注册是否构成《商标法》第 32 条规定的"不得损害他人现有的在先权利"之情形。对此,最高人民法院认为魔幻飞跃公司提交的证据表明,其在中国没有进行实际经营。从其提交的国图检索报告可知,国内媒体最早于 2014 年 10 月 23 日开始报道魔幻飞跃公司获得谷歌等多家投资方融资以及其研发的虚拟现实技术。网络报道亦是从 2014 年 10 月 15 日开始就谷歌投资虚拟现实技术公司 MagicLeap 进行报道。诉争商标由金渔公司在 2014 年 10 月 31 日向商标局提出商标注册申请。从上述证据可知,魔幻飞跃公司在中国大陆地区使用其企业字号的行为仅为媒体报道,且报道的内容主要集中在融资以及虚拟技术研发方面,尽管媒体报道较为集中,但时间持续较短,报道规模较小。因此,二审法院认为现有证据尚不足以证明 MagicLeap 在诉争商标申请注册之前已经成为具有一定市场知名度的企业名称,能够获得商号权的保护,并无不当。最终,最高人民法院驳回魔幻飞跃公司的再审申请。

(4) 在先外观设计专利权。商标是由文字、图形、颜色、字母、三维立体、声音或者其组合构成的一种商业的标志,主要作用是区分不同商品和服务的生产者或提供者。专利法上的外观设计是指基于美感的新设计,它可以是产品的形状、图案、色彩或者其组合适用于工业设计,主要作用是利用能够用工业方法生产出来的作品为载体激发消费者的购买欲。从表面来看,商标与外观设计专利权似乎并无交集,商标承载商品或服务的商誉,外观设计负责产品美观,增加商品多样化,因此有学者将其评价为"两者反映了商品的不同侧面,各自有其各自的展示轨道,应当是两个不重叠的权利范畴"。② 然而,实践中人们不难发现商标和外观设计都用于商品外包装上,当一个外观设计在一定条件下具有可识别性,能够区分不同产品或服务来源时,是可以作为商标注册的。问题在于,一个商品上的商标和外观设计分属不同权利人,商标和外观设计就产生了交叉。如商标注册申请人使用了他人外观设计中的图案或色彩等要素,并且未经外观设计权利人许可,商标注册就会与他人的外观设计专利权发生冲突。通常而言,对于判断在后商标的申请注册与在先外观设计专利权之间是否存在冲突,有以下三个标准:①外观设计专利的产品与在先商标所应用的商品种类是否相同或相近;②外观设计专利对应部分是否与在先商标相同或近似;③是否易于造成相关公众认为该专利权的产品与商标应用的商品来源于同一市场主体,或误认为与其存在特定的联系。③ 在"中国绍兴黄酒集团有限公司与国家工商行政管理总局商标评审委员会二审"案④中,上诉人中国绍兴黄酒集团有限公司(简称绍兴黄酒公司)因商标异议复审行政纠纷一案,不服北京市第一中级人民法院(2014)一中知行初字第 7456 号行政判决,向北京市高级人民法院提

---

① 案例根据"魔幻飞跃公司、国家知识产权局商标行政管理(商标)再审审查与审判监督行政裁定书"[(2019)最高法行申 4160 号]改编。参见 http://wenshu. court. gov. cn/website/wenshu/181107ANFZ0BXSK4/index. html? docId=200cdd55d5ea4cae998dab9100c36996,2020-04-07。

② 参见郭洪波:《商标权与其他标识性知识产权冲突问题研究》,载《法学》2005 年第 9 期。

③ 陶应磊,董胜:《外观设计专利权与商标权、著作权的冲突分析》,载《装饰》2015 年第 10 期。

④ 案例根据"中国绍兴黄酒集团有限公司与国家工商行政管理总局商标评审委员会其他二审行政判决书"[(2015)高行(知)终字第 110 号]改编。参见 http://wenshu. court. gov. cn/website/wenshu/181107ANFZ0BXSK4/index. html? docId=d47053bd8d2d4cad83a2e2bb8c9e1f17,2015-06-29。

起上诉。北京市第一中级人民法院查明,2006 年 1 月 4 日,中粮酒业公司申请的第 200530003251.7 号外观设计专利(如图 2-3 所示)被授权公告,使用该外观设计的产品名称为瓶贴。2008 年 3 月 31 日,绍兴黄酒公司向商标局申请注册被异议商标(如图 2-4 所示),申请号为 6630010,指定使用商品为第 33 类"果酒(含酒精)、烧酒、黄酒"等。

图 2-3 中粮酒业外观设计专利

图 2-4 绍兴黄酒公司被异议商标

　　本案争议焦点之一是绍兴黄酒公司申请注册的商标是否侵犯了中粮酒业的外观设计专利。经审查,北京市高级人民法院认为,第 200530003251.7 号外观设计专利为中粮酒业公司拥有的合法有效的在先权利,根据整体观察、综合判断的原则,一般消费者容易将被异议商标与中粮酒业公司的在先外观设计相混淆,因此被异议商标的申请注册侵犯了中粮酒业公司的在先外观设计专利权。绍兴黄酒公司关于被异议商标的申请注册未侵犯中粮酒业公司的在先外观设计专利权的上诉理由不能成立。最终,北京市高级人民法院驳回上诉,维持原判。按照判断在后商标的申请注册与在先外观设计专利权之间冲突三要件,首先,中粮酒业享有的外观设计专利的产品(酒类)与在先商标所有权人绍兴黄酒公司所应用的商品(酒类)种类是相同的;其次,外观设计专利对应部分"手酿"与在先商标"手酿"相同或近似;最后,北京市高级人民法院明确认定一般消费者容易将被异议商标与中粮酒业公司的在先外观设计相混淆。

## 拓展阅读

1. 胡开忠:《商标法学教程》,第三章,中国人民大学出版社,2015
2. 王莲峰:《商标法学》,第三章,北京大学出版社,2007
3. 杜颖:《商标法》,第二章,北京大学出版社,2019

## 深 度 思 考

1. 商标显著性是什么？如何理解商标固有显著性和获得显著性？
2. 禁止使用和注册的商标有哪些类型？
3. 如何理解在先权利的范围，试举一例说明。

## 即 测 即 练

# 3 第三章
## Chapter3
# 商标注册的申请和审核

**本章导读**

商标注册是商标使用人取得商标专用权的前提和条件,只有经核准注册的商标,才受法律保护。商标法对商标注册的申请原则、申请主体及申请的程序作出了规定。本章主要介绍注册商标和未注册商标的区分,商标权的取得方式,商标申请注册的基本原则,商标注册申请人的条件,商标注册的审查与核准程序,了解商标国际注册的程序和保护期限。

## 第 一 节　　商标注册的申请

商标注册,是指商标所有人为了取得商标专用权,将其使用的商标,依照国家规定的注册条件、原则和程序,向国家知识产权局商标局提出注册申请,国家知识产权局商标局经过审核,准予注册的法律事实。经国家知识产权局商标局审核注册的商标便是注册商标,享有商标专用权。狭义的商标注册申请仅包括商品和服务商标注册申请、商标国际注册申请、证明商标注册申请、集体商标注册申请、特殊标志登记申请。广义的商标注册申请除包括狭义的商标注册申请的内容外,还包括变更、续展、转让注册申请,异议申请,撤销申请,商标使用许可备案,以及其他商标注册事宜的办理。商标注册对于商标使用人而言,是取得注册商标专用权的一种重要手段;对于商标行政管理机构而言,商标注册是对商标给予管理和审查的必要法律措施。

### 一、商标注册的价值

如本书第二章所述,商标是区分不同商品或服务生产者或提供者的标记。从商标产生的历史来看,早期人们在物品上打上标记,其主要作用是表明人对物的所有权,防止他人侵害自己的物品。到了简单商品经济时代,随着生产力的提高、商品交易的繁荣,商品上所附着的"标记"的功能在于区分优质和劣质商品,对于劣质商品可以通过对标记寻找生产者,进而追究其法律责任。到了近现代,这一标记不单单是一个符号,更是商品和服务销售提供中逐渐积累的商誉的标志。有学者将这一过程称为标记向商标的转化,以及标记中商誉的沉淀成就了商标的财产属性[①]。反过来说,当标记转化为商标,商家通过商品大量使用商标,向消费者提供品质保证的商品,确保了在激烈的市场竞争中占得一席之地,争取利益最大化,进一步巩固和提升了商品的商誉。因此,商标是商标所有者在商业交易中商誉的形成和实现。为此,世界各国通过立法授予商标所有人商标专用权以保护其商誉。1993 年 12 月 20日,欧盟议会通过了《欧洲共同体商标条例》(40/94),其中第 6 条"获得共同体商标的方式"规定"共同体商标应通过注册取得"。与《马德里协定》相比,《欧洲共同体商标条例》对商标注册采取了较为自由宽松的措施,表现在:①前者要求商标注册申请人必须在成员国内拥有住所或营业机构,而后者则无这样的要求,任何人包括自然人和法人都可以向欧共体提出商标注册申请;②前者必须以国内申请注册成功为前提才可向其他成员国提出商标注册申请,而后者则并不以国内注册为基础;③前者要求商标权人在各个申请注册成功的国家使用商标,后者则可以在一个成员国内使用注册商标,就等同于在所有注册国家使用了该商标。根据《美国商标法》(也称为《兰哈姆法》)的规定,商标注册申请人可以直接向美国专利商标局申请注册,注册方式可以选择电子系统或者纸质版提交申请。申请人填好相应的申请表,准备好商标图样,同时尽可能明确、具体地描述申请商标所指定的商品、服务项目。重要的是,在美国申请商标注册还应具备"申请基础"。这里所指的"申请基础"包括"商业使用"(use in commerce)和"意向使用"(intent to use)。"商业使用"是指申请人在美国已经实际在全部指定商品、服务上商业性地使用申请商标;"意向使用"则是指申请人在美国未实际在全部指定商品、服务上商业性地使用申请商标,但有在未来使用申请商标的真实意图[②]。不过即便如此,在商标最终核准注册前,申请人都必须声明其已经在全部指定商品、服务项目上商业性地使用申请商标,并向美国专利商标局提交商标使用实样。近些年,随着外国申请人在美国申请商标人数的激增,美国专利商标局修订了"商标案例实施规则",根据联邦法规第 37 篇第 2、第 7 和第 11 部分的内容,要求外国申请人在美国办理商标注册申请时应当聘请美国最高法院的律师协会中活跃且声誉良好的律师代理[③]。美国这一做法无疑提高了外国申请人在美国申请注册商标的门槛,增加了申请注册成本。但是从长远看,通过正规资质的代理机构代理商标申请,也可以避免不必要的法律纠纷,增加外国人申请商标的可靠性和稳定性。

▶ **1. 推定价值**

对于商标所有人而言,除开国家明令强制注册的商品之外,商标是否需要注册是自由意志决定的。换言之,商标所有人可以注册,也可以不注册。商标注册,产生的最重要的影响是对商标所有人。一旦注册,商标所有人就可以称为商标权人,取得商标专用权,这是商标注册带来的最大价值。因此,也可以把商标分为注册商标和未注册商标。例如,某酱油生产商生产"爱家"牌酱油,由于质优价廉很受消费者欢迎,市场销售火爆。但该酱油生产者未能及时申请注册"爱家"这个商标,导致很多酱油生产商蹭其热度和商誉,在自家酱油上也打上"爱家"商标。其结果就是商品质量参差不齐,鱼目混珠,"爱家"酱油的原生产者的经济效益

① 邓宏光:《从公法到私法:我国〈商标法〉的应然转向——以我国〈商标法〉第三次修订为背景》,载《知识产权》2010 年第 3 期。
② 杜颖译:《美国商标法》,知识产权出版社,2013 年版,第 3 页。
③ 赵北北:《谈美国专利商标局对外国人进行商标注册申请等相关规则的修订》,载《中华商标》2019 年第 10 期。

大大受损。此时,"爱家"酱油的原生产者起诉其他生产者,试图禁止他人使用这一商标,但由于该商标未能注册,不是注册商标,"爱家"酱油的原生产者不是"爱家"商标的专用权人,导致"爱家"酱油的原生产者无权禁止他人对该商标的使用。不仅如此,如果其他生产商趁机抢先注册"爱家"商标,"爱家"酱油的原生产者若要维权,又会卷入诸多法律诉讼和纠纷,增加成本,严重影响正常的生产生活。另外,"爱家"酱油的原生产者的未注册商标也有可能侵犯他人已经注册的在相同或类似商品上的商标。这是因为商标注册前一般都会进行商标检索,假如他人早早将"爱家"商标注册在调味品类别下,"爱家"酱油的原生产者也无法再进行商标申请注册。由此可见,"经使用形成自然权利的商标,虽然得到了消费者的认可,但必须经过法定的程序才能获得商标注册证书,才能获得法律的全面保护,避免不同使用者之间的相互混淆"[1]。

简言之,商标注册的推定价值在于商标注册后在核定使用的商品或者服务上具有专用权,可以排除任何人在全国范围内的商标意义上的使用,包括:

(1) 便于消费者"认牌购物",减少搜索成本。现代市场经济条件下,企业竞争日益激烈。每天都有新的商品不断出现,也有大量商品销声匿迹。商品与商品之间不仅比较的是价格,还有质量、品种,甚至品位和身份地位。这些都是包含在商标里,借由广告、宣传和服务深度植入消费者心理。这类商标最终因其简洁造型、醒目突出、便于记忆,给消费者留下深刻印象从而刺激其"秒杀"某商品的购买欲望,最终帮助企业实现创立品牌,抢占市场,扩大销售的效果。

(2) 商标是一种无形资产,通过商标专用权人的许可、转让、评估和抵押实现其价值。许可权是商标专用权人的一项重要权利,通过排他许可、独占许可和普通许可方式扩大商标使用范围和影响力。商标转让也是常见的一种商标专用权主体转换的方式,对于商标买方而言可以快速获得拥有一定商誉和品牌价值的商标,大大节省了商标申请注册和商标宣传维护的费用。而卖方则可以通过转让商标套现,盘活无形资产获得高价回报。商标的评估可以增加企业的总资产额,商标估值越高,企业经营状况就越好。美国可口可乐公司总裁曾说过这么一段话:"假如有一天全世界可口可乐公司工厂仓库全部着火烧光,公司也可以凭借可口可乐这一个商标从银行获得足够的贷款,东山再起不成问题。"这就充分说明了商标抵押的价值所在。

(3) 能够起到商标侵权纠纷的保护盾牌。商标权与专利权、著作权一样均属于私权,是权利人拥有的民事权利。本质上,商标权是排他权、独占权、专有权和垄断权,这就意味着一旦商标获得注册,他人就不能自由使用该商标,除非得到商标专用权人的许可。商标行政机关通过注册这一程序使商标注册申请人能够直接支配和控制该商标上所凝结的财产利益,并通过排他的、独占的专有使用权要求任何人不得妨碍其对该利益的享有。若有人仿冒其商标,侵犯其商标专用权,则商标权人可以起诉相关行为人,获得经济赔偿。

▶ 2. 赋权价值

商标注册之所以具有赋权价值,是因为商标注册申请人向公法机关作出的申请行为是一种法律行为。一般而言,作为法律事实中人的行为,可以分为法律行为、准法律行为和事实行为三种。其一,在民法理论中,事实行为是与法律行为相对应的一对概念。事实行为与

---

① 徐升权:《商标法:原理、规范与现实回应》,知识产权出版社,2016年版,第52页。

法律行为均是客观上能够引起法律关系发生、变更或消灭的行为。但事实行为是未经立法者可以塑造而直接赋予其法律效果的人的行为；而法律行为是法技术的创造物，它以意思表示为核心要素的，体现出一种意定性[1]。其二，准法律行为是指行为人以法律规定的条件业已满足为前提，将一定的内心意思表示于外，从而引起一定法律效果的行为。虽由法律规定而当然发生效力，但必须以表示一定心理状态与外部为特征，与法律行为极为相似，故学说上称为准法律行为[2]。但准法律行为与法律行为仍有区别：法律行为在法律上的效果是由行为人意思表示的内容发生；而准法律行为的效果则依法律的直接规定而当然发生[3]。准法律行为与事实行为一样，在法律效果上均由法律直接规定，但两者也存在很大的差别：在准法律行为中，意思表示是其构成要素而非效力要素。事实行为在本质上属于非表意行为[4]，因此意思表示对其无影响。从这个角度来看，商标注册行为满足以下要件：

（1）商标注册申请需满足法定条件。《商标法》第 3 条第 1 款规定："商标注册人享有商标专用权，受法律保护。"同时，《商标法》第 4 条第 1 款规定："自然人、法人或者其他组织在生产经营活动中，对其商品或者服务需要取得商标专用权的，应当向商标局申请商标注册。"上述条款明确了两点：一是我国商标注册应向商标局提出，并通过其审查最终得到核准后的商标权；二是商标应先注册，注册后才可以享有商标专用权。此外，商标法还对商标注册提出了若干条件，如本书第二章所提及的商标注册必须满足的显著性、合法性，以及避免与他人在先权利相冲突。只有满足这些条件，商标注册申请人才可以向商标行政管理机关提出申请。

（2）法律可以对商标注册的条件进行修订。如本书第一章所提，2019 年《商标法》第四次修订中，在第 4 条中增加了一款，即"不以使用为目的的恶意商标注册申请，应当予以驳回"。这是因为商标权来自商标的商业使用，正是企业在激烈的市场竞争中兢兢业业维护商品品质，投入大量人力物力进行宣传推广、售后维修等一系列行为所积累的商誉，才使得商标具有了财产价值属性。若不以使用为目的，恶意囤积商标，制造所谓的"商标银行"或者"商标圈地"现象，不仅破坏了正常的市场竞争秩序，也给广大消费者带来混淆和迷惑。因此，只有真正具有使用意图的商标注册申请人，才能获得商标法保护，保证市场公平竞争。

（3）商标是否注册基于商标所有人的自由意志表达。除开我国法律法规对某些商品强制商标注册之外，我国商标注册是自愿注册，任何个人或机构均不得强迫他人注册商标。虽然商标注册的好处多多，但商标所有人有权决定是否进行商标注册。这是商标权私权性质所决定的，它属于整个民事权利体系，当然也受民法调整，而民法中意思自治是基本原则。商标所有人可以自由决定是否进行商标注册，以及何时何地以何种方式进行申请，这是属于私权组成部分的商标权的天然特征。

总之，本书认为商标注册的赋权价值是"知识产权法定主义"在商标法这一领域的体现。所谓"知识产权法定主义"是指知识产权的种类、权利的内容以及诸如获得权利的要件及保护期限等关键内容必须由成文法确定，除立法者在法律中特别授权外，任何机构不得在法律

---

① 梁慧星：《民法总则》，法律出版社，2001 年版，第 68 页。
② 王泽鉴：《民法总论》，中国政法大学出版社，2001 年版，第 240 页。
③ 蒋月：《民法总论》，厦门大学出版社，2007 年版，第 54 页。
④ 佟柔：《中国民法》，法律出版社，1990 年版，第 177 页。

之外创设知识产权①。按照这种理论,首先,由于商标法律制度涉及不同群体的利益,只有让他们的诉求充分表达并充分地辩论才能寻找到恰到好处的平衡点,这种多方的诉求只有通过立法程序才能解决;其次,世界各国大多制定成文法保护商标,以固定的成文法律制度保护权利人的权利,没有权利就谈不上运用权利的社会实践;最后,从立法技巧上可避免商标法律制度或者僵硬或者频繁修订的尴尬局面,通过法律授权给行政和司法机关留下较大的活动空间。

▶ **3. 公示公信价值**

商标注册这一简单法律行为的背后蕴含特定的价值含义。对于商标申请人而言,申请商标注册是试图稳固其辛苦积累的商誉,保护其付出的人力物力等资产投入。对于商标行政管理机关而言,受理商标申请,审查商标注册条件和文件,按照法定程序对符合条件的商标给予注册,也就是借行政机关的公权力的权威向全社会正式宣告商标权人的商标专用权。对于其他人而言,审核通过并公示的商标等于表明了某一具体商标的外观、含义和式样。无论是否明知,他人都不可以在相同或类似的商品上使用相同或类似的商标,这就是公示公信的效果。基于此,商标注册的公示价值在于:

(1)商标注册制度能够保护相对方的信赖,使得他人对注册商标的权利予以尊重并不妨碍个人自由。这是因为商标注册必须符合法定要素要求,进而明确了商标载体边界,保证商标形式稳定,并将商标式样公示,形成公示公信效力②。如前所述,商标一旦注册成功就可以获得商标专用权,这一权利是独占的、垄断的和排他的。正因如此,为平衡社会公益和个人私益,商标注册制度在保护个人权利的同时,也尊重和认可社会公共利益。因此,商标注册必须满足法定条件,如本书第二章提及的显著性、合法性等。同时,商标的组成要素到底是文字、数字,还是图形、三维立体,或者是颜色和声音都必须在申请注册时就固定下来,这是日后确定该商标与其他商标之间是否存在侵权的关键。为尽可能减少商标注册给第三方造成的潜在影响,《商标法》第 33 条规定的"公告期异议制度"给商标专用权又上了一道保险,即通过 3 个月的公告期,将商标广而告之,让社会大众监督和确认初步审核通过的商标是否存在侵犯他人权利或社会公益的情形。

(2)商标注册制度通过履行特定程序将个人的自然权利变成法定权利。按照《商标法》第 22 条的规定③,商标注册申请人首先要按照既有的商品分类表填报;其次,一份申请一个商标;最后,按照分类确定权利范围。这里提到的商品分类表,也称为《类似商品和服务区分表》(基于尼斯分类第 11 版),它根据商品的性质、用途、原料以及不同的服务,将其分为 45 类,每类又分若干组。例如,商标注册申请人王某申请"大海"商标,指定使用在第 1 类第 0116 组"纸浆",以及第 2 类第 0201 组"染料"。假设之后商标注册申请人杜某也申请"大海"商标,但指定使用在第 6 类第 0608 组"家具及门窗的金属附件",则属于不相同或不相类似的商品,并不侵犯王某的商标权。为进一步说明商品分类表是商标专用权的划定范围,《商标法》第 23 条规定:"注册商标需要在核定使用范围之外的商品上取得商标专用权的,应当

---

① 参见郑胜利:《论知识产权法定主义》,载《中国发展》2006 年第 3 期。

② 付继存:《形式主义视角下我国商标注册制度价值研究》,载《知识产权》2011 年第 5 期。

③ 商标注册申请人应当按规定的商品分类表填报使用商标的商品类别和商品名称,提出注册申请。商标注册申请人可以通过一份申请就多个类别的商品申请注册同一商标。商标注册申请等有关文件,可以以书面方式或者数据电文方式提出。

另行提出注册申请。"换言之,假设商标注册申请人王某成功注册"大海"商标,一段时间后如果想使用在"家具及门窗的金属附件"商品之上,就必须另行提出注册申请。需要注意的是,商标的外观必须固定,申请时和注册后使用时,必须保持一致。《商标法》第24条规定:"注册商标需要改变其标志的,应当重新提出注册申请。"本书认为,商标法之所以对商标注册申请人提出上述形式要件的要求,就是要求商标注册申请人在获得商标专用权之后,必须在登记范围内独占使用这一商标式样。只有稳定的商标外观,固定的权利边界,才可以提示并防止他人在相同或近似的商品上使用相同或近似的商标。

(3) 商标注册制度是公示商标权利的初始证据。在商标注册制度之下,获得商标行政管理机关授予的商标注册证书,不仅表明商标注册申请人获得了商标专用权,而且在侵权纠纷中也能成为证明商标权利存在的证据。从交易安全角度考虑,商标通过注册进行权利公示,维护了市场秩序[①]。法律不会无缘无故地创设一项权利,法律亦不会妄加断送基于合法劳动获得的私权[②]。商标法对商标注册的规定,其原始目的就是鼓励人们进行有使用目的的注册,而不是为了商标囤积等不正当目的。有学者指出,商标注册制度固然有其优越性,但现实生活中一些人钻法律漏洞,大量抢先注册他人使用且有一定商誉的商标,或者单纯地"只注册不使用"商标,这类行为也应得到法律遏制。为此,《商标法》2001年修正时,增加第31条[③]。《商标法》2019年修正时,则在第4条新增了不以使用为目的的恶意商标注册申请,应当予以驳回的规定。

## 二、商标申请注册的原则

如前所述,商标注册是商标注册申请人为取得商标专用权,按照法律规定的条件和程序,向国家商标行政管理机关提出书面或电子申请,经过该机关审核核准后予以注册的法律制度。商标注册成功,则意味着商标权利人取得法律承认和保护的商标专用权,商标行政管理机关通过商标注册实现对商标的审核和管理,维护正常的商标法律关系,保护商标专用权人和消费者的合法利益。一般而言,商标注册涉及商标注册申请人的申请行为,国家商标行政管理机关的受理和审查行为,以及核准注册行为等。由于现实生活纷繁复杂,为规范上述种种行为,商标注册应有相应的行为基本准则。依据我国现行商标法的相关规定,我国商标注册的原则主要有自愿注册原则、申请在先原则和优先权原则。

▶ 1. 自愿注册原则

商标自愿注册原则是指商标所有人可以根据其自由意志决定其是否注册商标,他人不得强制干涉,法律有另行规定的除外。也就是说,商标未经注册,不受商标法保护。但是商标未经注册,并不妨碍使用这类商标的商品在市场上流通和销售。但是,对于某些特殊商品,国家有必要进行强化管理。1988年《商标法实施细则》第7条规定人用药品和烟草制品必须使用注册商标。同年,《国家工商行政管理当局关于公布必须使用注册商标的商品的通知》规定,"人用药品"包括中成药(含药酒)、化学原料药及其制剂、抗生素、生化药品、放射性药品、血清疫苗、血液制品和诊断药品;"烟草制品"包括卷烟、雪茄烟和有包装的烟丝。《商

---

① 吴汉东:《知识产权基本问题研究》,中国人民大学出版社,2009年版,第380页。
② 冯文杰:《我国商标专用权取得制度的反思与重构》,载《上海政法学院学报(法治论丛)》2018年第4期。
③ 《商标法》(2001年修正)第31条:"申请商标注册不得损害他人现有的在先权利,也不得以不正当手段抢先注册他人已经使用并有一定影响的商标。"

标法》(2013年修正)第6条规定:"法律、行政法规规定必须使用注册商标的商品,必须申请商标注册,未经核准注册的,不得在市场销售。"按照《商标法》第6条的规定,1988年的《商标法实施细则》和《国家工商行政管理局关于公布必须使用注册商标的商品的通知》均不是法律和行政法规。关于烟草的法律、行政法规,最新的是《烟草专卖法》(2015年修正)第19条规定:"卷烟、雪茄烟和有包装的烟丝必须申请商标注册,未经核准注册的,不得生产、销售。"可以说,烟草制品的强制商标注册没有太大变动。关于"人用药品",1985年《药品管理法》第41条规定:"除中药材、中药饮片外,药品必须使用注册商标;未经核准注册的,不得在市场销售。注册商标必须在药品包装和标签上注明。"然而,《药品管理法》(2001年修正)删除了第41条的规定,并且《药品管理法》(2019年修正)也延续了这一做法,没有规定药品必须使用注册商标。因此,目前我国只有烟草制品强制进行商标注册,原因是有助于烟草专卖的管理。

综上,我国商标注册制度是自愿注册原则为主,强制注册为例外。

▶ 2. 申请在先原则

我国《商标法》第31条规定:"两个或者两个以上的商标注册申请人,在同一种商品或者类似商品上,以相同或者近似的商标申请注册的,初步审定并公告申请在先的商标;同一天申请的,初步审定并公告使用在先的商标,驳回其他人的申请,不予公告"。从这一条内容来看,一方面确定的是申请在先原则,即按照时间先后顺序来确定谁可以获得商标专用权,当然针对的主体和行为也是特定的,是两个或以上的商标注册申请人在同一种商品或类似商品上申请注册相同或近似商标的情形。按照申请在先原则,谁第一个提交商标注册申请,谁就有可能获得商标专用权。它有利于鼓励商标所有人及时申请商标注册,防止他人抢注商标。同时,按照商标注册申请时间先后顺序判断,在实践中较为容易操作,也更为合适。那么,如何判断"申请在先",则需要确定"申请日"。《商标法实施条例》(2014年修正)第9条规定:"除本条例第18条规定的情形外,当事人向商标局或者商标评审委员会提交文件或者材料的日期,直接递交的,以递交日为准;邮寄的,以寄出的邮戳日为准;邮戳日不清晰或者没有邮戳的,以商标局或者商标评审委员会实际收到日为准,但是当事人能够提出实际邮戳日证据的除外。通过邮政企业以外的快递企业递交的,以快递企业收寄日为准;收寄日不明确的,以商标局或者商标评审委员会实际收到日为准,但是当事人能够提出实际收寄日证据的除外。以数据电文方式提交的,以进入商标局或者商标评审委员会电子系统的日期为准"。

另一方面,《商标法》第31条还确定了同日申请则先使用的原则。为进一步判定何谓"先使用",《商标法实施条例》(2014年修正)第19条规定:"两个或者两个以上的申请人,在同一种商品或者类似商品上,分别以相同或者近似的商标在同一天申请注册的,各申请人应当自收到商标局通知之日起30日内提交其申请注册前在先使用该商标的证据。同日使用或者均未使用的,各申请人可以自收到商标局通知之日起30日内自行协商,并将书面协议报送商标局;不愿协商或者协商不成的,商标局通知各申请人以抽签的方式确定一个申请人,驳回其他人的注册申请。商标局已经通知但申请人未参加抽签的,视为放弃申请,商标局应当书面通知未参加抽签的申请人"。长久以来,商标局一直采用现场抽签的方式,全国各地的申请人需要提前准备好资料,集中到商标局参加现场抽签。2020年受新冠肺炎疫情影响,商标注册同日申请现场抽签工作无法正常开展,造成相关商标审查延迟。为此,商标局在 2020 年 7 月推出新举措,采用线上抽签的方式保障商标申请人尽早得到确权,有效节约企业成本和行政成本。

▶ 3. 优先权原则

《巴黎公约》确立的工业产权保护原则之一就是优先权原则,根据该公约第 4 条规定,凡在一个缔约国申请注册的商标,可以享受自初次申请之日起为期 6 个月的优先权,即在这 6 个月的优先权期限内,如申请人再向其他成员国提出同样的申请,其后来申请的日期可视同首次申请的日期。由此可见,优先权的作用在于保护首次申请人,使他在向其他成员国提出同样的注册申请时,不致由于两次申请日期的差异而被他人抢先申请注册。我国《商标法》原先并没有规定优先权原则,但是后来《商标法》(2001 年修正)增加了第 24 条"已在国外申请的商标在中国申请优先权的取得及程序"和第 25 条"在国际展览会上首次使用的商标优先权的取得及程序"。

(1) 国际优先权。所谓国际优先权,是指商标注册申请人自其商标在外国第一次提出商标注册申请之日起 6 个月内,又在中国就相同商品以同一商标提出商标注册申请的,依照该外国同中国签订的协议或者共同参加的国际条约,或者按照相互承认优先权的原则,可以享有优先权。因此,商标注册申请人若想要享有国际优先权,则必须满足:①该商标在外国提出过申请,又就同一商品同一商标在中国提出商标注册申请;②法律依据是中国与外国签订国际协议,或共同参加了某一国际条约,或按照相互承认原则相互给予优先权;③时间是在外国首次提出商标注册申请之日起 6 个月内。

为享有国际优先权,商标注册申请人应当在提出商标注册申请的时候提出书面声明,并且在 3 个月内提交第一次提出的商标注册申请文件的副本;未提出书面声明或者逾期未提交商标注册申请文件副本的,视为未要求优先权。

(3) 展览优先权。依据《商标法》第 26 条的规定,所谓展览优先权是指商标在中国政府主办的或者承认的国际展览会展出的商品上首次使用的,自该商品展出之日起六个月内,该商标的注册申请人可以享有优先权。享有展览优先权必须满足三个要件:①展览会必须是中国政府主办或者承认的国际展览会;②商标在展览会展出的商品上首次使用;③时间是商品展出之日起 6 个月内。

商标注册申请人要求优先权的,应当在提出商标注册申请的时候提出书面声明,并且在 3 个月内提交展出其商品的展览会名称、在展出商品上使用该商标的证据、展出日期等证明文件;未提出书面声明或者逾期未提交证明文件的,视为未要求优先权。

## 三、商标注册申请人

按照我国《商标法》第 4 条的规定,自然人、法人或者其他组织在生产经营活动中,对其商品或者服务需要取得商标专用权的,应当向商标局申请商标注册。这里所指的自然人,是指具有民事权利能力和民事行为能力的人,包括中国人、外国人和无国籍人。中国国籍的自然人申请商标注册的,可以自行办理,也可以委托依法设立的商标代理机构办理。

▶ 1. 外国商标注册申请人

对于外国国籍的商标注册申请人,《商标法》第 17 条作出原则性规定,即"外国人或者外国企业在中国申请商标注册的,应当按其所属国和中华人民共和国签订的协议或者共同参加的国际条约办理,或者按对等原则办理"。这就是说,外国人包括外国企业能否在中国申请商标注册,取决于国籍所在国家是否与中国签订了相关的协议,或者是否共同参加了某一国际条约,如果两个国家没有签署或参加国际条约,则按照对等原则处理。与中国国籍的商标注册申请人不同,《商标法》第 18 条要求外国商标注册申请人"应当委托依法设立的商标代理机构办理"。换言之,外国人或外国企业在中国申请商标注册,不能自行办理,必须委托商标代理机构办理。

对外国商标注册申请人的强制代理,是一项较为普遍的国际惯例。这出于以下考虑:一方面,保护外国申请人的合法权益。由于外国申请人大多存在语言障碍,同时对申请国商标法律制度不熟悉,只有通过依法设立的商标代理机构才能保证商标申请高质量地进行,提高商标注册申请成功率。另一方面,维护国家主权,提高商标行政管理机关的工作效率。按照国际法属地原则,外国人在他国进行相关民事活动,应遵守所在地国家的法律法规。这是国家主权所赋予的国家属地管辖权,据此外国人在中国申请商标注册,由本国当地合法设立的商标代理机构代理,既维护了国家主权,又方便了商标行政管理机关的审查。

▶ 2. 商标代理机构

商标代理机构是 2019 年修订《商标法》中较为重要的一个商标注册申请主体。这是因为自 2001 年《商标法》修正时第一次增加了第 15 条"代理活动中的商标异议"之后,2013 年和 2019 年又分别修订了第 15 条,同时还增加条款,对商标代理机构的代理行为进行规范。《商标法》(2001 年修正)第 15 条立法的主要目的是规范商标代理机构的商标注册申请行为。简言之,商标代理机构未经被代理人授权,以自己名义将被代理人的商标进行注册,被代理人提出异议的,不予注册并禁止使用。这是防范商标代理机构"近水楼台先得月",不正当利用商标代理优势,抢注被代理人商标。在这个基础上,《商标法》(2013 年修正)进一步补充了第 15 条,增加一款,"就同一种商品或者类似商品申请注册的商标与他人在先使用的未注册商标相同或者近似,申请人与该他人具有前款规定以外的合同、业务往来关系或者其他关系而明知该他人商标存在,该他人提出异议的,不予注册"。第二款与第一款相比,扩大了"关系人"的范围,将"商标代理"扩展到合同,业务往来或其他明知他人商标存在的关系,这一点在本书第二章已经提及,这里不再赘述。

由于《商标法》(2019 年修正)在第 4 条增加了第 2 款"不以使用为目的的恶意商标注册申请,应当予以驳回",因此也将原来第 19 条第 3 款"商标代理机构知道或者应当知道委托人申请注册的商标属于本法第 15 条和第 32 条规定情形的,不得接受其委托",改为"商标代理机构知道或者应当知道委托人申请注册的商标属于本法第 4 条、第 15 条和第 32 条规定情形的,不得接受其委托"。如此,就增加了商标代理机构不得接受委托的种类,即属于恶意抢注的商标注册申请,商标代理机构知道或者应当知道的,则不得代理。

以上是商标法对商标代理机构代理他人商标注册申请的法律规定,可以看出,商标法逐步增加商标代理机构的注意义务,加强商标代理机构审查被代理人商标是否符合商标注册条件的法律责任,不得为了增加收入牟取利益而接受不正当的商标注册申请业务。

除此之外,商标代理机构本身当然可以申请自己的商标,这也就是《商标法》(2013 年修正)第 19 条规定"商标代理机构除对其代理服务申请商标注册外,不得申请注册其他商标"。这一规定也延续到《商标法》(2019 年修正)第 19 条中。应该说,商标代理机构作为商标注册申请的代理机构,也是专业服务机构,其行为应保持诚实信用,不得利用其商业优势,也不得贪利忘法,除自身申请服务商标之外不得注册其他商标,这是为规范和维护正常商标代理市场的必要举措。

## 四、商标注册的要求及文件

我国《商标法》第 22 条第 1 款规定,商标注册申请人应当按规定的商品分类表填报使用商标的商品类别和商品名称,提出注册申请。这说明,商标注册申请人在申请商标注册时,首先要解决的一个问题就是确定商标使用的商品应属于哪一类别,以及确定商品的名称。这里所谓的商品分类并非日常生活中人们习惯的分类。比如,日常生活中常见的商品称呼为"塑料制品",包括的范围过大,其在商品分类表中至少涉及 5 个类别:第 11 类第 1108 组水暖管件;第 21 类第 2108 组刷牙工具;第 22 类第 2203 组袋子,装卸、包装用物品;第 25 类第 2504 组不透水服装;第 28 类第 2802 组玩具。因此,商品分类是商标行政管理机关按照一定标准,将所有商品划分为若干类别,按照一定顺序编排成册以供商标注册申请人使用。为方便世界各国商标行政主管机关统一商标注册和管理工作,1957 年 6 月 15 日在法国尼斯签订《商标注册用商品与服务国际分类尼斯协定》。1994 年 8 月 9 日,我国加入该协定。《商标注册用商品与服务国际分类》(也称尼斯分类)主要规定的是商品与服务分类法,它将商品和服务分成 45 个大类,其中商品为 1-34 类,服务为 35-45 类,该分类为商标检索、商标管理提供了很大方便。

我国商标局将尼斯分类的商品和服务项目划分类似群,并结合实际情况增加了我国常用商品和服务项目名称,制定《类似商品和服务区分表》(以下简称《区分表》),供申请人申报商标注册时使用。《区分表》中 45 个类别项下含有类别标题、注释、商品和服务项目名称。类别标题指出了归入本类的商品或服务项目范围;注释对本类主要包括及不包括哪些商品或服务项目作了说明;《区分表》中所列出的商品和服务项目名称为标准名称。由于尼斯分类每年修订一次,因此现行《区分表》(2021 文本)是基于尼斯分类第 11 版,于 2021 年 1 月 1 日实施。

▶ 1. 商标注册应注意的要求

商标注册申请人应当依照提交申请时施行的《区分表》进行申报,既可以申报标准名称,也可以申报未列入《区分表》中的商品和服务项目名称。申报时应注意以下原则:

(1)依据尼斯分类进行申报。由于尼斯分类每年都会变动,因此商标注册申请人应随时注意每年分类表的异同。以 2018 年《区分表》为例,相比较 2017 年版本,第 42 类新增"平台即服务(PaaS)",第 35 类新增"通过体育赛事赞助推广商品和服务"。第 9 类的新增商品最多,包括硬件产品"个人数字助理(PDA)、穿戴式计算机、首饰形式的通讯设备、手机用自拍杆、自拍镜头"等,也包括"已录制的或可下载的计算机软件平台、已录制的或可下载的计算机屏保软件"等,这一变化反映出电子产品领域蓬勃发展的状况。

(2)《区分表》上没有的商品和服务项目时,应根据类别标题、注释,比照标准名称申报类别。例如,坚果壳制工艺品。根据类别标题,"未加工或半加工的骨、角、牙、介及不属别类的工艺品"属于第 20 类,注释中说明第 20 类"家具,镜子,相框;不属别类的木、软木、苇、藤、柳条、角、骨、象牙、鲸骨、贝壳、琥珀、珍珠母、海泡石制品,这些材料的代用品或塑料制品","木、蜡、石膏或塑料艺术品"为第 20 类的标准名称。比照上述内容,"坚果壳制工艺品"应申报在第 20 类[①]。

---

① 参见商标局:《商标注册用商品和服务项目申报指南》,http://sbj.cnipa.gov.cn/sbsq/sphfwfl/,2020-8-30。

（3）根据类别标题、注释，比照标准名称仍无法分类的，按照分类原则申报。

概括来说，首先是商品分类原则：①商品是制成品，一般按照商品的功能和用途分类。例如，"医用手套"属于医疗用辅助器具，应申报在第 10 类。②商品功能较多，则按照主要功能分类。例如，"带电子发声装置的图书"，主要功能是图书，应申报第 16 类。③商品是半成品或原材料的，则按照组成的原材料分类。譬如，"金属建筑材料"属于第 6 类。④商品是由几种原材料组成的，则按照主要原材料分类。比如，"牛奶饮料"（以牛奶为主）应按牛奶申报第 29 类。⑤商品是组合商品，且不能分割使用，原则上与其他商品属一类。如"电话机听筒"属于"电话机"一类，应申报第 9 类。⑥装载商品的容器应与所装商品属一类。如"专用化妆包"用于收纳化妆品，应申报第 21 类。

服务分类原则，比照《区分表》所列标准名称，依据服务所属的行业，并结合服务的目的、内容、方式、对象等因素进行综合判断。如"电影电视剧制作"属娱乐类，应申报第 41 类。另外，出租服务、咨询服务、特许经营服务需按照不同情况：①出租服务，原则上与通过出租物所实现的服务分在同一类别，如"出租电话机"属于通讯服务，应申报第 38 类。②提供建议、信息或咨询的服务，原则上与提供服务所涉及的事物归于同一类别，如"金融咨询"应申报第 36 类。③特许经营的服务，原则上与特许人所提供的服务分在同一类别，如"特许经营的商业管理"应申报第 35 类。

▶ **2. 商标注册应提交的文件**

商标注册申请人在商标注册时应向商标行政管理机关提交以下文件：

（1）商标注册申请书。申请书的填写要求是：①"一标多类"。所谓"一标多类"是指申请人在申请商标注册时一份申请只能填写一个商标，商标名称应和商标图样一致，但一份申请书可以申报多个类别的商品。"一标多类"是我国《商标法》第三次修正后所采用的，其目的是简化申请人申请程序，节约成本和提高效率[①]。②商品名称，应按照分类表中的规定填写。③申请人名称栏的填写。申请人是法人的，名称和营业执照、章戳应一致；申请人是自然人的，名称与签字、身份证复印件一致；申请人是外国人的，名称需要填写中英文对应名称。另外，申请人需要提供主体资格证明或身份证明复印件。④申请人地址栏填写。申请人地址要与委托书[②]填写一致，营业执照、身份证明没有"省、市"的，申报时必须填写。国外申请人地址因规范地填写国名，中英文填写。申请人为港、澳、台，名称、地址也是中英文填写。

（2）商标图样。①"商标图样"应粘贴在申请书背面规定的黑框内，所附"商标图样"不应超出 10×10 厘米，小于 5 厘米规定，且所附商标图样不少于规定的 5 张数量。②"指定颜色"商标，应在申请书背面黑框内，粘贴"彩色商标图样"，应按规定提供五张彩色商标图样，一张黑白墨稿，且墨稿与彩色图样应完全一致。③"非指定颜色"商标，应在申请书背面黑框内，粘贴"黑白商标图样"，且应提供黑白分明、清晰的五张商标图样。④以三维标志申请注册商标的，应当在申请书中说明并提交能够确定三维形状的图样。⑤商标为外文或者包含外文，应说明其含义。⑥以声音申请注册商标的，应当在申请书中进行描述并提交能够确定的声音样本。

---

① 徐升权：《商标法：原理、规范和现实回应》，知识产权出版社，2016 年版，第 79-80 页。
② 申请人委托商标代理机构办理的，应当提交一份商标代理委托书。

（3）证明文件。申请人在申请商标注册时应当提交的证明文件主要有：①强制商标注册的商品所需文件，例如烟草制品应附送相关部门批准的证明文件。②申请商标为"人物肖像、真人照片"的，应提供粘贴该肖像的公证原件。③申请人要求优先权的，应详细、准确填写该商标初次申请国、申请日期、申请号，同时提交相关国外申请商标注册的证明文件。

## 第 二 节　商标注册的审查和核准

据我国知识产权局商标局统计，2019 年前 11 个月，我国商标注册申请量已达 712.1 万件。我国累计有效注册商标量达 2478 万件，平均每 4.9 个市场主体拥有 1 个注册商标。同时，国家知识产权局商标局大力推进"关口前移"，在商标审查和异议阶段严厉打击商标恶意注册行为。2018 年以来，在审查、异议和评审环节累计驳回恶意商标申请约 13 万件[①]。目前，我国是世界上商标申请量最多的国家，连续 17 年位居世界第一。为确保商标注册的质量，实现从"量大"到"质优"，我国商标法设置了比较严格的注册审查制度，即"全面审查，先异议后注册"。这里的全面审查包括形式审查和实质审查，商标局对申请人提交的商标注册申请受理并审查，最终决定是否批准该商标获得注册。具体而言，我国商标审查及核准程序如图 3-1 所示。

### 一、商标注册的形式审查

商标局收到商标注册申请人提交的文件之后，首先进行的是形式审查。形式审查主要分三个部分：申请书件的审查（文件是否齐全、填写是否规范、签字或印章是否缺少），对商标图样规格、清晰程度及必要的说明的审查，分类审查（对填报的商品或服务项目的审查）。根据形式审查的结果，商标局主要发出三种通知书：《受理通知书》、《补正通知书》与《不予受理通知书》。

（1）《受理通知书》。首先，商标局对申请人资格进行审查，主要审查申请人是否具有申请注册商标的主体资格和申请人申请商标所指定保护的商品是否符合法律规定。由于我国商标法规定，外国申请人必须委托商标代理机构进行商标注册，因此审查的另一项内容就是审查外国申请人是否委托了依法设定的商标代理组织。国内申请人委托代理人的，商标局也要审查其委托书是否符合要求。其次，审查申请书填写是否符合规定，包括申请人的名义与印章、营业执照是否一致；申请人的地址是否准确；申请人指定的商品或服务填写是否规范、具体，分类是否准确。再次，围绕商标本身展开系统审查，包括：审查商标及商标图样的规格、数量是否符合要求。应交送的证明文件是否完备，规费是否缴纳。按照"一表一标"原则，审查一份申请是否只申报了一个商标。另外，商标局还要审查商标的申请日期。最后，按照《商标法》第 27 条规定，"为申请商标注册所申报的事项和所提供的材料应当真实、准确、完整"，商标局通过审查认为申请文件符合法定要求，手续齐备的，编定申请号，发给《受理通知书》。

---

① 国家知识产权局商标局：《商标数据》，http://sbj.cnipa.gov.cn/sbtj/，2020-08-30。

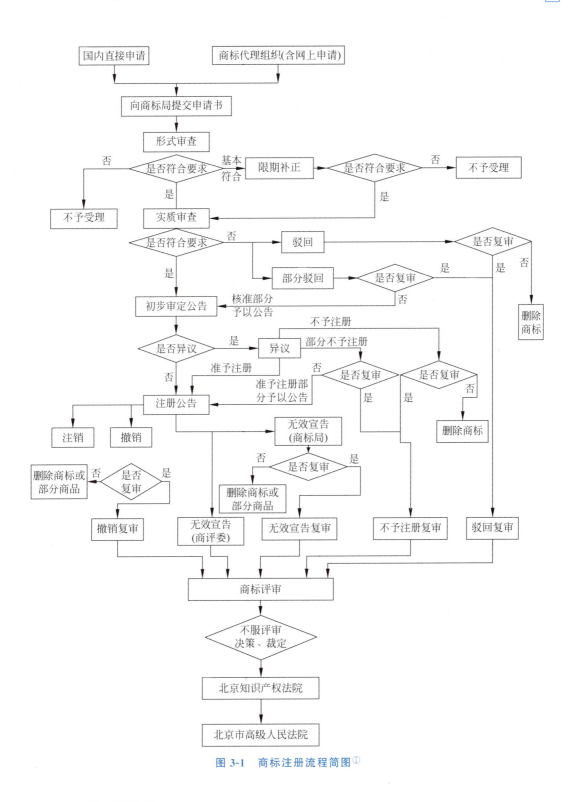

图 3-1　商标注册流程简图①

————————

① 本流程图来源于国家知识产权局商标局网站，http://sbj.cnipa.gov.cn/sbsq/zclct/，2020-08-31。

（2）《补正通知书》。按照上述审查流程，如果商标申请人申请手续基本齐备或者申请书件基本符合规定，但是需要补正的，由商标局通知申请人予以补正。申请人在规定期限内补正并交回商标局的，保留申请日。

（3）《不予受理通知书》。商标申请人申请手续不齐备或者未按规定填写申请书件的，商标局予以退回，申请日期不予保留。

## 二、商标注册的实质审查

经形式审查符合要求的商标注册申请进入实质审查阶段。所谓实质审查，是指商标注册主管机关对商标注册申请是否合乎商标法的规定所进行的检查、资料检索、分析对比、调查研究并决定给予初步审定或驳回申请等一系列活动。就实质审查内容而言，商标局主要是对申请注册的商标的构成要素等是否符合商标法及其条例规定的实质性要求进行审查，从而做出核准或者驳回的决定，包括：①申请注册的商标是否具备《商标法》第 8 条关于法定构成要素的规定；②申请注册商标是否具有《商标法》第 9 条规定的显著性，是否侵犯他人的在先权利；③申请注册商标是否违反了《商标法》第 10、11、12 条关于禁止使用或者禁止注册的标志的规定；④申请注册的商标是否违反《商标法》第 13 条关于禁止复制、摹仿、翻译他人驰名商标的规定；⑤申请注册的商标是否违反《商标法》第 16 条关于禁止虚假地理标志的规定；⑥申请注册的商标是否与他人在相同或者类似的商品或者服务上注册或者初步审定的商标相同或者近似；⑦申请注册的商标是否与他人在相同或者类似的商品或者服务上申请在先的商标相同或者近似；⑧依据《商标法》第 56 条规定，申请注册的商标与撤销、宣告无效或注销不满 1 年的注册商标是否相同或者近似。

经过实质审查后，商标局对商标注册申请分三种情况分别予以处理：

（1）符合《商标法》有关规定，有商标局初步审定，予以公告。商标注册申请的初步审定，是指经过审查，商标局认为商标注册申请符合商标法规定的形式要件和实质要件，依法作出初步同意该商标注册的决定。需要注意的是，由于初步审定的商标未经正式核准注册，不属于注册商标，故而没有商标专用权。《商标公告》是商标局定期编印发行的官方出版物，其内容包括初步审定商标公告，注册商标公告，注册商标变更、续展、转让、撤销公告等。初步审定商标的公告是指商标局将决定准予初步审定的商标注册申请的有关内容在《商标公告》上刊登并公之于众的行为，其目的是为他人在法定期限内对公告的初步审定商标提出异议，以利于社会公众对商标局初步审定的商标进行监督，也便于其他在先权利人维护其合法权益，从而避免和减少商标注册后可能发生的争议。

（2）商标注册申请的驳回。商标注册申请的驳回（通常指全部驳回），是指经过实质审查，在全部指定商品（或服务）上使用商标的注册申请不符合商标法有关规定或与他人的在先商标权利发生冲突，由商标局驳回申请，不予公告的行政行为。对驳回申请、不予公告的商标，商标局以发给《商标驳回通知书》的形式书面通知商标注册申请人其商标注册申请被驳回的理由及作为法律依据的《商标法》及其《商标法实施条例》的相应条款，并告知申请人。如不服商标局的驳回决定，商标注册申请人可以在自收到通知之日起的 15 日内向商标评审委员会申请复审，由商标评审委员会作出复审决定。

（3）商标注册申请的部分驳回。《商标法实施条例》第 23 条规定："依照《商标法》第 29 条规定，商标局认为对商标注册申请内容需要说明或者修正的，申请人应当自收到商标局通知之日起 15 日内作出说明或者修正。"这个通知是商标局发给申请人的《商标审查意见书》，申请人如按要求如期修正，商标局则对该商标予以初步审定并予以公告；申请人未作修正、超过期限修正或者修正后仍不符合商标法有关规定的，则驳回申请，发给申请人《商标驳回通知书》。如商标注册申请人不服商标局的驳回决定，可以在自收到通知之日起的 15 日内向商标评审委员会申请复审，由商标评审委员会作出复审决定。

## 三、商标异议程序

如前所述，商标注册具有十分重要的价值，对于商标所有人而言是获得商标专用权的重要方式。正因如此，我国《商标法》从一开始就设置了商标异议制度，并随着我国商标事业发展不断丰富完善。1982 年《商标法》颁布，第 19 条规定："对初步审定的商标，自公告之日起三个月内，任何人均可以提出异议。无异议或者经裁定异议不能成立的，始予核准注册，发给商标注册证，并予公告；经裁定异议成立的，不予核准注册。"这一规定延续到《商标法》（1993 年修正），2001 年《商标法》修订时对该条也没有进行任何改动。但实践中，有商标局工作人员评估了商标异议制度，认为由于《商标法》第 19 条未对异议主体和内容作出限定，任何人都可以付出很小的代价（异议费用）让一个处于初审公告的商标置于长达一年的异议程序中，如果最终裁决异议不成立，对于被异议商标而言则需承担巨大的时间成本。尤其是某些恶意异议行为人，利用这一法律漏洞不承担法律责任而达到其不可告人的目的[①]。因此，《商标法》（2013 年修正）第 33 条[②]对异议程序进行了较大的调整，主要是对异议主体和内容作了明确规定。一是将"任何人"有权作出商标异议行为限定在违反了《商标法》第 10、11、12 条关于禁止使用或者禁止注册的标志的规定。这是因为第 10、11、12 条大多涉及社会公益以及明显不具备商标显著性的情形，任何人无论是否与该商标有法律关系，均可以提出异议。二是将"均可提出异议"的范围限定在某些特定情形，包括复制、摹仿、翻译他人驰名商标；商标代理机构抢注商标；虚假地理标志；与他人相同或类似商品上申请相同或类似商标；违反申请原则；损害在先权利抢注他人商标。由于商标异议的内容进行了细化，对上述异议的提出主体也必须进行明确，《商标法》（2013 年修正）第 33 条规定，只有"在先权利人"和"利害关系人"这两类主体可以提出上述商标异议。如此，就将商标异议主体范围与提出商标异议的内容做到一一对应，逻辑上也更为清晰合理。《商标法》（2019 年修正）对第 33 条略微做了调整，对于"任何人"有权提出商标异议的范围在原有第 10、11、12 条的基础上增加了第 4 条和第 19 条第 4 款。从内容上看，第 4 条涉及恶意抢注商标，第 19 条第 4 款是对商标代理机构注册商标范围的限定，进一步扩大了社会公益的范围，积极保护商标注册申请中的相对弱势群体的合法权益。不过，《商标法》（2019 年修正）第 33 条对于"均可提出异议"的范围并没有做出改变。

▶ **1. 商标异议制度的作用**

商标异议制度是商标确权程序中的重要环节，现行的商标异议制度相比确立之初，在异

---

① 刘淑琴：《实施中的商标异议程序》，载《中华商标》2000 年第 8 期。

② 《商标法》（2013 年修正）第 33 条："对初步审定公告的商标，自公告之日起三个月内，在先权利人、利害关系人认为违反本法第 13 条第 2 款和第 3 款、第 15 条、第 16 条第 1 款、第 30 条、第 31 条、第 32 条规定的，或者任何人认为违反本法第 10 条、第 11 条、第 12 条规定的，可以向商标局提出异议。公告期满无异议的，予以核准注册，发给商标注册证，并予公告"。

议主体和异议内容上已经做了相当的改善,在商标确权程序中发挥了不可替代的作用。从法律制度本身出发,商标异议是《商标法》及其实施细则明确规定的,对初步审定商标公开征求公众意见的法律程序,其目的在于公正、公开进行商标确权工作,提高商标注册审查质量。从制度设置之目的看,商标异议程序的设置是给予那些在先的权利人或其他利害关系人一次维护自己利益的机会[1]。除了社会监督和权利救济之外,商标异议制度还可以起到审查机关内部纠错的效果。[2] 这是因为商标审查行为本身就带有一定的局限性、主观性和不统一性,这使得商标注册申请人的盲目性在商标审查中不能全部得到纠正,导致某些恶意商标注册行为不能被完全制止。因此,商标异议制度在我国商标申请量日益增长的背景下起到"质量筛查"的作用,发挥社会集体力量,保护关系人的合法诉求,防止"漏网之鱼",为维护我国商标注册申请的法律秩序扮演了十分关键的角色。

▶ **2. 商标异议制度的域外实践**

世界上其他国家和地区组织也十分重视商标异议制度。

菲律宾商标法规定,商标异议主体可以是任何第三方,只要其认为其权利受到侵害均可对公告的商标提出异议。异议人需自商标公告之日起30天内提出异议。商标异议主体若有充分理由需要延期,可向官方申请延期,延期一次为30天,最多可延期2次。任何一方对异议裁定不服,可以自收到裁定之日起30天内向局长提出上诉[3]。

美国商标异议制度较为复杂且费用昂贵,整个异议程序大约需2~5年。美国的异议审理由美国专利商标局商标审判与上诉委员会负责,从程序上看需要经过6个步骤:①异议人在商标公告的30天内提交异议书;②被异议人提交异议答辩书;③搜证阶段,一般为180天,还可申请延期;④审查阶段;⑤简短陈述;⑥口头辩论。总的来说,美国商标异议程序不仅复杂,而且一旦程序开始未经对方同意任何一方不得退出,否则退出方会被直接裁定败诉[4]。

相对于我国将商标异议主体分为"关系人"和"任何人",针对的理由是商标注册的相对理由和绝对理由,欧盟商标异议制度与我国存在较大差异。首先,商标异议申请人可以直接向欧盟内部市场协调局(OHIM)提交欧盟商标异议申请,期限为商标公告之日起三个月内。另外,通过马德里申请指定欧盟的商标公告期为欧盟内部市场协调局首次公告该商标之日起九个月内。其次,异议理由包括:驰名商标保护;欧盟在先使用但未注册的商标、商用标识;代理组织、代表人或经销商抢注和在先商标权利。最后,异议程序分为提出异议、资格审查、冷静期、对抗期和异议结束[5]。

▶ **3. 商标异议的程序**

1982年颁布的《商标法》不仅在第19条确立了商标异议制度,同时也对商标异议具体操作程序进行了规定。《商标法》第22条规定:"对初步审定、予以公告的商标提出异议的,商标局应当听取异议人和申请人陈述事实和理由,经调查核实后,作出裁定。当事人不服的,可以在收到通知十五天内申请复审,由商标评审委员会作出终局裁定,并书面通知异议人和

① 周俊强:《商标异议程序立法研究——兼论我国商标异议程序的改革》,载《知识产权》2010年第2期。
② 杜颖,郭珺:《〈商标法〉修改的焦点问题:商标异议程序重构》,载《中国专利与商标》2019年第3期。
③ 纪明明:《菲律宾商标异议程序介绍》,载《中华商标》2013年第8期。
④ 纪明明:《美国商标异议程序简介》,载《中华商标》2014年第3期。
⑤ 鲍荷花:《欧盟商标异议程序简介》,载《中华商标》2014年第8期。

申请人。"由此可见,1982 年的《商标法》对商标异议设置的是"两级审理"模式,即商标局初步裁定,商标评审委员会最终裁定。但是,这样的规定并不利于当事人权益的保护,无法起到对商标行政管理机关商标审查行为的有效监督。

因此,《商标法》(2001 年修正)第 34 条规定:"对初步审定、予以公告的商标提出异议的,商标局应当听取异议人和被异议人陈述事实和理由,经调查核实后,作出裁定。当事人不服的,可以自收到通知之日起十五日内向商标评审委员会申请复审,由商标评审委员会作出裁定,并书面通知异议人和被异议人。当事人对商标评审委员会的裁定不服的,可以自收到通知之日起三十日内向人民法院起诉。人民法院应当通知商标复审程序的对方当事人作为第三人参加诉讼。"与 1982 年和 1993 年《商标法》所规定的"两级审理"模式的异议程序不同,《商标法》(2001 年修正)确立了商标异议程序的"四级审理"模式,即商标局初步裁定,商标评审委员会复审,法院一审判决和法院终审判决。

《商标法》(2013 年修正)对商标异议程序又做了较大调整。主要体现在:①明确了商标局听取异议人意见作出裁定的时间为 12 个月(特殊情况还可以再延长 6 个月),而这个时间在之前《商标法》中并未明确规定。②按照商标局不同的裁定结果,划分不同当事人的维权程序①。之前《商标法》只是笼统规定当事人不服商标局裁定,可向商标评审委员会申请复审。③明确了商标评审委员会作出裁定的时间为 12 个月(特殊情况还可以再延长 6 个月),而这个时间在之前《商标法》中也并未明确规定。④补充了商标评审委员会评审的"中止程序",即商标评审委员会在进行复审的过程中,所涉及的在先权利的确定必须以人民法院正在审理或者行政机关正在处理的另一案件的结果为依据的,可以中止审查。中止原因消除后,应当恢复审查程序。《商标法》(2019 年修正)延续了上述条款,并未做改动。

## 四、核准注册

商标注册核准是指商标局经过其初步审定并公告期满,没有人提出异议或者异议不成立,当事人又不提出复审,商标局对申请注册的商标予以注册。申请注册的商标一经商标局核准,就标志着商标专用权的诞生。根据我国商标法的规定,商标局核准予以注册的商标包括以下情形:

(1) 对初步审定公告的商标,自公告之日起三个月内无异议的,则公告期满,商标局予以核准注册,发给商标注册证,并予公告。

(2) 对初步审定公告的商标,自公告之日起三个月内虽然有异议,但商标局裁定异议不成立的,商标局作出准予注册的决定,发给商标注册证,并予公告。

(3) 商标评审委员会受理复审申请后,经过调查审议,认为申请人或者被异议人理由成立时,应更正商标局的决定,准予注册,并予以公告。

商标局核准商标注册,就是正式承认一个商标取得了专用权,商标局颁发的《商标注册证》就是商标专用权的法律证明。因此,核准商标注册是产生商标专用权的关键程序。不过,对于商标局的商标核准注册行为到底属于"授权"行为还是"确权"行为,学界也曾有过讨论。无论是从知识产权权利来源的"自然权利说",还是"法定权利说",不可否认的是商标权

---

① 《商标法》(2013 年修正)第 35 条第 2 款和第 3 款规定:"商标局做出准予注册决定的,发给商标注册证,并予公告。异议人不服的,可以依照本法第 44 条、第 45 条的规定向商标评审委员会请求宣告该注册商标无效。商标局做出不予注册决定,被异议人不服的,可以自收到通知之日起十五日内向商标评审委员会申请复审"。

权利的取得的确与商标行政管理机关有着千丝万缕的联系,这是一个不争的事实。基于此,从民法理论视野看待商标核准注册,"授权"是把权利从有权一方转移给无权一方,而"确权"仅仅是对某一法律关系的确认。具体到商标确权上,就是对民事主体享有商标权这一法律事实的确认。不过由于商标核准注册行为是商标局做出,从行政法角度分析应为最佳。为此,学者提出商标授权抑或是商标确权,在行政法角度本质上是行政许可与行政确认之争。通过对上述两种具体行政行为特征比较,以内容、性质、羁束性程度为切入点,在行政授权、行政许可以及行政确认中,通过对比三种行为的定义以及特征不难推导出行政确认是在理论上唯一能较好解释商标局颁发商标注册证这一行为的理论依据[①]。

另外,现行《商标法》第 36 条第 2 款规定:"经审查异议不成立而准予注册的商标,商标注册申请人取得商标专用权的时间自初步审定公告三个月期满之日起计算。"该条款说明,在确保商标异议不成立而准予注册的情况下,商标专用权起算时间点不受商标异议期限影响。也就是说,虽然商标异议制度耗时漫长,从商标局初审,商标评审委员会复审,再到法院二级审判,整个商标异议程序短则 1~2 年,长则不可预估,但是如果异议一旦不成立而准予注册,商标申请人取得的商标专用权则从初步审定公告三个月期满之日起计算。这就大大缓解了商标申请人因"权利待定"而对商标使用所引发的一系列法律行为效果的不确定性。这是因为商标的本质在于使用,如本章第一节所述,商标可以申请注册,也可以不申请注册。不注册的商标依然可以使用,那么对于商标申请人而言,如果注册一个商标反而因为商标异议耽误其商标使用,则明显得不偿失。因此,无论是从商标法立法宗旨,还是现实需要来看,在较为漫长的商标异议期间,应对商标申请人的商标及其商标使用行为给予保护。但是,基于知识产权平衡理论,处于商标异议期间的商标及其权利与商标核准注册之后的商标及其权利,仍有本质差别。为保护社会公益,《商标法》第 36 条第 2 款规定:"自该商标公告期满之日起至准予注册决定做出前,对他人在同一种或者类似商品上使用与该商标相同或者近似的标志的行为不具有追溯力;但是,因该使用人的恶意给商标注册人造成的损失,应当给予赔偿"。这就等于确立了两个标准:一是法不溯及既往,二是恶意使用仍需赔偿。

根据我国《商标法》的规定,经商标局核准注册的商标为注册商标,商标注册人享有商标专用权,受法律保护。使用注册商标的,应标明"注册商标"字样或者注册标记"注"或"®"。

## 五、商标复审

商标复审,是指针对当事人不服商标局对就商标有关事项所作处理决定而提出的复审请求,由商标评审委员会重新进行审查的法定程序。商标复审的目的在于监督商标注册的质量。根据我国《商标法》的有关规定,商标评审委员会的复审种类较多,包括以下六类:①当事人对商标局驳回商标注册申请不服的复审;②当事人对商标局驳回注册商标转让申请不服的复审;③事人对商标局驳回注册商标续展申请不服的复审;④当事人对商标局异议裁定不服的复审;⑤当事人对商标局撤销注册商标不服的复审;⑥当事人对商标局撤销注册不当商标不服的复审。

申请人可以在收到驳回通知书、裁定通知书或撤销通知书之日起 15 天内向商标评审委员会请求复审。对于第 1 类复审,商标评审委员会应当自收到申请之日起 9 个月内作出决

---

① 沈俊杰,曹蕙:《行政法视角下商标局核准注册商标行为定性之争:是商标授权,还是商标确权》,载《电子知识产权》,2012 年第 7 期。

定,并书面通知申请人。有特殊情况需要延长的,经国务院工商行政管理部门批准,可以延长 3 个月。对于第 4 类复审,商标评审委员会应当自收到申请之日起 12 个月内作出决定,并书面通知申请人。有特殊情况需要延长的,经国务院工商行政管理部门批准,可以延长 6 个月。

商标复审所需材料包括:①商标代理委托书。委托商标代理机构代理的,需提供盖有申请人章戳的委托书。大陆以外地区的申请人要在中国申请商标复审的,必须委托商标代理机构进行。②各类复审申请书。委托代理机构申请商标复审的,由代理机构制作。③理由和证据材料。

## 第三节　商标国际注册

商标注册申请人不仅可以在国内进行商标注册,也可以到国外申请注册商标。国外商标注册申请通常有两种途径:一是逐一国家注册,即商标注册申请人分别向各国商标主管机关申请注册;二是马德里商标国际注册,即根据《马德里协定》或《商标国际注册马德里协定有关议定书》(以下简称《马德里议定书》)的规定,在马德里联盟成员国间所进行的商标注册。《马德里协定》和《马德里议定书》一起构成商标国际注册体系,并且由《马德里协定》和《马德里议定书》所适用的国家或政府间组织所组成的商标国际注册特别联盟称为"马德里联盟"。因此,本节所说的商标国际注册,指的就是马德里商标国际注册。

1891 年 4 月 14 日,法国、比利时、西班牙、瑞士和突尼斯等国在马德里发起并签署了《马德里协定》。随后,《马德里协定》自 1900 年至 1967 年分别修订了 6 次,最后一次修订版是 1967 年的斯德哥尔摩文本。马德里协定只对《巴黎公约》成员国开放,中国于 1989 年 10 月 4 日起成为《马德里协定》的第 28 个成员国。《马德里协定》第 1 条第 2 款规定:"任何缔约国的国民,可以通过原属国的注册当局,向成立世界知识产权组织(以下称'本组织')公约中的知识产权国际局(以下称'国际局')提出商标注册申请,以在一切其他本协定参加国取得其已在所属国注册的用于商品或服务项目的标记的保护。"依据本条规定,《马德里协定》的成员国国民(商标所有人)仅需要向本国商标行政管理机关提交一份商标注册申请,就可以通过马德里协定向所有成员国提出商标注册申请,从而使其商标在多个国家同时获得商标保护成为可能。《马德里议定书》于 1989 年签订,我国于 1995 年成为《马德里议定书》的成员国。《马德里议定书》的签订,是为了增加《马德里协定》的灵活性,也能帮助某些未能加入《马德里协定》的国家的国内商标立法更好地适应马德里体系。与《马德里协定》相比,《马德里议定书》简化了商标注册程序,更加方便成员国国民申请商标注册。

### 一、商标国际注册的法律特征

19 世纪末,大多数国家陆续采纳商标注册制,同时随着跨国贸易的发展,商标的地域性与贸易的全球性之间发生矛盾。也就是说,商标的地域性导致商标只能在注册所在国享受商标专用权保护,企业如果想在跨国贸易中保护其商标,就必须到国外申请商标注册。这就要求企业在不同国家按照不同语言,熟悉不同国家商标法律制度和程序,填写不同的表格并等待商标审查。整个过程不仅烦琐,而且十分费时费力。有鉴于此,为促进全球贸易发展,减轻企业在国外申请商标的成本,在原有《巴黎公约》框架下,法国、比利时和西班牙等国发起,并最终在 1891 年签订《马德里协定》。从这个意义上说,《马德里协定》缔结的宗旨就是简化商标注册手续,减少国际贸易阻力。随后的《马德里议定书》进一步补充和完善了《马德里协定》,使得马德里商标国际体系逐步建立起来。

#### ▶ 1. 基础注册和基础申请原则

《马德里协定》第 1 条第 2 款规定:"任何缔约国的国民,可以通过原属国的注册当局,向成立世界知识产权组织(以下称'本组织')公约中的知识产权国际局(以下称'国际局')提出商标注册申请,以在一切其他本协定参加国取得其已在所属国注册的用于商品或服务项目的标记的保护。"该条款中,"其已在所属国注册"是需要注意的地方,通过《马德里协定》办理商标国际注册,有一个前提是商标注册申请人首先应在其本国获得注册的商标,这也就是所谓的"基础注册"。只有满足这个条件,商标国际注册申请人才能够向本国商标行政管理机关申请商标国际注册。从这个角度上看,商标国际注册是商标注册申请人在成功申请国内商标的基础上再通过本国商标行政机关申请注册国际商标,简言之商标国际注册必须以国内注册商标为基础。正因如此,商标注册申请人申请国际商标必须与国内商标相一致,从商标外观、内容和含义上都不能作修改。除此之外,《马德里协定》第 3 条第 1 款规定,"商标原属国的注册当局应证明这种申请中的具体项目与本国注册簿中的具体项目相符合",这意味着商品或服务所属的项目类别也不能超过国内注册范围。

然而,这个"基础注册"原则让英国、美国和日本等奉行商标注册严格审查主义的国家十分为难,假如这些国家要加入《马德里协定》,就要受到"基础注册"原则的约束。这些国家的申请人必须等待国内冗长的商标审查程序结束,真正取得商标专用权之后才可以利用《马德里协定》申请商标国际注册,毫无疑问对于申请人而言是特别不利的。因此,《马德里议定书》修改了这一原则,将其改为"基础注册"和"基础申请"并行的原则[①]。这就意味着,申请人不必等到所属国国内商标注册成功之后才可以申请商标国际注册,而是可以在满足"基础申请"的条件后就可以提交商标国际注册。以中国为例,申请人收到商标局发出的《受理通知书》就可提交国际注册申请。

#### ▶ 2. 中心打击原则

《马德里协定》第 6 条第 1 款规定:"自国际注册的日期开始五年之内,如根据第 1 条而在原属国原先注册的国家商标已全部或部分不复享受法律保护时,那么,国际注册所得到的保护,不论其是否已经转让,也全部或部分不再产生权利。当五年期限届满前因引起诉讼而致停止法律保护时,本规定亦同样适用。"按照本书理解,商标国际注册申请人自获得国际注册之日起 5 年内,如果申请人本国的基础注册商标被全部或部分驳回、撤销、注销、放弃或宣布无效,则这一法律后果及于所有指定国,而不管该商标的国际注册是否已经被转让。这种"牵一发而动全身"的情形,被形象地称为"中心打击原则"。对于申请人来说,一旦国内注册商标出现权利变动,这会牵连到国际注册商标,这对于申请人无疑是一个很大的打击。如果遭遇中心打击,申请人只能将商标国际注册转为逐一国家商标申请注册,还要寻找合适的商

---

① 《马德里议定书》第 2 条第 1 款规定:当一项商标注册申请已提交缔约方时,或一个商标已在缔约方注册簿注册时,该项申请(以下称"基础申请")的申请人或该项注册(以下称"基础注册")的所有人,可依从本议定书的规定通过在世界知识产权组织国际局的注册簿(以下分别称"国际注册"、"国际注册簿"、"国际局"和"组织")获准注册该商标,而取得该商标在缔约国或组织领土内的保护。

标代理机构,相应的成本也会大大增加。有学者将其称为商标国际注册的"效力不稳定性"[①],也是十分中肯的意见。《马德里议定书》第 6 条第 3 款延续了中心打击原则,规定:"在注册之日起 5 年期满前,如果基础申请、原注册或基础注册在指定的全部或部分商品和服务上分别被撤回、失效、放弃或最终驳回、撤销、注销或被宣布无效,无论其是否全部转让,也不能再要求国际注册给予的保护。"

▶ 3. 领土限制原则

《马德里协定》第 3 条之 2 规定:"任何缔约国可在任何时候书面通知本组织总干事(以下称'总干事'),通过国际注册所得到的保护,只有在商标所有人明确要求时,才得以延伸至该国。这种通知,在总干事通知其他缔约国后六个月发生效力。"商标国际注册的本质就是通过简化商标国际注册手续,实现"一次注册,多国保护"的效果。但是出于尊重国家主权原则,任何成员国国民在申请商标国际注册时,必须指明商标注册的国家,不能含糊其辞模糊处理。本书认为,如果申请人在填写商标国际注册申请表时未能明确指定其他国家的名称,该商标则不应视为理所当然获得该国的商标保护。

▶ 4. 领土延伸原则

《马德里协定》第 3 条之 3 规定:"在国际注册以后所提出的关于领土延伸的任何要求,必须用细则所规定的格式,通过原属国的注册当局提出。国际局应立即将这种要求注册,不迟延地通知有关注册当局,并在国际局所出的定期刊物上公布。这种领土延伸自在国际注册簿上已经登记的日期开始生效,在有关的商标国际注册的有效期届满时停止效力。"本书认为,该条也可理解为一种"后期指定"商标申请行为。产生"后期指定"行为,主要是由于以下原因:①因经济或市场因素,第一次申请商标国际注册时没有指定所有缔约方;②申请人在第一次申请商标国际注册时,有些缔约国尚未加入马德里体系;③因贸易拓展,申请人需要将商标保护延伸到其他缔约国;④商标国际注册申请被指定缔约国驳回或宣告无效的理由消失,申请人再次向该指定缔约国提交申请[②]。不过,这种领土延伸并非想当然可以获得,根据《马德里协定》第 5 条第 1 款的规定,某一商标注册或根据第 3 条所作的延伸保护的请求经国际局通知各国注册当局后,经国家法律授权的注册当局有权声明在其领土上不能给予这种商标以保护。紧接着,第 5 条第 2 款明确"想行使这种权利的各国注册当局,应在其本国法律规定的时间内,并最迟不晚于商标国际注册后或根据第 3 条之三所作的保护延伸的请求后一年之内,向国际局发出批驳通知,并随附所有理由的说明"。

然而,问题在于被要求领土延伸的指定国商标注册当局若驳回了这一请求,则必须在12 个月内作出。如前所述,《马德里协定》中有些缔约国实行的是严格商标审查程序,12 个月的时间是十分紧迫的。为此,《马德里议定书》对领土延伸请求驳回期限做了调整,第 5 条第 2 款第 1 项和第 2 项规定,原则上驳回领土延伸的国家注册当局应在 12 个月内作出,但缔约方也可以通过声明的方式将 12 个月替换为 18 个月。这就赋予了缔约方较大的灵活性。

## 二、商标国际注册的国内实践

根据我国商标局统计,2019 年上半年我国申请商标国际注册为 6488 件,其中广东 1413

---

[①]　李云成:《保护好国际商战中的"粮草"——海外商标注册的途径选择》,载《中国对外贸易》2016 年第 3 期。

[②]　张宇:《马德里商标国际注册的后续程序》,载《中华商标》2009 年第 12 期。

件位列第一,其次是江苏891件。山东836件,浙江712件分列第三和第四①。与2012年全年商标国际注册总件数仅为2288件相比,我国商标国际注册已经进入快速发展时期。日益增长的数字背后,是我国履行《马德里协定》以及《马德里议定书》等国际条约义务的努力。早在1982年颁布的《商标法》第9条就外国商标在我国注册的基本原则,即"外国人或者外国企业在中国申请商标注册的,应当按其所属国和中华人民共和国签订的协议或者共同参加的国际条约办理,或者按对等原则办理"。随着我国于1989年加入《马德里协定》,1995年加入《马德里议定书》,《商标法》在延续外国商标在我国注册基本原则的基础上,于2013年修正时增加第21条,即"商标国际注册遵循中华人民共和国缔结或者参加的有关国际条约确立的制度,具体办法由国务院规定"。随后,国务院颁布了修订后的《商标法实施条例》,自2014年5月1日起施行,其中最令人注目的就是设置了第5章"商标国际注册",下面对该章核心要点进行简单介绍。

(1)确定了商标国际注册的调整范围。《商标法实施条例》第34条规定,马德里商标国际注册申请包括以中国为原属国的商标国际注册申请、指定中国的领土延伸申请及其他有关的申请。

(2)确立了基础注册和基础申请并行的原则。其中,虽然申请人既可以先获得国内商标注册后申请办理商标国际注册,也可以在向商标局提交申请获得受理后申请办理商标国际注册,但是在这两种情形下申请人都必须满足三个条件,即在中国设有真实有效的营业所,或者在中国有住所,或者拥有中国国籍。

(3)明确了领土延伸申请驳回的审查条件。指定中国的领土延伸申请人,要求将三维标志、颜色组合、声音标志作为商标保护或者要求保护集体商标、证明商标的,自该商标在国际局国际注册簿登记之日起3个月内,应当通过依法设立的商标代理机构,向商标局提交《商标法实施条例》第13条规定的相关材料;未在上述期限内提交相关材料的,商标局驳回该领土延伸申请。

(4)规定了领土延伸申请的商标异议制度。对于外国人指定中国领土延伸申请的,自世界知识产权组织《国际商标公告》出版的次月1日起3个月内,符合《商标法》第33条规定条件的异议人可以向商标局提出异议申请。这与我国《商标法》规定的商标异议制度在期限和条件上完全一致,有所不同的仅是我国《商标法》的商标异议是"对初步审定公告的商标,自公告之日起三个月内"提出异议,而商标国际注册中领土延伸申请,则是"世界知识产权组织《国际商标公告》出版的次月1日起3个月内",这主要是因为商标局对指定中国的领土延伸申请依职权进行审查后,并不对审查结论另行公告。

(5)对商标国际注册设置了例外规定。由于马德里体系与我国商标法在制度设计和规则适用上存在较大差异,因此《商标法实施条例》对商标国际注册规定了排除适用的情形。包括:①指定中国的领土延伸申请不适用国内申请注册商标的审查期限,商标局审理被异议的国际注册商标不适用《商标法》关于异议审理期限的规定;②不适用商品分割的规定;③不适用商标注册人变更注册人名义或者地址的规定;④不适用商标转让由转让人和受让人共同申请并办理手续的规定。

① 商标局:《马德里商标国际注册申请量各省、自治区、直辖市统计表(2019年上半年)》,http://sbj.cnipa.gov.cn/gjzc/201908/t20190820_306144.html,2020-08-31。

2017年8月23日,我国商标局公布了《关于简化马德里商标国际注册申请材料和手续的通知》,从三个方面进一步简化商标国际注册手续,便利我国企业实施"走出去"战略。首先,在办理马德里商标国际注册新申请业务时,无须提交《商标注册申请受理通知书》复印件或《商标注册证》复印件,以商标局商标审查系统的受理或注册信息为准;对基础商标经过变更、转让、续展等后续程序的,无须提交基础商标核准变更、转让、续展等证明文件复印件;中文申请书中已填写申请人英文名称的,无须提交英文名称证明。其次,在办理马德里商标国际注册各项后续业务时,无须提交世界知识产权组织国际局颁发的《国际注册证》复印件;转让中文申请书中已填写受让人英文名称的,无须提交英文名称证明。最后,办理注册人名称或地址变更业务时,不以基础商标的核准变更为前提。如基础商标已经核准变更,无须提交核准变更证明复印件;如基础商标尚未核准变更,申请人可提交登记机关变更核准文件复印件或登记机关官方网站下载打印的相关档案作为变更证明文件。

2019年5月15日,我国自主研发的马德里商标国际注册后续业务电子发文系统诞生。该系统是继2011年我国商标局通过电子方式接收指定中国的领土延伸申请以来,马德里商标国际注册电子通讯取得的又一重要进展。马德里商标国际注册后续业务电子发文系统上线后,国外企业通过马德里体系在中国办理商标转让、删减、部分注销等后续业务的国际通知时间缩短1个月以上。2019年前5个月,我国受理国外企业马德里后续业务申请共计19023件,转让审查周期缩短至3个月,变更、续展审查周期缩短至1个月[①]。

## 三、商标国际注册的基本程序

根据《马德里协定》和《马德里议定书》,商标国际注册的基本程序包括3个阶段:

▶ 1. 申请阶段

申请阶段是申请人进行商标国际注册的第一步,如同国内商标自愿注册原则一样,申请人是否愿意进行商标国际注册由申请人自行决定,任何人不得强迫。当申请人决定提出商标国际注册,《马德里协定》第1条第2款规定:"任何缔约国的国民,可以通过原属国的注册当局,向成立世界知识产权组织公约中的知识产权国际局提出商标注册申请。"这与国内商标注册申请不同的是,申请人不能直接向国际局提出商标注册申请,而必须通过其原属国商标注册机关向国际局提出注册申请,这种制度也称为"间接申请制"。由此可见,确定何谓"原属国"是十分重要的事宜。对此,《马德里协定》第1条第3款规定,有以下三种情况则属于符合"原属国"要求:①申请人国籍所属国;②申请人具有真实、有效的工商业营业所的国家;③申请人具有住所的国家。除此之外,申请人还应向原属国注册当局提交符合要求的申请文件(包括申请书、申请附件和商标图样)。申请文件中,申请人应指明使用要求保护的商标的商品或服务项目,如果可能,也应指明其根据商标注册商品和服务项目国际分类尼斯协定所分的相应类别。

▶ 2. 审查阶段

审查阶段是国际局在收到申请人所属原属国注册当局提交的商标国际注册申请文件后进行商标审查,并决定是否给予商标注册的一个关键阶段。与国内商标注册审查分为形式审查和实质审查不同,马德里体系下国际局仅对一项商标国际注册申请文件进行形式审查,

---

① 商标局:《马德里商标国际注册电子通讯再下一城》,http://sbj.cnipa.gov.cn/gzdt/201906/t20190628_302980.html,2020-08-31。

即申请手续是否完备,申请材料是否齐全等。在审查中,如果申请人未指明使用要求保护的商标的商品或服务项目,国际局应将商品或服务项目分入该分类的适当类别。申请人所做的类别说明须经国际局检查,此项检查由国际局会同本国注册当局进行。如果本国注册当局和国际局意见不一致时,以后者的意见为准。之所以规定国际局仅做形式审查,是因为马德里协定对商标国际注册设置了一个"基础注册"条件,如果申请人申请的商标都已经取得原属国的商标专用权,国际局没有理由再次对已经注册成功的商标进行实质审查,且各国商标法律规则不同,难以在一个国际条约中协调统一。因此,《马德里协定》规定了这样一种简易的商标审查方式。虽然,《马德里议定书》对"基础注册"进行了补充,在满足"基础申请"的情形下申请人也可提出商标国际注册。但是"基础申请"也是必须以申请人收到原属国注册当局商标受理通知为前提,一般而言能够收到商标受理通知,也说明商标申请通过了形式审查,国际局也没有足够的人力物力再去做纷繁复杂的实质审查。

▶ 3．核准注册阶段

核准注册阶段是商标国际注册的最后一环。在收到申请人提交的申请文件后,国际局应按照规定对提出申请的商标立即予以注册。如果国际局在向所属国申请国际注册后两个月内收到申请时,注册时应注明在原属国申请国际注册的日期,如果在该期限内未收到申请,国际局则按其收到申请的日期进行登记。国际局应不迟延地将这种注册通知有关注册当局。根据注册申请所包括的具体项目,注册商标应在国际局所出的定期刊物上公布。

## 四、商标国际注册的优点

相比较申请人逐一在其他国家申请商标注册,通过马德里体系注册国际商标有以下明显优势:

(1) 费用较低。《马德里协定》第8条第2款对商标国际注册的费用作出规定,在国际局的商标注册预收国际费用,包括:①基本费;②对超过国际分类三类以上的所申请的商标的商品或服务项目,每超过一类收一笔附加费;③对根据第3条之三的保护延伸要求,收补加费。其中,基本费按照一定数额的瑞士法郎计算。根据领土延伸原则,对每个指定国家还要缴纳指定费。指定费既可以是明确的数字,可以由某些议定书成员国制定的单独规费。申请人指定在一个国家申请一项国际注册,且商品和服务按照尼斯国际分类不超过三类时,其最低费用也按照一定数额的瑞士法郎计算,当然超出一类加收一笔费用。这些费用可直接向国际局交纳,也可通过原属局交纳,条件是原属局同意收取并转交国际注册费用。本书认为,相对于申请人逐一在各个国家申请,商标国际注册的费用仍是较为合理的。这是因为,上述收费均是指定国官方收费,没有其他额外附加费用。如果申请人逐一申请,则不仅要在申请国缴纳商标注册申请的官方费用,还要支付聘请的律师费、商标代理费用和翻译费等,还不包括申请人到申请国的衣食住行的费用。如此看来,申请人通过马德里体系提交商标国际注册申请,可以大大节省费用。

(2) 节约时间。依据《马德里协定》和《马德里议定书》,从国际注册日起算,申请人如果12个月内或者18个月内没有收到议定书国发来的拒绝给予商标保护的驳回通知书,即表示该商标已在该协定国或议定国自动得到了保护。与我国《商标法》规定的商标注册申请审查流程相比,极大地缩短了商标审查等待的时间。如前所述,商标注册原则有注册在先和使用在先原则,不同的国家根据各自国情作出不同规定。例如,日本和意大利等国实行的是注册在先原则,如果这些国家的企业在本国抢先注册我国有一定影响力的商标,假冒我国产品在本国进行销售或者在该商标所使用的商品进入本国市场时以所谓的商标专用权索要高额商标许可费,不仅严重阻碍了正常的国际贸易,而且也使得我国企业背上沉重的负担,其教训是十分深刻的[①]。因此,借助商标国际注册这一利器,我国企业可以避开其他国家国内较为冗长的商标审查程序,缩短审查周期,以较快的速度获得商标国际注册,进而真正走出国门,创建全球品牌。

（3）手续简单。马德里体系下的国际注册可被视作多个国内注册,因为它同时可在多个国家内产生效力,这就是所谓的"一份申请,多国保护"。因此,国际注册的后期管理任务,如对每一相关指定国家的续展、转让等,将通过国际局的单一简单操作而得以极大地简化。根据《马德里议定书》第 3 条之三的规定,商标国际注册的申请人如果希望将这种保护扩展到本申请所并未包括的马德里联盟的其他成员国,他可以通过简单的后期指定申请来延伸国际注册商标在那些国家的效力。这同样也适用于所有人变更、商品和服务的删减或在某些被指定国家放弃保护等登记。

## 拓 展 阅 读

1. 徐升权：《商标法：原理、规范与现实回应》,第二章,知识产权出版社,2016
2. 王莲峰：《商标法学》（第三版）,第三章第四节,北京大学出版社,2019
3. 杜颖：《商标法》,第四章,第八章第二节,北京大学出版社,2019

## 深 度 思 考

1. 我国商标注册的价值有哪些?
2. 如何理解商标申请在先原则?
3. 我国商标注册申请的主要流程有哪些?
4. 商标国际注册的法律特征是什么? 商标国际注册的基本程序是什么?

## 即 测 即 练

---

[①]　冯晓青：《企业商标国际注册及商标国际化经营战略略论》,载《商业研究》2008 年第 1 期。

# 第四章
## Chapter4
# 商标权的内容

**本章导读**

　　商标权是商标法的落脚点和归宿。我国《商标法》对商标权的取得、许可、转让,以及商标权的保护期限和续展等都作了明确的规定,从而为商标权人正确、有效行使其商标权提供了制度保障。本章主要介绍商标权的概念与特征,并对上述商标权的取得方式、保护期限与续展、许可和转让作专门讲解。

## 第一节　　商标权的概念与特征

　　注册、使用商标,就是为获得法律认可的商标权,从而可以在自己的商品或服务上专用使用该商标,并可以禁止他人未经其许可擅自使用其注册商标。而商标权虽然与著作权、专利权等同属于知识产权,但其又具备了区别于著作权、专利权的固有特征。

### 一、商标权的概念

　　商标权是商标所有人依法对其商标所享有的专有使用权[①]。这里,商标权包括积极使用的权能和消极禁止的权能两个方面的效力范围[②]。积极使用的权能就是商标权人对其注册商标享有完全支配和专有使用的权能。其可以在其注册商标所核定的商品或服务上独自行使其商标权,亦可以与他人协商一致,将注册商标许可给他人使用或直接转让给他人。消极禁止的权能则是指商标权人可以禁止他人未经其许可而擅自使用其注册商标的权能,即财产权的排他性效力。但是,商标权的积极使用的权能和消极禁止的权能这两个方面的效力范围却并不相同,消极禁止权能的效力范围要大于积极使用权能的效力范围。根据《商标法》第 56 条规定:"注册商标的专用权,以核准注册的商标和核定使用的商品为限。"可见,

---

　　① 参见吴汉东主编:《知识产权法》,北京大学出版社,2011 年版,第 261 页。
　　② 参见王太平著:《商标法原理与案例》,北京大学出版社,2015 年版,第 161-164 页。

商标权积极使用权能的效力范围只能限定商标主管部门核定使用的商品,而不能用于其他相近或不同的商品,同时商标权积极使用权能的效力范围也只能限定在商标主管部门核准注册的文字、图像、形状等,而不能超出该核准范围使用近似的文字、图像、形状等。而消极禁止权能的效力范围则要大过积极使用权能的效力范围,商标权人对他人未经许可擅自在同一种商品或相似商品上使用与其注册商标相同或相近的商标,均享有禁止的权能。我国《商标法》第 57 条规定:"未经商标注册人的许可,在同一种商品上使用与其注册商标相同的商标的;未经商标注册人的许可,在同一种商品上使用与其注册商标近似的商标,或者在类似商品上使用与其注册商标相同或者近似的商标,容易导致混淆的,均属侵犯注册商标专用权。"

可见,商标权的这一性质既不同于物权法的所有权,也区别于同属于知识产权的专利权与著作权。因为在物权法中,所有权人对自己拥有的财产享有占有、使用、收益、处分的权能,同时也享有相同范围之排他性的权能,即有权禁止他人未经其同意而占有、使用。这种禁止权的范围严格限定在所有权人所拥有的财产范围之内,非所有权人不可能享有其占有、使用、收益、处分该财产的权能。同样地,专利权与著作权也不具有超出其使用权能效力范围的禁止权能效力范围,比如专利权人有权禁止他人未经许可,以生产经营目的制造、使用、许诺销售、销售、进口其专利产品,或者使用其专利方法以及使用、许诺销售、销售、进口依照该专利方法直接获得的产品。当然,专利权人所享有的这种禁止他人擅自实施其专利的权利并没有超出其取得专利的范围,其禁止权能的效力范围仍然是限定在其取得专利的发明创造范围内,而不能扩大到其的发明创造之外的技术领域。著作权亦是如此,著作权人对于他人未经许可而擅自使用自己的作品,著作权人有权禁止,但是其也不能超出其享有的使用权范围。因为作品一旦创作完成,就可以用多种方式使用该作品,而且这种多样化地使用作品,不仅不会淡化著作权人与作品的联系,反而会扩大这种联系在公众中的影响力和认可度。而商标作为一种商业标识,是为了消费者能够迅速且固定地识别商品或服务与商标权人之间的联系,其反而需要的是无数次地重复唯一的表达方式,这种表达越独一无二,其与所有人的联系就越紧密,消费者对其的认知就越稳固;反之就可能冲淡或者混淆商标与商标权人的联系,使消费者产生误认。因此,法律赋予商标权人大于其使用权能的禁止权能,同时也使得消费者的权益得以维护[①]。

另外,需要强调的是商标权这一概念之下的商标是指注册商标,即商标权中的商标是由国家商标主管部门核准注册而使用的注册商标。我国《商标法》第 3 条第 1 款就明确规定:"经商标局核准注册的商标为注册商标,包括商品商标、服务商标和集体商标、证明商标;商标注册人享有商标专用权,受法律保护。"未注册商标,即未经国家商标主管部门核准注册而自行使用的商标,是否可以享有商标权?对此,本书认为对于我国《商标法》第 13 条规定的驰名商标,可以不经注册享有商标权,其他的未注册商标不享有商标权。但是,这并不是说未注册商标不受《商标法》保护,如我国《商标法》第 32 条就规定:"申请商标注册不得损害他人现有的在先权利,也不得以不正当手段抢先注册他人已经使用并有一定影响的商标。"《商标法》第 45 条则针对已经注册的商标违反本法第 32 条的规定,可以自商标注册之日起五年内,在先权利人或者利害关系人可以请求商标评审委员会宣告该注册商标无效。同时,

---

① 刘春田主编:《知识产权法》,中国人民大学出版社,2014 年版,第 261 页。

在知识产权法体系内未注册商标还受我国《反不正当竞争法》的保护,如该法第6条规定的不正当竞争行为中就包括擅自使用与他人有一定影响的商品名称、包装、装潢等相同或者近似的标识的行为。

## 二、商标权的特征

商标权虽然与著作权、专利权等同属于知识产权,但其与著作权和专利权等知识产权相比,又具有以下不同的特征:

▶ 1. 商标权产生的基础是可辨识的商业标识

我们知道,专利权或著作权产生的前提是创造或创作了智力成果,即专利权基于其发明创造而产生(专利权需经国家授权),著作权基于作品的创作而产生(作品一经完成著作权即产生),同时法律要求专利权或著作权的对象要具有一定程度的创造性或独创性。而商标权的对象则是使用在商品或服务上的商业性标识。虽然商标标志也可以视为某种由文字、颜色、图像、声音、形状等单独或联合组成的作品,但是这种标志不与特定的商品或服务联系在一起,就不能称其为商标[①]。因此,商标权的产生不在于某种标志是由谁人创作的,而在于这种标志所联系的商品或服务来源于谁,当通过法定程序使这一联系固化后,其就会成为受法律保护的一种权利。这样,法律对商标权对象的要求是显著性,而不是创造性或独创性,其核心的价值就在于标识商品或服务来源于不同的商主体,故而商标权的产生更具有商业意义。而正是基于这种可辨识的商业标识,法律将商标权人专有使用注册商标的范围限制于法律核定的商品或服务上,不得任意更改。但在禁止效力上,为了防止他人对商品或服务来源的混淆,法律却赋予了商标权人比专有使用注册商标范围更大的禁止性权利,如上文中提到的商标权人不仅可以禁止他人在同一种商品上使用与其注册商标相同的商标,还可以在容易导致混淆的情况下,禁止他人在类似商品上使用与其注册商标相同或相近似的商标,或者在同一种商品上使用与其注册商标近似的商标。而专利权或著作权在权利的使用效力范围与禁止效力范围上基本上是等同的,而且出于对社会公共利益的考量,著作权或专利权的禁止效力还会受到法律一定的限制[②]。

▶ 2. 商标权的权利限制相对较小

商标权与专利权都被称为工业产权,但是在权利使用上,法律给予了专利权更多的限制,比如对专利的先行实施,以及临时过境或为了学术研究、科学试验而对专利的使用及销售,同时专利权人对于善意侵权亦无禁止的权利。而商标权则无上述类似的限制。同样,著作权与商标权同属于知识产权,但是法律对于著作权则有合理使用或法定许可的限制,前者可以无须取得著作权人的许可,也无需向著作权人支付报酬,后者需要向著作权人支付报酬但仍然无须其授权。而商标权亦无此类限制。不过,法律虽然没有对商标权给予类似上述专利权或著作权的限制,但是商标权的这一特征也非绝对,这只是商标权在一般情况所具备的区别于专利权或著作权的性质,在一些特殊情况下,商标权也会受到一定的限制。如《商标法》第59条规定注册商标中含有的本商品的通用名称、图形、符号或直接表示商品的质量、主要原料、功能、用途、重量、数量及其他特点,或者含有的地名,注册商标专用权人无权禁止他人正当使用。三维标志注册商标中含有的商品自身的性质产生的形状、为获得技术

---

① 参见王太平著:《商标法:原理与案例》,北京大学出版社,2015年版,第153页。
② 参见关永宏主编:《知识产权法学》,华南理工大学出版社,2008年版,第22页。

效果而需有的商品形状或者使商品具有实质性价值的形状,注册商标专用权人无权禁止他人正当使用。商标注册人申请商标注册前,他人已经在同一种商品或者类似商品上先于商标注册人使用与注册商标相同或者近似并有一定影响的商标的,注册商标专用权人无权禁止该使用人在原使用范围内继续使用该商标,但可以要求其附加适当区别标识。另外在商标的显著性上亦有限制,在第二章中,我们根据商标显著性的强弱程度将商标分为臆造商标、任意性商标、暗示性商标三种,其中任意性商标如果明显缺乏显著性,在禁止效力上,就不能与臆造商标相提并论①。

▶ 3. 商标权保护的期限可以不断延续

知识产权的一大特征就在于其在权利保护的时间上是有期限的。《专利法》第 42 条规定,自申请日起,发明专利权的保护期限是 20 年,实用新型专利权的保护期限是 10 年,外观设计专利权的保护期限与实用新型专利权的保护期限相同。《著作权法》也规定著作财产权和发表权的保护期限为作者终生及其死亡后 50 年,截止于作者死后第 50 年的 12 月 31 日;如果是法人或者其他组织的作品,上述权利的保护期为 50 年,截止于作品第一次发表后第 50 年的 12 月 31 日。其后,这些专利或作品就进入了公共领域,公众对这些智力成果的使用无须在经过权利人许可,也无需向权利人支付报酬。当然《商标法》也规定了商标的保护期限,其第 39 条就规定,自核准注册之日起,注册商标的有效期为 10 年,超过有效期则不再享有商标权。可见商标权与专利权或著作权一样,也有权利保护的期限。但是不同于专利权或著作权的是,《商标法》在紧接的第 40 条中规定了商标权保护期限的续展,其规定注册商标有效期满,需要继续使用的,商标注册人应当在期满前 12 个月内按照规定办理续展手续;在此期间未能办理的,可以给予 6 个月的宽展期。每次续展注册的有效期为 10 年,自该商标上一届有效期满次日起计算。期满未办理续展手续的,注销其注册商标。这样,只要商标权人按照法律的规定不断延续注册商标的有效期,那么对其商标权的保护将具有了某种永续性,除非其主动地放弃续展的权利或者不符合续展的法定条件或期限,而被商标局驳回续展的申请。因此,相对于专利权或著作权,只要商标权得以不断续展,其保护期将永续下去②。

## 第二节 商标权的取得方式

知识产权一般都要经过法定程序方可取得,尤其是同属于工业产权的专利权和商标权。而商标权的取得有多种方式,一般来讲包括商标的原始取得和继受取得,其是以商标是否为取得商标权的人所创设为标准来划分的。

### 一、原始取得

原始取得指商标是由商标权取得人创设的,是商标权的第一次产生,其不依赖于他人已经存在的权利为其取得商标权的依据,是最初直接地取得商标权,因此又可以成为商标的直

① 参见刘春田主编:《知识产权法》,中国人民大学出版社,2014 年版,第 262 页。
② 参见关永宏主编:《知识产权法学》,华南理工大学出版社,2008 年版,第 21-22 页。

接取得①。而财产所有权的原始取得主要是生产、添附、孳息或罚没等方式,而商标权作为一项知识产权,其原始取得的方式不同于一般的财产权。商标权原始取得的方式可以根据商标权保护的历史发展和当今的法律的保护的实践,主要有使用取得方式、注册取得方式,以及折中适用前两种取得方式的混合取得方式。

### ▶ 1. 使用取得方式

使用取得方式是指商标只有通过真正的使用才能原始取得商标权。这种取得方式在商标权发生权属争议时,以在先使用为原则,即谁最先使用该商标,谁就享用商标权,并对后使用商标的人具有禁止其使用相同或相似商标的权利。使用取得商标权的方式,可以说是早期商标权取得的主流方式。在最早以法律形式保护商标的英美法系国家,商标权得以取得的唯一标准就是商标是否经过一定时间的应用,是否将商标用于商品或服务上。这样英美法系国家在相当长的时期内,实行的是使用取得商标权的体制。大陆法系国家早期也更倾向于采用使用取得的方式来确定商标权,而且其还在商标立法中通过注册方式来增强商标权的效力,使得商标权人在其权属发生争议时处于优势地位。1857 年的《法国商标法》就确立了这一制度,英国也在 1875 年的商标法中引入注册推定商标权的制度②。但注册推定商标权毕竟只是一种权属的推定制度,其只是让商标权趋于稳定,而商标权的取得仍然需要有效的使用才能获得。

本书在上一节商标权的特征中就提到,商标权产生的基础是可辨识的商业标识,故而商标的核心价值就在于标识商品或服务来源于不同的商主体。所以,商标只有通过在商品或服务上使用才能体现其价值所在,而商标权的使用取得方式恰恰体现了商标的这一本质内涵,其可以使真正使用商标的人取得商标权,更加符合事实,更体现法律的公平性。但是这一商标权取得方式有一个明显的缺陷就是如何在多个商标的使用人中确定谁是最先使用的人,这是一个本身就较为困难的事,其会给当事人造成巨大的举证困难和高昂的诉讼成本。因此其在商事交易相对简单,而且市场受地域限制较大的近代尚有其存在的时空基础,但随着商事交易的复杂化和市场的不断扩大,这一体制的缺陷将被放大。这样,商标的注册制度就应运而生,其早期通过注册来推定商标权的存在,从而增强商标稳定性,并最终发展成为一项商标权取得的方式来克服使用取得方式的种种缺陷。

### ▶ 2. 注册取得方式

注册取得方式是指商标只有通过申请注册才能原始取得商标权。这种取得方式在商标权发生权属争议时,以在先申请注册为原则,即谁最先申请注册该商标,谁就享用商标权。而且即使这一商标没有予以使用,仍然可以申请注册。一旦商标获准注册,商标权人不仅可以自己专有使用,也可以禁止他人使用该商标。如上文所言,作为商标权取得的一种方式,注册取得方式克服了使用取得的缺陷,因此进入现代后各国的商标立法逐渐向注册取得方式转变,上文提到的英国商标法和法国商标法在进入 20 世纪之后便先后确立了商标权注册取得方式,如 1905 年的英国商标法和 1964 年的法国商标法我们都可以看到这种趋势。随着时间的推移,更多国家的商标立法转向了注册取得方式,如 1971 年生效的荷兰、比利时、

---

① 参见刘春田主编:《知识产权法》,中国人民大学出版社,2014 年版,第 266 页。
② 参见王太平著:《商标法:原理与案例》,北京大学出版社,2015 年版,第 179 页。

卢森堡三国的《经济联盟统一商标法》也表现了这一世界潮流[①]。

商标权的注册取得方式之所以为现代各国商标法所采用就在于其高效与便捷,无须再确定谁是最先的使用人,因此大大降低确权的成本,更加符合商事活动高效快捷、利润最大化的本质要求。同时,商标权注册取得也吸收了上述使用取得中注册推定商标权的优势,使得商标权的稳定性更为牢固,从而避免了许多商标权属争议的发生。然而,注册取得方式也并非没有缺点,那就是商标的抢注,即未获许可,注册他人已经使用的商标的行为。注册取得方式的在先申请原则会给这种不正当竞争行为披上合法化的外衣,一旦在先的使用人没有及时提出商标的注册申请而被恶意抢注,其维权将会陷入困境,而且无法继续使用自己创设的商标,这不仅违背了商标在于联系商品或服务提供者的核心价值,也有失法律的公平原则。可见,不管是商标权的使用取得还是注册取得都有其各自的优势和不足之处,因此大多数国家的商标法虽然都趋于向注册取得方式转变,但是为了避免注册取得方式所诱发的道德风险,采取了折中适用两种取得方式的混合取得方式。

▶ 3. 混合取得方式

混合取得方式即在商标权的取得上折中适用使用取得方式与注册取得方式。从现行的大多数商标法来看,采取商标权的混合取得方式,多数是以商标的注册作为取得商标权的最主要方式,而为了防止恶意抢注等行为的发生,法律设置了在一定期限内,在先使用人可以提出异议,以保护自己在先权利。如我国《商标法》第4条明确规定:"自然人、法人或者其他组织在生产经营活动中,对其商品或者服务需要取得商标专用权的,应当向商标局申请商标注册。"同时,2019年新修订的《商标法》还在该条规定中加入了"不以使用为目的的恶意商标注册申请,应当予以驳回"的内容。同时《商标法》第32条规定:"申请商标注册不得损害他人现有的在先权利,也不得以不正当手段抢先注册他人已经使用并有一定影响的商标。"同时,《商标法》在第33条中给在先的使用人"自公告之日起三个月"的异议期。可见,上述规定在商标权取得的积极层面采用了注册取得方式,而在消极方面辅以使用取得方式来弥补注册取得商标权的不足。而《商标法》第31条规定,"两个或者两个以上的商标注册申请人,在同一种商品或者类似商品上,以相同或者近似的商标申请注册的,初步审定并公告申请在先的商标;同一天申请的,初步审定并公告使用在先的商标,驳回其他人的申请,不予公告",也体现了这一制度安排。当然,对于驰名商标,不仅可以注册取得商标权,使用也可以取得商标权。我国《商标法》第13条第2款规定:"就相同或者类似商品申请注册的商标是复制、摹仿或者翻译他人未在中国注册的驰名商标,容易导致混淆的,不予注册并禁止使用。"可见,驰名商标权人即使没有注册仍然可以通过使用取得商标权,只不过这种情况属于特殊情形,只是针对驰名商标而言。

## 二、继受取得

继受取得指商标不是商标权取得人创设的,其依赖于他人已经存在的权利为其取得商标权的依据,非最初直接的取得,因此又可以称为传来取得或间接取得。继受取得的主要方式有:

(1) 转让取得方式。我国《商标法》第42条规定转让注册商标的,转让人和受让人应当

---

① 参见王太平著:《商标法:原理与案例》,北京大学出版社,2015年版,第180页。

签订转让协议,并共同向商标局提出申请。经商标局核准后,受让人可以有偿或无偿取得商标权。

(2)转移取得方式。这种商标权的继受取得是指商标权因转让以外的其他原因而发生的转移,如自然人可以根据继承或遗赠取得被继承人的商标权,企业可以因兼并、合并、破产等事由的发生取得商标权[①]。

由于继受取得商标权的方式涉及商标权的行使和使用,本书将在后文做详细的讲解,所以在此就不再赘述。

## 第 三 节　　商标权保护期限和续展

知识产权的一大特点就是有保护时间的限制,如著作权的保护期限为作者终生及其死亡后 50 年,而发明专利权的保护期限是 20 年。同样商标权也有其保护的时间限制。但是正如本章第一节商标权的特征中总结的那样,因为存在商标权保护期的续展制度,所以商标权相较于著作权和专利权,其保护期具备了可以不断延续的特征。

### 一、商标权的保护期限

所谓商标权的保护期限是指商标注册的法律效力在时间上的限制。现当代各国的商标法中,德国、日本、英国等多数国家对商标权保护的期限均为 10 年。我国《商标法》第 39 条也明确规定注册商标的有效期为 10 年,与大多数国家的规定相同。但是这里要注意,商标权保护期限的起点是自核准注册之日起计算,而不是商标申请注册之日起计算,此处有别于同为工业产权的专利权的保护期限是自申请之日起计算。商标权的 10 年保护期类似于实用新型专利权和外观设计专利权的保护期限。但是规定商标权的保护期限的目的,却与二者不同:实用新型专利权和外观设计专利权的保护期限是为了专有使用相应的智力成果,待保护期届满,这些智力成果将进入公共领域;对商标权的保护在时间上给予限制,不只是因为其属于知识产权,具有知识产权有时间限制的一般特性,还在于其根本目的在于辨别商品或服务的来源,具有鲜明的商业价值。如果商标经使用丧失了这一功能,无法实现其根本目的,就没有必要对其继续保护。当然,如果商标经使用获得了这一功能,而且还具有的一定商誉,那么就应该对其继续保护下去,这样也就有了注册商标有效期的续展制度。

### 二、商标权保护期限的续展

所谓商标权保护期限的续展是指通过法定的程序来不断延续商标注册的法律效力,使商标权人继续使用这一商标,从而维护在消费者心目中对该商品或服务来源的持续辨识,并继续保持其商誉的稳定输出。我国《商标法》第 40 条则规定:"注册商标有效期满,需要继续使用的,商标注册人应当在期满前十二个月内按照规定办理续展手续;在此期间未能办理的,可以给予六个月的宽展期。每次续展注册的有效期为十年,自该商标上一届有效期满次日起计算。期满未办理续展手续的,注销其注册商标。商标局应当对续展注册的商标予

---

① 参见刘春田主编:《知识产权法》,中国人民大学出版社,2014 年版,第 267 页。

以公告。"而对于商标权保护期限的续展是一种新的权利的产生还是商标权自身的延长,形成了相对应两种理论定性,前者称之为"更新说",即商标权保护期限的续展是一种新生之权,由该商标权所引发的其他法律关系不一定会随着商标权保护期限的续展而更新;而后者被称为"延长说",认为商标权保护期限的续展就是商标权的延续,只要是该商标权所引发的所有法律关系,亦应一并延长。从理论上讲,相对于"更新说","延长说"更为合理,因为申请续展时,无须申报指定商品,也无须附商标的图样[1]。

## 典型案例

### 某矿业股份有限公司不服《商标续展申请不予核准通知书》提起行政复议案[2]

复议申请人某矿业股份有限公司就其持有的某注册商标(以下称涉案商标)向复议被申请人原国家工商行政管理总局商标局提交商标续展注册申请书。复议被申请人经审查,作出《商标续展申请不予核准通知书》,理由为"该商标因连续三年不使用已经被撤销"。复议申请人不服该决定,向商标局申请行政复议。经查,涉案商标于 2005 年 5 月 16 日申请注册,专用权期限自 2009 年 1 月 21 日至 2019 年 1 月 20 日。2013 年 6 月 14 日,某集团有限公司就涉案商标向复议被申请人提出撤销连续三年不使用注册商标的申请。2013 年 8 月 29 日,复议被申请人向本案复议申请人发出提供使用证据通知。在法定期限内,复议申请人未提交使用证据材料。2014 年 4 月 11 日,复议被申请人作出撤销"关于某注册商标连续三年停止使用撤销申请的决定"并邮寄送达复议申请人。复议申请人在复审期限内未申请复审,该撤销决定生效。此后,复议被申请人在 2014 年 12 月 27 日第 1437 期《商标公告》上刊登了涉案商标的撤销公告。本案经复议审理后决定维持复议被申请人作出的《商标续展申请不予核准通知书》,复议申请人未就复议决定提起行政诉讼。

**案例评析**

《商标法》第 40 条规定"注册商标有效期满,需要继续使用的,商标注册人应当在期满前十二个月内按照规定办理续展手续;在此期间未能办理的,可以给予六个月的宽展期。每次续展注册的有效期为十年,自该商标上一届有效期满次日起计算。期满未办理续展手续的,注销其注册商标。"依照该规定,申请办理续展的商标应当为已注册商标,未核准注册或者虽已注册但又被宣告无效或被撤销注册的商标已非注册商标,不再予以续展注册。就本案而言,涉案商标已被撤销,申请人的商标权已自 2014 年 12 月 27 日终止。申请人于 2018 年 4 月 12 日提出续展申请,涉案商标已非注册商标,被申请人作出续展申请不予核准决定符合法律规定,并无不妥。所以,依照我国《商标法》的相关规定,注册商标的有效期为十年,有效期届满,需要继续使用该注册商标的,应当办理续展手续。办理续展的前提是该商标的注册仍然有效。

---

① 参见胡开忠著:《商标法学教程》,中国人民大学出版社 2008 年版,第 119 页。
② 本案例根据国家知识产权局商标局"商标评审"中公布的"案例评析"所改编。参见 http://spw.sbj.cnipa.gov.cn/alpx/201910/t20191021_307499.html,2019-10-21。

## 典型案例

# 南昌硬质合金有限责任公司不服商标局续展申请不予核准决定提起行政复议案①

复议申请人南昌硬质合金有限责任公司委托江西华夏商标事务所有限公司于2015年12月14日向复议被申请人商标局提交第221081号"滕王阁及图"商标(以下称涉案商标)的续展申请。复议被申请人经审查认为,商标档案中记载涉案商标注册人为南昌硬质合金厂。因此,2016年11月24日,复议被申请人以"申请人名称和我局档案中登记的注册人名称不符,如属注册号填写错误,请重新提交申请"为由,对申请人的涉案商标续展申请作出不予核准决定。2017年2月8日,复议申请人向商标局提出行政复议,其主张复议被申请人已于2003年10月30日核准了其注册人名义变更,注册人名义由南昌硬质合金厂变更为南昌硬质合金有限责任公司,且复议被申请人已于2006年7月2日核准过涉案商标的续展申请,并提交了相应的续展核准证明。经查明,符合实际情况,因此,复议被申请人本次作出的续展不予核准决定明显存在违法。

但是另经查明,涉案商标第一次续展的有效期到2005年2月26日截止,而复议申请人提交的第二次核准续展的证明有效期自2006年7月2日开始,前后时间不接续。在商标信息管理系统中和复议被申请人的档案里均没有复议申请人于2006年提交过续展申请的证据,复议申请人亦提交不出其他可以证明当时其提交过续展申请的证据。根据以上情况,无证据表明复议申请人在2006年向复议被申请人提交过续展申请。因此,涉案商标自2005年2月26日有效期届满后,因期满未续展,已经无效。对于无效商标,复议被申请人无法进行续展。故复议被申请人应以"无效商标无法进行续展"为由对涉案商标续展申请作出不予核准的决定。因此,商标局考虑到复议被申请人作出的不予核准续展申请决定结论正确,仅不予核准的理由存在瑕疵,该瑕疵并未对复议申请人的权利义务产生实质影响。因此,商标局于2017年3月29日变更了复议被申请人作出的具体行政行为,将涉案商标续展申请不予核准的理由变更为"涉案商标为无效商标,无法进行续展"。

### 案例评析

该典型案例与上一典型案例类似,都是因为商标的无效导致商标权保护期限无法续展。但是两者不同的是,上例案件中,商标的无效是基于商标被撤销而导致的商标无效,而本案例的商标无效,恰恰是不符合《商标法》第40条对商标权保护期限续展的规定。商标注册人应当在期满前十二个月内按照规定办理续展手续;在此期间未能办理的,可以给予六个月的宽展期。期满未办理续展手续的,注销其注册商标。就本案而言,涉案商标自2005年2月26日有效期届满后,因期满未续展,已经无效,无效的商标无法续展。

---

① 本案例根据国家知识产权局商标局"商标评审"中公布的"案例评析"所改编。参见 http://spw.sbj.cnipa.gov.cn/alpx/201810/t20181031_276594.html,2018-10-31。

# 第四节　商标权的许可

商标权人许可他人使用其注册商标是国际通用的一项法律制度。通过注册商标的许可使用,商标权人可以取得注册商标许可使用费,而被许可人则可以使用该注册商标,并通过利用该注册商标打开自身商品或服务的市场,从而获取更多的收益。因此,这种双赢的局面使得商标权的许可成为现代商标法中重要制度之一。

## 一、商标权许可的概念

商标权许可是指商标权人在不转让注册商标所有权的前提下,通过签订注册商标许可使用合同,准许他人使用其注册商标的行为,其是商标权行使的重要方式之一[①]。我国《商标法》第43条规定:"商标注册人可以通过签订商标使用许可合同,许可他人使用其注册商标。"这里的商标注册人即商标权人,亦为商标权许可使用的许可人,取得注册商标使用权能的人则为被许可人。商标权的许可使用在早期被一些国家法律所禁止,后来法律准许了商标权的许可使用,但是仍然要求被许可人要保证其商品或服务的质量,商标权许可使用人也要承担监督的责任,这也是为了保护消费者的利益。如我国《商标法》第43条就规定:"许可人应当监督被许可人使用其注册商标的商品质量。被许可人应当保证使用该注册商标的商品质量。"同时,根据我国最高人民法院于2002年10月12日公布的《关于审理商标民事纠纷案件适用法律若干问题的解释》(以下简称《商标纠纷解释》)第3条的规定,商标权许可的有三种类型,即独占使用许可、排他使用许可与普通使用许可。

## 二、商标权许可的类型

▶ 1. 独占使用许可

根据《商标纠纷解释》第3条的定义,独占使用许可是指商标权人在约定的期间、地域和以约定的方式,将该注册商标仅许可一个被许可人使用,商标权人依约定不得使用该注册商标的一种许可使用的类型。在独占使用许可中,被许可人不仅可以专有使用该注册商标,而且可以禁止他人使用该注册商标,其禁止的效力范围等同于商标权人的效力范围。如果他人实施了侵犯商标权的行为,独占使用许可中的被许可人因独家使用注册商标,他人的侵权行为直接侵害了其利益,因此其依法可以作为原告向人民法院提起诉讼,要求对方停止侵权并赔偿损失。

▶ 2. 排他使用许可

根据《商标纠纷解释》第3条的定义,排他使用许可是指商标权人在约定的期间、地域和以约定的方式,将该注册商标仅许可一个被许可人使用,商标权人依约定可以使用该注册商标但不得另行许可他人使用该注册商标的一种许可使用的类型。在排他使用许可中,商标权人和被许可人都能够使用该注册商标,如果他人实施了侵犯商标权的行为,商标权人和被许可人可以作为共同原告向人民法院提起诉讼,要求对方停止侵权并赔偿损失。如果商标权人因某种原因未向人民法院提起诉讼,则排他使用许可人可以自行向人民法院提起诉讼。

▶ 3. 普通使用许可

根据《商标纠纷解释》第3条的定义,普通使用许可是指商标权人在约定的期间、地域和

---

① 参见王莲峰主编:《商标法》,清华大学出版社,2008年版,第94页。

以约定的方式,许可他人使用其注册商标,并可自行使用该注册商标和许可他人使用其注册商标的一种许可使用的类型。在普通使用许可中,商标权人和被许可人都能够使用该注册商标,如果他人实施了侵犯商标权的行为,普通许可被许可人经商标权人授权,可以作为原告向人民法院提起诉讼,要求对方停止侵权并赔偿损失。

### 三、商标权许可使用合同的备案

我国《商标法》及相关规定明确要求商标权人许可他人使用其注册商标的,自使用许可合同签订之日起 3 个月内,许可人应当将许可合同副本报送商标局备案,并由商标局公告。商标局对上报合同进行审查,符合规定的,予以备案,并刊登在《商标公告》上①。但是在现实的商事交易和民事活动中,存在着一些商标使用许可合同不备案的情况,但是这并不影响该许可合同的生效,除非当事人另有约定。不过《商标法》第 43 条同时也明确规定,商标使用许可未经备案不得对抗善意第三人。这里的善意第三人是指商标权许可使用合同当事人之外的第三人,其与商标权人就涉及该注册商标进行交易,对该注册商标使用许可未备案并不知情的人。如在先的注册商标使用许可合同双方当事人约定了独占使用许可,但没有报商标局备案,在后订立的商标使用许可合同的被许可人对前个合同并不知情,即为善意第三人。而在这样的情况下,在先的被许可人不得因自己是独占被许可人而请求确认在后的被许可人的合同无效,其立法的目的在于,保证善意第三人的交易安全,从而促进社会商事交易的繁荣。而对于需要备案的商标权许可使用合同的内容,商标局颁布的《商标使用许可合同备案办法》第 6 条中就规定,商标权使用许可合同至少应该包括许可使用的商标及其注册证号、许可使用的商品范围、许可使用的期限、许可使用商标的标识提供方式、许可人对被许可人使用其注册商标的商品质量进行监督的条款,以及在使用许可人注册商标的商品上标明被许可人的名称和商品产地的条款等②。

## 典型案例

### 贵州省仁怀市茅台镇贵宾酒厂、吉林贵宾酒业有限公司侵害商标权纠纷二审案③

上诉人(原审被告)贵州省仁怀市茅台镇贵宾酒厂(简称仁怀贵宾酒厂)与被上诉人(原审原告)吉林贵宾酒业有限公司(简称吉林贵宾酒业)、原审被告白银正柱文化商贸有限公司(简称白银正柱商贸公司)侵害商标权纠纷及不正当竞争纠纷一案,不服贵州省遵义市中级人民法院(2019)黔 03 民初 687 号民事判决,向贵州省高级人民法院提起上诉。

本案中,上诉人仁怀贵宾酒厂主张被上诉人吉林贵宾酒业只是涉案"贵宾""贵宾宴""蓝色贵宾"等注册商标的普通许可使用人,并非商标注册人,不具有诉讼主体资格。因此,争议的焦点之一就是吉林贵宾酒业作为涉案系列商标的普通许可使用人是否为本案适格原告。

① 参见吴汉东主编:《知识产权法》,北京大学出版社,2011 年版,第 275 页。
② 参见王太平著:《商标法:原理与案例》,北京大学出版社,2015 年版,第 215 页。
③ 本案例根据"贵州省仁怀市茅台镇贵宾酒厂、吉林贵宾酒业有限公司侵害商标权纠纷二审民事判决书"〔(2020)黔民终 448 号〕所改编。参见 https://wenshu.court.gov.cn/website/wenshu/181107ANFZ0BXSK4/index.html? docId=f290bbff0915459c8defac2b0163de0c,2020-09-04。

对此,贵州省高级人民法院经审查认为,系列涉案注册商标的注册权利人为案外人王暖波,其不仅与被上诉人签订了《商标普通许可使用及授权书》,许可被上诉人使用涉案商标,还授权了被上诉人以其自己名义代表王暖波维护知识产权等合法权益,包括对任何侵害王暖波名下注册商标专用权、专利权的行为,向相关司法机关起诉、申诉的权利等。因此,被上诉人具备本案的诉讼主体资格,有权以自己名义对侵犯上述商标专用权的行为提起诉讼并要求被控侵权人承担相应的民事责任。上诉人主张被上诉人吉林贵宾酒业作为一审原告主体不适格于法无据,不予支持。

**案例评析**

《最高人民法院关于审理商标民事纠纷案件适用法律若干问题的解释》第 4 条第 2 款规定,在发生注册商标专用权被侵害时,独占使用许可合同的被许可人可以向人民法院提起诉讼;排他使用许可合同的被许可人可以和商标注册人共同起诉,也可以在商标注册人不起诉的情况下,自行提起诉讼;普通使用许可合同的被许可人经商标注册人明确授权,可以提起诉讼。

本案中,商标注册权利人王暖波与吉林贵宾酒业签订的商标许可使用合同类型即为普通使用许可,作为普通许可使用人,原审原告吉林贵宾酒业是因为已获得注册商标权利人明确提起诉讼权利的授权,有权以自己名义对侵犯上述注册商标专用权的行为提起诉讼。

这说明三种不同类型的商标使用许可之下,被许可人享有的诉讼权利不同。普通使用许可合同的被许可人对于未经许可使用注册商标的侵权行为,在没有商标注册人明确授权的情况下不享有禁止权,只有在取得了商标注册人明确授权的情况下,才具备提起诉讼的主体资格。

**典型案例**

## 晶华宝岛(北京)眼镜有限公司与汕头市龙湖区宝广眼镜店侵害商标权纠纷一审案①

原告晶华宝岛(北京)眼镜有限公司与被告汕头市龙湖区宝广眼镜店侵害商标权纠纷一案,诉至广东省汕头市龙湖区人民法院。

本案中,被告汕头市龙湖区宝广眼镜店辩称,原告经国家商标局备案登记的授权期限已于立案前届满,虽原告当庭补充提交了授权书,但该授权书未经国家商标局备案,故原告主体不适格,不具有提起本案诉讼的合法权利,其诉讼依法应予驳回。因此,争议的焦点之一就是原告主体是否适格。

对此,广东省汕头市龙湖区人民法院经审查认为,案外人谘询公司依法受让及注册涉案"宝岛"系列商标,并将上述商标许可原告独占使用,原告对上述商标享有的权利应依法予以保护。被告以经备案登记的授权期限已届满、原告当庭提交的延长使用期限《商标许可合

① 本案例根据"晶华宝岛(北京)眼镜有限公司与汕头市龙湖区宝广眼镜店侵害商标权纠纷一案民事一审判决书"[(2020)粤 0507 民初 162 号]所改编。参见 https://wenshu.court.gov.cn/website/wenshu/181107ANFZ0BXSK4/index.html? docId=f4d6578e4b454754957dac1800613f4e,2020-08-17。

同》未经国家商标局备案登记为由,主张原告主体不适格。根据《商标法》第 43 条关于商标使用许可未经备案不得对抗善意第三人的规定,未经备案登记的法律后果是不得对抗善意第三人,且谘询公司首次授权原告独占使用已向国家商标局进行了备案登记,根据《授权书》及《商标许可合同》的内容,原告是涉案商标的独占使用被许可人的事实可以确认,有权以自己的名义针对侵权行为提起诉讼,即原告主体适格。

**案例评析**

《最高人民法院关于审理商标民事纠纷案件适用法律若干问题的解释》第 4 条第 2 款规定:"在发生注册商标专用权被侵害时,独占使用许可合同的被许可人可以向人民法院提起诉讼;排他使用许可合同的被许可人可以和商标注册人共同起诉,也可以在商标注册人不起诉的情况下,自行提起诉讼;普通使用许可合同的被许可人经商标注册人明确授权,可以提起诉讼。"

本案中,根据《授权书》及《商标许可合同》的内容,原告是涉案商标的独占许可使用人,这就决定了其有权以自己的名义针对侵权行为提起诉讼,不再需要商标注册人的其他授权。这说明三种不同类型的商标使用许可之下,被许可人享有的诉讼权利不同。独占使用许可合同的被许可人对于未经许可使用注册商标的侵权行为,可以直接以自己的名义针对侵权行为提起诉讼。同时,该独占使用许可授权未经国家商标局备案登记的法律后果是不得对抗善意第三人,其不影响独占使用许可合同的效力,也不是判断被许可人是否享有诉权的依据。

## 典型案例

### 泉州羽小贝卫生用品有限公司、晋江市百川卫生用品有限公司商标使用许可合同纠纷二审案[①]

上诉人(原审被告)泉州羽小贝卫生用品有限公司(以下简称羽小贝公司)因与被上诉人(原审原告)晋江市百川卫生用品有限公司(以下简称百川公司)商标使用权许可合同纠纷一案,不服泉州市中级人民法院(2019)闽 05 民初 177 号民事判决,向福建省高级人民法院提起上诉。

本案一审中,原告百川公司主张其与被告羽小贝公司长期共同合作,羽小贝公司与百川公司签订了《许可协议》,授权百川公司使用羽小贝公司注册的"羽小贝"商标,授权形式为独占许可。此后羽小贝公司又授权他人使用涉案系列商标,百川公司因此诉请判令羽小贝公司停止违约行为,不得擅自制造、销售或者授权许可第三方制造、销售第 20442472 号"羽小贝"注册商标的商品。一审泉州市中级人民法院支持了百川公司的该项诉讼请求。

羽小贝公司提起上诉,主张其与被上诉人百川公司签订的《许可协议》未经商标局备案,违反了法律法规的强制性规定,应认定为无效协议。根据羽小贝公司的上诉理由,结合一审判决内容,二审的争议焦点在于涉案《许可合同》是否有效。

---

① 本案例根据"泉州羽小贝卫生用品有限公司、晋江市百川卫生用品有限公司商标使用许可合同纠纷二审民事判决书"[(2020)闽民终 156 号]所改编。参见 https://wenshu. court. gov. cn/website/wenshu/181107ANFZ0BXSK4/index. html? docId=f290bbff0915459c8defac2b0163de0c,2020-06-30。

对此,福建省高级人民法院经审查认为,羽小贝公司的上诉请求不能成立,应予驳回;一审判决认定事实清楚,适用法律正确,应予维持。

**案例评析**

通过本案容易看出,将商标以独占许可形式授权给他人使用后,即使是商标注册人也不再享有商标使用权,擅自使用的,构成对商标独占许可使用合同的违约,应承担违约责任。

同时,《最高人民法院关于审理商标民事纠纷案件适用法律若干问题的解释》第 19 条第 1 款规定:商标使用许可合同未经备案的,不影响该许可合同的效力,但当事人另有约定的除外。因此,本案中,羽小贝公司关于涉案《许可协议》未经商标局备案,应当认定为无效协议的主张不能成立。

## 典型案例

### 懒鳄公司与卡帝乐公司等商标使用许可合同纠纷一审案[①]

上海懒鳄文化用品有限公司(以下简称懒鳄公司)与被告卡帝乐鳄鱼私人有限公司(以下简称卡帝乐公司)签订《授权协议》,约定卡帝乐公司将其享有专用权的"卡帝乐鳄鱼"商标授权懒鳄公司使用,懒鳄公司使用商标时应提供样品。期间双方还就增加销售渠道、提高许可使用费等达成补充约定。开始时双方合作尚属顺利,对于懒鳄公司有时不提供样品即生产、销售的行为,卡帝乐公司也未追究。后双方合作产生不快,卡帝乐公司向懒鳄公司寄送《终止函》,称因懒鳄公司未预先告知产品详情,未提供样品即径行生产销售,构成违约,故通知其终止授权协议。懒鳄公司则认为,卡帝乐公司因自身业务调整,在未行催告的情况下,恶意解约,《终止函》应属无效。现《授权协议》自然届满,但由于卡帝乐公司以协议提前解除为由多次向相关部门投诉,致懒鳄公司库存产品无法销售,故诉至法院,要求确认《终止函》无效,并赔偿其经济损失 122 余万元等。审理中,卡帝乐公司提出,除《终止函》载明的情形外,懒鳄公司还存在未按约定使用授权商标、超范围授权第三方生产等违约行为。

法院经审理认为,虽然授权协议中明确了懒鳄公司在生产、销售之前提供样品的义务,但相关事实证明,卡帝乐公司先前就曾经知悉懒鳄公司未提供样品即生产销售的行为,却从未提出异议或给予警告,相反,合同期间还进一步扩大了对懒鳄公司的授权范围,这表明了卡帝乐公司具有继续履行协议的意愿。卡帝乐公司对于被授权方先前不提供样品的行为不予追究,可以被推定为其默许了被授权方的做法。卡帝乐公司如果想要重拾合同中的要求,就应该将这一意愿告知被授权方,要求被授权方改正,而不能突然"板起面孔",现卡帝乐公司未经催告而径行发出《终止函》,损害了被授权方对于合同的合理期待,有违诚信履约之原则,故法院确认《终止函》无效。关于懒鳄公司库存损失部分的责任承担问题,法院认为,一方面卡帝乐公司擅自解除合同致懒鳄公司无法继续履行协议,发生库存损失;另一方面懒鳄公司亦存在拆分或变化商标标识形态的使用情况,上述不规范使用商标的情形本身也是违约,导致了回购库存或延展期继续销售的可能性受阻,库存产品的价值受损。法院考虑到卡帝乐公司作为商标许可人亦负有商品质量监督责任,商标授权协议中有关标识的图样和

---

① 本案例根据"懒鳄公司与卡帝乐公司等商标使用许可合同纠纷一审民事判决书"[(2018)沪 0107 民初 12824 号]所改编。参见 https://www.iphouse.cn/cases/detail/n75pogmv2x8yjq5vognjd9q10k3z4ewr.html,2020-04-22。

文字表述存在混乱不一致,卡帝乐公司有权查检许可商标的实际使用情况,但从未提出相关要求,法院认定其对懒鳄公司不当使用商标行为亦应承担一定责任。法院综合考量商标许可合同的履行状况、双方过错程度等,酌定双方各自承担 50% 的责任,故判决确认《终止函》无效,卡帝乐公司赔偿懒鳄公司经济损失 40 万元。

### 案例评析

商标许可使用是商标专用权人实现商标价值,以轻资产方式扩张市场占有率的主要方式。作为许可关系的双方均有诚信履约的义务。诚信履约不仅仅体现在严格按照合同条款履行,也体现在一方对于违约行为不追究之后,如果想要重新严格要求时,必须提前通知对方,让对方知晓改正。商标许可合同签订后,许可人应当监督被许可人使用其注册商标的商品质量及商标使用状况,明确具体授权商标的核定使用类别和标识图样,避免引发歧义。许可人可通过样品提供或抽检方式及时发现问题,被许可人则应当保证使用该注册商标的商品质量,并规范使用商标标识,不得擅自改变或拆分标识,扩大使用类别,以避免发生合同履行争议。

## 典型案例

## 六零远东有限公司与佛山星期六鞋业股份有限公司商标使用许可合同纠纷案①

六零共同股份公司与佛山星期六鞋业股份有限公司(以下简称星期六公司)签订《许可合同》,约定六零共同股份公司许可星期六公司在鞋类商品上使用"KILLAH"商标。该合同已履行完毕。在《许可合同》许可期限届满前,六零远东有限公司(以下简称六零远东公司)与星期六公司签订《再许可合同》(以下称涉案合同),由六零远东公司许可星期六公司在《许可合同》期满后继续在鞋类商品上使用"KILLAH"商标。在涉案合同履行过程中,因星期六公司未按合同约定支付商标许可使用费,六零远东公司向法院提起诉讼,请求解除合同,星期六公司支付商标许可使用费及利息。星期六公司辩称,六零远东公司不是涉案商标的权利人,未向其出具商标权人的商标授权文件,涉案合同成立但不生效;六零远东公司未向其提供许可使用"KILLAH"商标授权的文件,导致其无法进驻商场销售使用"KILLAH"商标的产品,六零远东公司无权要求其支付商标许可使用费。星期六公司还提起反诉,请求六零远东公司向其赔偿因无法销售使用"KILLAH"商标的鞋子的损失。六零远东公司辩称其已依约许可星期六公司使用"KILLAH"商标。

佛山中院经审理后认为,由于涉案合同并未约定合同以六零远东公司向星期六公司提供"KILLAH"商标授权文件为生效条件,而提供商标授权文件也不是法律规定的商标许可合同生效的条件,故星期六公司以六零远东公司未向其提供相关商标授权文件为由主张涉案合同未生效缺乏依据。在签订涉案合同后,星期六公司即可使用"KILLAH"商标,提供商标授权文件并非双方直接在合同中约定的合同义务,双方在涉案合同之前所签订的《许可合同》也未对此作出约定,当时该合同的许可方六零共同股份公司也是在合同开始履行近 3 年后才向星期六公司提供商标许可授权文件,双方在该合同履行过程中并未出现争议,这表明双方并不存在签订合同后应立即提供商标许可使用文件的商业习惯,也表明星期六公司是否取得商标授权文件并不影响其使用"KILLAH"商标。同时,本案证据显示,星期六公司在签订涉案合同前已被知悉商标权人已授权六零远东公司许可星期六公司使用"KILLAH"商标,在商标权人发生变更的情况下,六零远东公司已及时向星期六公司提供变更后商标权人出具的授权文件,证明其对星期六公司的商标许可有效。六零远东公司提交的证据还显示,星期六公司持续地销售使用"KILLAH"商标的鞋子,并不存在无法使用"KILLAH"商标或无法销售使用"KILLAH"商标的鞋子的情形。星期六公司在六零远东公司多次催收商标许可使用费的情况下一直未主动提出要求六零远东公司提供商标授权文件,也反映了星期六公司拒绝支付商标许可使用费的原因并不是未取得商标授权文件。综上,六零远东公司已履行其合同义务,星期六公司以六零远东公司未提供商标许可使用授权文件导致其无法使用"KILLAH"商标为由拒绝支付商标许可使用费缺乏依据。星期六公司未按合同约定支付商标许可使用费,构成违约,佛山中院遂判决解除合同,星期六公司向六零远东公司支付所欠的商标许可使用费,并支付相应的利息,同时驳回星期六公司的反诉请求。一审判决作出后,双方均未上诉。

### 案例评析

在商标许可合同未约定以提供商标授权文件为生效条件的情况下,合同不因许可方未向被许可方提供商标授权文件而不生效。在合同中未约定许可方应当提供商标授权文件的情况下,如果被许可方在商标许可使用期间开始后一直实际使用被许可商标,且在被许可方向许可方提出要求提供商标授权文件的请求后,许可方已及时提供商标授权文件的,被许可方以许可方未提供商标授权文件为由主张许可方违约的,不应予以支持。

# 第五节　商标权的转让

商标权的转让是商标权的一项重要内容,是商标权人行使其处分权能的直接表现形式。商标权转让的实质是变更商标权的主体,商标权人通过签订书面合同,以及依法履行转让手续后,将商标权转让给他人,原商标权人可以获得注册商标转让费,而对方则可获得该注册商标。商标权转让与商标权许可一样,是现代商标法中一项重要的商标权行使制度。

## 一、商标权转让的概念

商标权转让是指商标权人依法将商标权转让给他人的行为[①]。商标权转让通常要通过签订合同,并履行相应的法定程序后,这一转让行为才能具备法律效力。我国《商标法》第 42 条规定:"转让注册商标的,转让人和受让人应当签订转让协议,并共同向商标局提出申请。"这里的转让人即商标权人,取得注册商标的人即为受让人。在早期的商标法中,注册商标不能与其所属的企业分离而单独转让,即在转让注册商标时必须与使用该注册商标的企

---

[①] 参见王太平著:《商标法:原理与案例》,北京大学出版社,2015 年版,第 213 页。

业一并转让,而不能只转让该注册商标。因为在当时看来,商标作为区别商品或服务不同来源的商业标识,其与使用该商标的企业的商誉紧密相连,如果注册商标与其所属的企业分离而单独转让时,会导致消费者的误认,并且可能会致使应用该商标的商品或服务质量下降。但是,当代的商标法除了诸如美国、瑞典等少数国家外,大多数国家的商标法准许商标与其所属企业分离而单独转让[①]。因为在更多的情况下商标权是被看作无形财产的,是完全可以与企业相分离而单独转让的。不过为了保护消费者的权益,许多国家的商标法亦规定,在商标权人单独转让注册商标的情况下,受让人应当保证使用该注册商标的商品或服务的质量。我国《商标法》第42条就规定:“受让人应当保证使用该注册商标的商品质量。”

## 二、商标转让的程序

如上文所述,商标权的转让通常要通过签订合同,并履行相应的法定程序后,这一转让行为才能具备法律效力。根据我国《商标法》及相关的规定,商标权的转让程序主要有:

(1)签订转让协议。转让注册商标,应由商标权人和受让人就转让的各项事宜达成合意,并签订商标权转让协议。同时双方应当共同向商标局交送《转让注册商标申请书》一份,附送原《注册商标证》,并交纳申请费和注册费。一般情况下,具体的申请手续由受让人来办理。

(2)商标局进行审查。商标局会审查转让注册商标的申请手续是否完备,转让的注册商标与使用的商品是否与原核准的注册商标以及核定的商品一致,双方使用的商品质量是否一致,是否交纳了相关费用等。通过审查后,商标局认为符合商标法规定的,予以核准,发给受让人相应证明,并予以公告,受让人自公告之日起享有商标权,而对不符合规定的转让注册商标申请予以驳回。

(3)对驳回申请可复审。申请人对商标局驳回其注册商标转让申请不服的,可在收到驳回通知之日起15天内,提交《驳回转让复审申请书》一份,向商标评审委员会申请复审,同时附送原《转让注册商标申请书》,由商标评审委员会作出裁定[②]。

## 三、商标权转让的限制

我国《商标法》对商标权的转让也作了一些限制性规定,主要表现在以下几个方面:

(1)在同一种或类似商品上注册的相同或近似的商标不得分开转让。《商标法》第42条规定:“转让注册商标的,商标注册人对其在同一种商品上注册的近似的商标,或者在类似商品上注册的相同或者近似的商标,应当一并转让。对容易导致混淆或者有其他不良影响的转让,商标局不予核准,书面通知申请人并说明理由。”这一限制主要是为了保护消费者的权益,如果对相同或类似的商品或服务上注册的相同或类似的商标分开转让,就会导致两个以上的主体在相同或类似商品上使用相同或类似商标的情况,从而引起消费者的误认,因此我国《商标法实施条例》第31条亦做了细化的规定:“转让注册商标的,商标注册人对其在同一种或类似商品上注册的相同或者近似的商标,应当一并转让;未一并转让的,由商标局通知其限期改正;期满不改正的,视为放弃转让该注册商标的申请,商标局应当书面通知申请人。对可能产生误认、混淆或者其他不良影响的转让注册商标申请,商标局不予核准,

---

① 参见王莲峰主编:《商标法》,清华大学出版社,2008年版,第98页。
② 参见吴汉东主编:《知识产权法》,北京大学出版社,2011年版,第277页。

书面通知申请人并说明理由。"

（2）受让人必须保证使用该注册商标的商品或者服务的质量。《商标法》第42条就规定："受让人应当保证使用该注册商标的商品质量。"与上一限制的职能相似,受让人必须保证使用该注册商标的商品或者服务的质量还是为了保护消费者的权益,毕竟注册商标是与其所属的企业的商誉密切关联的,具有标志商品或者服务质量的作用,对消费者而言具有重要的指导作用。因此,注册商标的受让人应当保证使用该注册商标的商品或者服务的质量,这也是当代商标法可以单独转让的必然要求①。

（3）商标权的转让须经过法定程序才能发生法律效力。《商标法》第42条就规定："转让注册商标的,转让人和受让人应当签订转让协议,并共同向商标局提出申请","转让注册商标经核准后,予以公告。受让人自公告之日起享有商标专用权。"本节第二部分内容就是商标权转让的法定程序,只要履行完上述程序才能取得注册商标权的所有权。不过这里需要注意的是,如果没有履行上述的法定程序,只是导致了注册商标权所有权没有发生转移,并不会影响商标权的转让协议的效力。商标权的转让类似于物权的变动,而商标权的转让合同是一种双方法律行为,是一种债的关系,二者是不同的概念,因此,商标所有权的转移的成功与否并不影响当事人按照商标权转让协议的约定行使和承担相应的权利和义务②。

## 典型案例

### 毛宏源与云南卓奇商标代理有限公司等侵害商标权纠纷一审③

原告毛宏源与被告北京完美风豹体育文化发展有限公司（简称完美风豹公司）、云南卓奇商标代理有限公司（简称云南卓奇公司）商标权转让合同纠纷一案,原告毛宏源请求法院确认完美风豹公司与云南卓奇公司转让第19331821号"雪山之王"注册商标和第19331809号"FUNPARK"注册商标行为无效,完美风豹公司将这两项商标转让至毛宏源名下并承担相应费用。被告完美风豹公司辩称:其一,涉案商标的转让是完美风豹公司与毛宏源达成的合意,转让行为合法有效,因公司尚未注册,迫切需要品牌保护,所以先让毛宏源代为注册涉案商标,双方约定了待公司注册后将商标转回公司名下;其二,商标注册时,毛宏源即同意以网页艺术签名代替本人实际签名的形式进行注册,实际上是对涉案商标转让行为的认可。被告云南卓奇公司辩称,云南卓奇公司只是委托办理商标注册及转让事宜,该诉讼与云南卓奇公司无关。双方都依法提供了相关证据,涉及对转让商标权的微信聊天记录、公证书、当事人陈述、证人柴某的出庭陈述等,其中微信聊天记录为两份:在车月与柴某的聊天记录显示,车月委托柴某以毛宏源的名义申请"雪山之王"和"FUNPARK"商标,后续再将商标转让给完美风豹公司;在完美风豹北京办公室微信群聊中,车月于2016年6月表示:"开始以老毛的名义注册,是因为公司还没有注册下来,但雪山之王的活动又要马上推广而来,迫切需要保护品牌,所以先注册给老毛。现在有公司了,公司与公司签约活动,对方看的都

---

① 参见胡开忠著:《商标法学教程》,中国人民大学出版社,2008年版,第119页。
② 参见王太平著:《商标法:原理与案例》,北京大学出版社,2015年版,第214页。
③ 本案例根据"毛宏源与云南卓奇商标代理有限公司等侵害商标权纠纷一审民事判决书"[(2019)京0105民初24006号]所改编。参见 https://wenshu.court.gov.cn/website/wenshu/181107ANFZ0BXSK4/index.html? docId=888064784f4f4ca9aebeac0f000b3aab,2020-08-06。

是品牌属于公司与否,所以这次再注册到公司这里。这里说明一下。"之后车月说明了一下财务原则,毛宏源表示支持。法院经审查认为完美风豹公司未经毛宏源允许使用网站设计的签名而为商标转让行为,具有过错;有一份微信聊天记录毛宏源本人未参与,另一份则是对财务原则的认可,不涉及对转让商标的认可,不能证明毛宏源对转让行为的认可,依据《中华人民共和国民法总则》第 143 条、《商标法》第 42 条,判决被告完美风豹公司与云南卓奇公司的商标转让行为无效,支持原告毛宏源的部分诉讼请求。

### 案例评析

本案中完美风豹公司与毛宏源口头达成商标权转让协议,依据《商标法》第 42 条规定,转让注册商标的,转让人和受让人应当签订转让协议,并共同向商标局提出申请。虽然商标法规定转让人和受让人应当签订转让协议,但法律并未明确规定转让协议的形式必须为书面形式,因此只要双方达成转让的合意,并且意思表示真实,便可认定该转让行为有效,但口头合意达成的商标权转让协议无法保证真实性。同时完美风豹公司未经毛宏源许可,使用其网站设计的签名来代替签订转让协议是不合法的,云南卓奇作为商标代理机构,未尽到审核义务,应当承担连带赔偿责任。因此,对于商标权的转让,应严格按照法定程序,才能达成具有合理有效、真实意愿的商标权转让协议。

## 典型案例

### 湖南立军建生态农业开发有限公司与顾立平商标权转让合同纠纷案[①]

上诉人顾立平因与被上诉人湖南立军建生态农业开发有限公司商标权转让合同纠纷一案不服岳阳市中级人民法院判决向湖南省高院提起上诉,二审争议的焦点是商标权转让行为是否有效。湖南省高院经审理,对上诉人主张其商标权转让行为有效的请求不予支持,理由如下:

立军建公司是"远浦"文字商标的注册人,对注册商标享有的商标专用权,包括向他人转让商标的权利,依法受到保护。商标作为立军建公司的无形资产,与公司的经营发展有密切联系,商标的转让直接影响公司的经营发展,并影响到股东的利益,故商标转让属于公司决策上的重大事项,应由公司股东或董事会决定。本案中,顾立平受让前述商标时,虽然系顾立平担任立军建公司的法定代表人,即使其当时持有立军建公司的大部分股份,但其将立军建公司的商标专用权转让给其本人,仍应当经过立军建公司股东会同意。顾立平提供的《商标转让声明》虽然经过了长沙公证处的公证,但公证文书只证明顾立平在《商标转让声明》上签字,并加盖立军建公司印章的事实,不能说明涉案商标的转让经过了立军建公司股东会同意,也不能说明该声明是立军建公司真实意思表示。顾立平在未经立军建公司股东同意的情形下,利用其担任立军建公司法定代表人的身份和掌握立军建公司印章的便利,通过私自制定《商标转让声明》的方式与公司订立合同,将公司所有的注册商标专用权无偿转让给其

---

① 本案例根据"湖南立军建生态农业开发有限公司与顾立平商标权权属纠纷、商标权转让合同纠纷二审民事判决书"[(2015)湘高法民三终字第 43 号]所改编。参见 https://wenshu. court. gov. cn/website/wenshu/181107ANFZ0BXSK4/index. html? docId=53e1d9862ede4680a4771810ddd0e7df,2016-01-21。

本人,违反了公司法的规定,损害了公司和其他股东利益,因此,顾立平将立军建公司注册商标专用权无偿转让给其本人的行为无效。综上,湖南省高院最终认定,顾立平未经法定的程序,将立军建公司所有的注册商标专用权无偿转让给其本人的行为,依法应确认为无效。

**案例评析**

本案涉及商标权转让行为是否有效的判断。我国《商标法》规定,注册商标的转让必须符合法定程序,如转让人和受让人应当签订转让协议,并共同向商标局提出申请。同时,商标权转让受到一定限制,如在同一种或类似商品上注册的相同或相近的商标,不得分开转让;已经许可他人使用的商标,不得随意转让;集体商标不得转让;受让人必须保证使用该注册商标的商品或者服务的质量等。但本案中我们需要注意的是,商标权转让合同必须符合民法中关于合同的规定,以及公司法中的相关规定。案件争议的焦点是商标权转让的行为是否有效。本案中,顾立平转让商标权的行为被认定无效,最主要的原因是商标权转让属于公司决策上的重大事项,应由公司股东会或董事会决定,顾立平在未经立军建公司股东会同意的情形下,将公司所有的注册商标专用权无偿转让给其本人的行为违反了《公司法》第148条第1款第4项"违反公司章程的规定或者未经股东会、股东大会的同意,与本公司订立合同或者进行交易"的规定,损害了公司和其他股东的利益。因此,其转让商标权的行为无效。由此可见,商标权转让不仅要符合商标法的规定,同时还要符合民法中合同编以及《公司法》的相关规定,否则同样会导致商标转让的行为无效。

## 典型案例

### 溪滩县口王酒业有限责任公司、濉溪县国有资产运营有限公司商标权权属纠纷、商标权转让合同纠纷二审民事判决书[①]

上诉人濉溪县口王酒业有限责任公司(以下简称口王酒业公司)因与被上诉人濉溪县国有资产运营有限公司(以下简称国有资产运营公司)商标权转让合同纠纷一案,前由安徽省淮北市中级人民法院作出(2016)皖06民初73号民事判决,口王酒业公司不服该判决,向安徽省高级人民法院提起上诉。本案二审争议的焦点为:第一,涉案商标转让协议的效力如何认定;第二,口王酒业公司主张撤销该协议是否有事实与法律依据;第三,一审判决是否超出国有资产运营公司诉讼请求。安徽省高级人民法院经审理认为:第一,涉案商标转让协议有效;第二,口王酒业公司主张撤销该协议没有事实与法律依据;第三,一审判决并未超出国有资产运营公司诉讼请求。

关于焦点一。口王酒业公司主张其与国有资产运营公司于2013年6月14日签订的《关于转让"乾隆""乾隆窖""乾隆御坊"和"乾隆陈"商标的协议》违反《合同法》第5条、第6条以及第52条有关规定应属无效,但其在本案中提供的证据不足以证明上述协议存在《合

---

① 本案例根据"濉溪县口王酒业有限责任公司、濉溪县国有资产运营有限公司商标权权属纠纷、商标权转让合同纠纷二审民事判决书"[(2018)皖民终539号]所该改编。参见 https://www.itslaw.com/detail? initialization＝％7B％22category％22％3A％22CASE％22％2C％22id％22％3A％226f6d5bf5-7c82-4c9a-8c2d-f22dab0f43e4％22％2C％22anchor％22％3Anull％2C％22detailKeyWords％22％3A％5B％22％E5％95％86％E6％A0％87％E6％9D％83％22％2C％22％EF％BC％882018％EF％BC％89％E7％9A％96％E6％B0％91％E7％BB％88539％E5％8F％B7％22％5D％7D#content_null,2018-09-21。

同法》第52条规定的合同无效情形。根据《合同法》第44条第1款的规定,依法成立的合同,自成立时生效。故法院对其此上诉理由不予采信,对涉案商标转让协议的效力予以认定。

关于焦点二。口王酒业公司在其上诉状中主张涉案商标转让协议无效,后又主张该协议为赠与协议,并请求撤销赠与,其上述上诉观点本身系相互矛盾。即使涉案商标转让协议为赠与协议,该协议已经过公证机关公证,根据《合同法》第186条的规定:"赠与人在赠与的财产转移之前可以撤销赠与。具有救灾、扶贫等社会公益、道德义务性质的赠与合同或者经过公证的赠与合同,不适用前款规定。"口王酒业公司主张撤销该协议亦无法律依据。口王酒业公司认为涉案公证违反了《公证法》第2条的规定,但其在本案中提供的证据亦不足以证明其上述主张,故对其关于撤销涉案商标转让协议的反诉请求不予支持。

关于焦点三。涉案商标转让协议合法有效,双方当事人应当按照该协议约定全面履行自己的义务。国有资产运营公司在一审中请求法院判令口王酒业公司立即将"乾隆""乾隆窖""乾隆御坊""乾隆陈"商标办理至国有资产运营公司名下,但根据《商标法实施条例》第31条相关规定:"转让注册商标的,转让人和受让人应当向商标局提交转让注册商标申请书。转让注册商标申请手续应当由转让人和受让人共同办理。"一审法院判决口王酒业公司协助国有资产运营公司办理第3734168号"乾隆"、第7738388号"乾隆窖"和第11191246号"乾隆陈"注册商标转让手续,并未超出国有资产运营公司诉讼请求,该判项并无不当,故对口王酒业公司该上诉理由亦不予支持。

**案例评析**

我们应当注意,商标权转让合同不仅需要满足商标法的规定,同时应当符合民法中关于合同的规定。本案涉及《合同法》第186条关于赠与合同的规定以及《合同法》第52条合同无效的法定情形:①一方以欺诈、胁迫的手段订立合同,损害国家利益;②恶意串通,损害国家、集体或者第三人利益;③以合法形式掩盖非法目的;④损害社会公共利益;⑤违反法律、行政法规的强制性规定。本案中的合同经公证机关公证,因此,口王酒业公司主张撤销该协议亦无法律依据,故该合同不可撤销。该案因提供的证据不足不能证明该商标权转让合同无效,故依法成立的合同自合同成立时生效。本案中的合同经公证机关公证,因此,口王酒业公司主张撤销该协议亦无法律依据,故该合同不可撤销。

# 典型案例

## 金微华、瑞安市豪婷食品有限公司商标权权属纠纷、商标权转让合同纠纷二审民事判决书①

上诉人金微华、瑞安市豪婷食品有限公司(以下简称豪婷公司)因与被上诉人瑞安市小

---

① 金本案例根据"微华、瑞安市豪婷食品有限公司商标权权属纠纷、商标权转让合同纠纷二审民事判决书"〔(2018)浙03民终1193号〕所改编。参见 https://www.itslaw.com/detail? initialization=％7B％22category％22％3A％22CASE％22％2C％22id％22％3A％22bf83ad04-e3cb-434d-ab50-4ca7ae7d6b13％22％2C％22anchor％22％3Anull％2C％22detailKeyWords％22％3A％5B％22％EF％BC％882018％EF％BC％89E6％B5％9903％E6％B0％91％E7％BB％881193％E5％8F％B7％22％5D％7D＃content_null,2018-06-15。

华食品有限公司(以下简称小华公司)商标权转让合同纠纷一案,不服浙江省瑞安市人民法院(2017)浙0381民初3417号民事判决,向温州市中级人民法院提起上诉。本院认为,本案争议的焦点在于金微华以小华公司的名义向豪婷公司转让涉案商标权的行为是否有效。如果无效,是否产生返还涉案商标权的法律后果。

金微华以小华公司的名义向豪婷公司转让涉案商标权并办理转让手续时,金微华不再是小华公司的法定代表人或股东,小华公司也未授权金微华处理涉案商标权转让事宜,金微华的上述行为系无权代理行为。《合同法》第48条第1款规定,行为人没有代理权、超越代理权或者代理权终止后以被代理人名义订立的合同,未经被代理人追认,对被代理人不发生效力,由行为人承担责任。豪婷公司明知金微华与陈爱美之间存在股权转让纠纷,却没有进一步审查金微华是否有权以小华公司的名义转让涉案商标权,主观上存在过错,不符合合同法关于表见代理的构成要件。小华公司以提起诉讼的方式否认金微华的代理转让行为,该行为对小华公司不发生效力。金微华、豪婷公司关于金微华仍是小华公司实际控制人,有权代表小华公司转让涉案商标权的主张则缺乏事实依据,本院不予采纳。一审判决主文确认小华公司与豪婷公司的涉案商标转让行为无效,与小华公司诉请一审法院确认金微华将涉案商标转让给豪婷公司的转让行为无效,二者在行为主体的表述上虽不一致,但均针对涉案商标权转让行为的法律效力,不存在本质矛盾,且一审判决主文更为准确,两上诉人关于一审判决超出诉讼请求范围的上诉理由,不能成立。小华公司将无权代理人金微华列为本案共同被告,没有违反法律规定,也有利查清本案事实和法律关系,两上诉人关于本案不该列金微华为共同被告的上诉理由,亦不能成立。另外,根据已查明的事实,办理涉案商标权转让事宜时,金微华不是小华公司的实际控制人,金微华与陈爱美之间的股权纠纷不影响本案对涉案商标权转让行为效力的评价,本案无须中止诉讼。

《合同法》第58条规定,合同无效或者被撤销后,因该合同取得的财产,应当予以返还;不能返还或者没有必要返还的,应当折价补偿。有过错的一方应当赔偿对方因此所受到的损失,双方都有过错的,应当各自承担相应的责任。豪婷公司应当配合小华公司向国家工商行政管理总局商标局申请将涉案商标返还于小华公司。

### 案例评析

本案涉及商标权转让行为的效力,商标权人依法将商标权转让给他人的行为,通常要通过签订合同,并履行相应的法定程序后,这一转让行为才能具备法律效力。同时,根据《合同法》第48条关于无权代理人订立的合同的规定以及第58条合同无效或被撤销的法律后果的规定,此案涉案商标转让行为无效并且豪婷公司应当配合小华公司向国家工商行政管理总局商标局申请将涉案商标返还于小华公司。因此,商标权转让合同的效力不仅仅要符合商标法的规定,同时应当满足民法关于合同的规定。

## 拓 展 阅 读

1. 吴汉东主编:《知识产权法》,第二十一章,北京大学出版社,2011
2. 刘春田主编:《知识产权法》,第二十章,中国人民大学出版社,2014

3. 王太平著:《商标法:原理与案例》,第五章,北京大学出版社,2015
4. 王莲峰主编:《商标法》,第六章,清华大学出版社,2008

## 深 度 思 考

1. 根据商标权的特征,找出商标权与专利权、著作权的区别。
2. 商标权有哪些原始取得的方式,其各自的优缺点是什么?
3. 如何正确行使商标权的许可或转让? 试举一例说明。

## 即 测 即 练

# 5

## 第五章
**Chapter5**
## 商标权终止

### 本章导读

商标权终止,是指商标权人合法取得的商标专用权因法定事由发生而导致的权利消灭。本章主要介绍商标权终止的三种方式,包括注销、撤销以及无效,导致终止的法定事由、法定程序及法律后果。《商标法》经过 2013 年第 3 次修订和 2019 年第 4 次修订,完善了对商标权撤销和无效情形及程序合理明确的区分。本章应了解导致撤销及无效的情形事由,重点掌握撤销与无效的区别、无效的法律后果。

## 第 一 节　　商标权注销

### 一、商标权注销的含义

商标权注销,是指由于商标权人自行放弃商标权、保护期限届满而未续展或权利人消灭且无继承人等事由的发生,国务院商标主管机关将注册商标从《商标注册簿》中予以涂销的法律制度。在我国商标权注册取得制的背景之下,商标一经注册,则该注册商标所有人便取得了商标法所赋予的各项权利;一经注销,则相关权利消灭。

### 二、商标权注销的事由、程序及法律后果

#### ▶ 1. 未申请续展注册

商标权的保护期限为十年,自核准注册之日起计算。注册商标有效期满之后,商标注册人需要继续使用的应当在期满前十二个月内按照规定办理续展手续,未能按期提出续展申请的,可以给予六个月的宽展期。宽展期满仍未提出续展申请的,注销其注册商标。因未申请续展注册被注销的注册商标,商标专用权自前一保护期期满之日终止。

#### ▶ 2. 主动放弃

商标是法律拟制的私权,法律尊重权利人对于其私权进行处置的权利,包括放弃其权利的权利。商标权人可以通过办理注销注册商标的登记手续主动放弃商标权。根据《商标法

实施细则》第 73 条,商标注册人申请注销其注册商标或者注销其商标在部分指定商品上的注册的,应当向商标局提交商标注销申请书,并交回原《商标注册证》。

商标注册人申请注销其注册商标或者注销其商标在部分指定商品上的注册,经商标局核准注销的,该注册商标专用权或者该注册商标专用权在该部分指定商品上的效力自商标局收到其注销申请之日起终止。

▶ 3. 商标权主体消灭且无权利继承人

一种情形是当商标权人为自然人死亡且无继承人,或商标权人为企业或其他组织且终止时无继受主体的,商标权随权利主体的消灭而消灭。另一种情形是原商标权人有继受主体,但继受主体未在原主体死亡或终止后及时办理注册商标的移转手续的,也应注销该注册商标。商标权主体消灭且无权利继承人或继承人未及时办理转移手续的,商标专用权自权利主体消灭之日起终止。

## 第二节　商标权撤销

商标权的核心价值在于商标的实际使用,长期不使用、不当使用或者不法使用行为将导致商标权丧失其存在的价值和意义,并且将会损害公共利益。商标法要求商标注册人连续、规范使用注册商标,对于未履行义务的,商标局可以撤销其商标权。此外,商标对相关公众的意义在于指向特定商家,一旦商标成为商品的通用名称则其所应有的"专用性"即消失,一般公众无法通过相关标识知晓其所购买商品的商品来源。因此,注册商标成为其核定使用的商品的通用名称的,法律亦将予以规制,即撤销其商标权。综上,商标权撤销的本质是商标主管机关对违反商标法有关规定的行为给予处罚,终止其原注册商标权的行政制裁手段[①]。

### 一、商标权撤销的含义和事由

商标权撤销,是指国家商标主管机关在商标注册人未按法律规定的要求使用注册商标等情形下撤销该注册商标的制度,也是商标主管机关依法行使商标使用的管理权最重要的方式之一。根据《商标法》规定,应予撤销注册商标的情形如下:

▶ 1. 商标注册人违法使用商标

根据《商标法》第 49 条第 1 款,商标注册人在使用注册商标的过程中自行改变注册商标、注册人名义、地址或者其他注册事项的,应由地方工商行政管理部门责令限期改正;期满不改正的,由商标局撤销其注册商标。

(1)在使用中自行改变注册商标的。商标一经注册,即为注册商标,注册人便对经过注册的特定标志享有商标专用权,受国家法律保护。依照《商标法》的规定,注册商标需要改变其标志的,应当重新提出注册申请;自行改变注册商标,又不重新提出注册申请的,属于《商标法》禁止的行为。

(2)改变注册人的名义、地址或其他注册事项的。《商标注册证》是商标局依法设置

---

① 王莲峰:《商标法学》(第三版),北京大学出版社,2019 年版,第 111 页。

并保存的记载注册商标及有关注册事宜的法定工具,是注册商标法律效力的原始证据,其中登记的项目主要有:注册号、注册商标、核定商品、商品类别、有效期、续展有效期、注册人名义等。改变注册人的名义、地址或其他注册事项的,属于注册事项的变更,依法应当提出变更申请;注册人擅自改变的,同样属于商标法禁止的行为,应当承担相应的法律后果。

▶ 2. 注册商标成为通用名称

如本书前文所述,商标用于使相关公众识别商品来源或出处,因此显著性对于商标而言是非常重要的特质,是商标的第一构成要件。缺乏显著性的标识本身不能起到区分商品来源的目的,故不能作为商标使用。在实践中,由于商标权人不当使用或者其他人不法使用而商标权人未有力保护等原因,申请注册时显著性较高的商标可能会在使用过程中逐渐退化乃至丧失显著性,其中最典型的就是商标成为其核准注册的商品的通用名称。例如,阿司匹林退化为乙酰水杨酸的通用名称等。根据我国《商标法》第 49 条第 2 款规定,在使用过程中丧失了显著性直至成为通用名称的商标,应由商标局予以撤销。关于通用名称判定方式等相关内容,可详见本书第二章,此处不再赘述。

▶ 3. 无正当理由连续三年不使用

在我国的商标注册制度下,实践中长期存在着"重注册、轻使用"的做法,商标恶意抢注、囤积现象严重。注册商标不使用不仅有违商标注册的目的,而且导致注册商标资源的浪费,让真正需要的人无法使用及注册该商标。为了防止囤积商标造成社会资源浪费,让不使用的注册商标面临撤销风险,强化商标权人的使用义务,既是对我国商标注册制的纠偏,同时也是在制度体系上保障商标回归其真正功能[1]。

《TRIPS 协定》第 19 条规定:"如果要将使用作为维持注册的前提,则只有至少 3 年连续不使用,商标所有人又未出示妨碍使用的有效理由,方可撤销其注册。如果因不依赖商标所有人意愿的情况而构成使用商标的障碍,诸如进口限制或政府对该商标所标示的商品或服务的其他要求,则应承认其为'不使用'的有效理由。在商标受其所有人控制时,他人对商标的使用,亦应承认其属于为了维持注册所要求的使用。"该条规定包含了三层意思:第一,以不使用为由撤销注册商标,应满足至少连续 3 年不使用的条件;第二,妨碍使用的有效理由可以对抗撤销;第三,经授权的第三方使用视为有效使用[2]。

根据我国《商标法》第 49 条第 2 款,没有正当理由连续三年不使用的注册商标应予撤销,行业内通常称为"撤三"。注册商标可视具体情形被全部撤销亦可部分撤销,即对于注册商标仅在部分商品上无正当理由连续三年不使用的,商标局可予以撤销商标在该部分商品上的商标权而保留其他正常使用的商品上的商标权。实践中,商标是否应被"撤三"涉及如下几方面问题:

(1)明确指定期间。判断连续三年不使用的指定期间,应从申请人提出"撤三"申请之日向前推三年。即便商标注册人过去曾经连续三年未使用,但是在从申请之日起往前推三年内已恢复使用的,不应撤销该商标。

(2)指定期间内是否有商标法意义上的"使用"。商标的使用,包括将商标用于商品、商

---

① 参见孙国瑞,董朝燕:《论商标权人的商标使用义务》,载《电子知识产权》2020 年第 4 期。

② 文学:《商标使用与商标保护研究》,法律出版社,2008 年版,第 209 页。

品包装或者容器以及商品交易文书上,或者将商标用于广告宣传、展览以及其他商业活动中,包括商标权人自行使用、他人经许可使用以及其他不违背商标权人意志的使用。商标使用是为了使相关公众将其作为商标识别,进而产生区分商品或服务来源的作用,不以区分商品或服务来源为目的的使用不能认定为商标法意义上的使用。此外,实际使用的商标标志与核准注册的商标标志有细微差别,但未改变其显著特性的可以视为注册商标的使用,而改变了注册商标的主要部分和显著特征的不视为商标法意义上的商标使用。

(3)是否有不使用的正当理由。如果有商标权人确有法律规定的正当理由,即便在指定期间内的未使用,也不应被撤销注册商标。"正当理由"包括不可抗力、政府政策性限制、破产清算以及其他不可归责于商标注册人的正当事由。

## 典型案例

### 重庆高通电子系统有限公司与国家工商行政管理总局商标评审委员会商标撤三复审纠纷二审案①

北京君策九州科技有限公司(以下简称君策公司)以重庆高通电子系统有限公司(以下简称高通公司)诉争商标连续三年不使用为由向原国家工商行政管理总局商标局(简称商标局)提出撤销该商标的申请,商标局认为高通公司提交的商标使用证据无效,决定诉争商标在"陆、空、水或铁路用机动运载器"商品上的注册予以撤销。高通公司不服该决定,向原国家工商行政管理总局商标评审委员会(简称商标评审委员会)申请复审。

2019年1月9日,商标评审委员会作出的商评字〔2019〕第3276号《关于第3988500号"高通"商标撤销复审决定书》(简称被诉决定)认定,高通公司提交的证据不能证明其于指定期间内对诉争商标在"陆、空、水或铁路用机动运载器"商品上进行了真实、公开、合法有效的商业使用,依法决定对诉争商标在"陆、空、水或铁路用机动运载器"商品上予以撤销。高通公司不服被诉决定,在法定期限内向北京知识产权法院提起行政诉讼。

北京知识产权法院驳回高通公司的诉讼请求。高通公司不服原审判决,向北京市高级人民法院提起上诉。北京市高级人民法院认为,高通公司提交的证据主要显示将诉争商标使用在"汽车传感器"商品上,"汽车传感器"不属于《类似商品和服务区分表》中的规范商品,而"传感器"属于该区分表第0913群组商品,与诉争商标核定使用的该区分表第12类群组的"陆、空、水或铁路用机动运载器"商品不同。此外,高通公司提交的多份使用证明显示,相关传感器用在汽车零部件产品上或用于发动机上,故"汽车传感器"仅与汽车发动机等汽车零部件有关,与"陆、空、水或铁路用机动运载器"这一运载装置类商品在功能、类型、组成构件、用户群体以及使用场景等方面差异明显,"汽车传感器"不属于"陆、空、水或铁路用机动运载器"的下位商品。因此,高通公司在汽车传感器商品上使用诉争商标不足以证明其在"陆、空、水或铁路用机动运载器"商品上对诉争商标进行了商标法意义上的使用。原审判决及被诉决定对此认定正确,高通公司的上诉主张,缺乏依据,不予支持。

---

① 本案例根据"重庆高通电子系统有限公司等与国家工商行政管理总局商标评审委员会其他二审行政判决书"〔(2020)京行终3257号〕所改编。参见 https://wenshu.court.gov.cn/website/wenshu/181107ANFZ0BXSK4/index.html? docId=99792430d8ee4d9c8c67ac1d000895de,2020-05-19。

**案例评析**

判定诉争注册商标是否在指定类别商品(注册商标注册但被无效宣告请求人指定无效的商品类别)上进行了商标法意义上的使用,不仅要判断用于证明使用的证据材料是否足以证明其在指定期间内存在"以区分商品或服务来源为目的"的使用行为,还需要结合《类似商品和服务区分表》判断注册商标所应用的商品是否为指定类别商品,如果商品不属于《类似商品和服务区分表》中的规范商品,则应该结合商品的功能、类型、组成构件、用户群体以及使用场景等于指定类别商品进行比较,判断是否存在明显差异。

# 典型案例

## 陕西法士特齿轮有限责任公司与国家工商行政管理总局商标评审委员会其他二审案[①]

华融公司以法士特公司商标连续三年不使用为由,申请撤销其注册。商标局于2015年3月16日作出商标撤三字〔2015〕第Y001373号《关于第4459679号"图形"注册商标连续三年停止使用撤销申请的决定》(简称第Y001373号决定),予以撤销。法士特公司不服第Y001373号决定,向商标评审委员会申请复审。商标评审委员会于2015年11月26日作出商评字〔2015〕第90826号《关于第4459679号图形商标撤销复审决定书》(简称第90826号撤销复审决定),对复审商标在保险、不动产管理、经纪、担保、受托管理、不动产代理六项服务上予以撤销,在其余服务上予以维持。

法士特公司不服复审决定向北京知识产权法院提起行政诉讼。北京知识产权法院认为,本案的焦点问题是法士特公司在2011年2月12日至2014年2月11日期间(即指定期间)在"保险,不动产管理,不动产代理,经纪,担保,受托管理"服务上对复审商标是否进行了真实、合法、有效的使用。而现有证据不能证明法士特公司在指定期间内在"保险,珍宝估价,不动产管理,不动产代理,经纪,担保,募集慈善基金,受托管理,典当经纪"服务上对复审商标进行了真实、合法、有效的使用,商标评审委员会对此认定正确,故驳回法士特公司的诉讼请求。

法士特公司不服一审判决提起上诉,理由是法士特公司提交的证据能够证明复审商标在不动产管理、受托管理等服务上进行实际使用,法士特公司的"法士特及图"商标是我国驰名商标和公司所在省市著名商标,具有极高的知名度和影响力,注册保护具有合法正当依据,应维持复审商标继续有效。第90826号撤销复审决定与事实不符,不具有合法性,更缺乏合理性,不符合商标连续三年不使用撤销的立法宗旨。

二审法院认为,法士特公司在商标权撤销复审程序中提交的使用证据中商标标志的图形部分虽然与复审商标标志基本相同,但并非本案诉争商标,且上述证据所涉及的为"车辆变速器""齿轮"等商品,而非本案复审商标所核定使用的"保险,不动产管理,经纪,担保,受托管理,不动产代理"服务。另一证据虽然显示了本案复审商标的标志,但该证据并不能证

① 本案例根据"陕西法士特齿轮有限责任公司与国家工商行政管理总局商标评审委员会其他二审行政判决书"〔(2016)京行终5646号〕所改编。参见:http://www.bjcourt.gov.cn/cpws/paperView.htm? id=100495315869,2020-07-03。

明是在"保险,不动产管理,经纪,担保,受托管理,不动产代理"服务上的使用。因此,法士特公司在商标权撤销复审程序中提交的证据不能证明复审商标在核定使用的"保险,不动产管理,经纪,担保,受托管理,不动产代理"服务上进行了商标法意义上的使用。此外,法士特公司在一审诉讼程序中提交的证据1可以证明法士特公司将复审商标许可法士特集团公司使用,证据2可以证明法士特集团公司签订了生活垃圾清运服务合同,但证据2并未显示法士特集团公司使用了复审商标,因此,上述证据不能证明法士特公司在指定期间在核定使用的"保险,不动产管理,经纪,担保,受托管理,不动产代理"服务上的使用了复审商标。

### 案例评析

商标的使用,是指商标在商业活动中的实际使用。商标使用在指定服务上的具体表现形式包括直接使用于服务场所,包括服务的介绍手册、服务场所招牌、店堂装饰、工作人员服饰、招贴、菜单、价目表、奖券、办公文具、信笺以及其他与制定服务相关的用品上。商标使用证据材料应能够显示出使用的系争商标标识、系争商标使用在指定商品或服务上、系争商标的使用人以及使用日期等。仅提交商品销售合同或提供服务的协议、合同的;仅有转让或许可行为而没有实际使用的;仅维持商标注册为目的的象征性使用以及改变了注册商标的主要部分和显著特征的,不视为商标意义上的使用。

## 典型案例

### 第 8815851 号"DISCOVERUW MEN'S UNDERWEAR 及图"商标撤销复审案[①]

北京君策九州科技有限公司(即本案被申请人)以无正当理由连续三年不使用为由,于 2015 年 12 月 15 日对福莱服饰有限公司(即本案申请人)注册的第 8815851 号"DISCOVERUW MEN'S UNDERWEAR 及图"商标(以下称复审商标)向商标局提出撤销申请,请求撤销复审商标在第 25 类"内衣、防汗内衣、内裤、鞋、帽、袜"等全部核定商品上的注册。商标局经审查认为申请人提供的商标使用证据无效,复审商标予以撤销。申请人不服,依法向商标评审委员会提出复审。

商标评审委员会经审理认为,复审商标被许可使用人温州探索进出口有限公司于 2012 年 12 月 15 日至 2015 年 12 月 14 日期间内对复审商标于中国在"男士内裤"商品上已实际投入生产经营,虽然该行为系贴牌加工,商品未在中国市场流通,但是,该实际生产经营行为仍发生在中国,这种行为实质上是在积极使用商标,符合修改前《商标法》第 44 条第 4 项注册商标连续三年停止使用撤销规定旨在鼓励和促使商标权人使用商标,避免商标资源闲置、浪费,保障商标制度良好运转的立法目的。故对复审商标在与"男士内裤"相同或类似的"内衣、防汗内衣、内裤"商品上的注册予以维持,在其余商品上的注册予以撤销。

### 案例评析

本案的焦点问题是贴牌加工的生产行为是否属于商标法所称商标的"使用"。商标评审委员会认为,注册商标连续三年停止使用撤销制度的立法目的旨在鼓励和促使商标权人使

---

① 本案例根据商标评审委员会第 8815851 号"DISCOVERUW MEN'S UNDERWEAR 及图商标撤销复审案"案例评析所改编。参见 http://spw.sbj.cnipa.gov.cn/alpx/201810/t20181009_276217.html,2020-05-26。

用商标,避免商标资源闲置、浪费,保障商标制度良好运转。就贴牌加工问题而言,虽然贴牌加工的商品并未在中国市场流通,但是商品的生产加工行为发生在中国,生产者将商标附着于商品的行为具有使之区分商品来源的真实意图。这种行为本身是对商标进行积极使用的体现,对这种行为持鼓励态度符合上述立法目的。反之,若不认定此类使用行为的效力而撤销商标注册,则易使生产者的正常经营活动因对外贸易、海关政策而受阻,不利于社会生产秩序的稳定,也不利于商标注册制度的有序运转。故本案中,商标评审委员会认为申请人提交的使用证据有效,复审商标在相应商品及类似商品上予以维持注册。

## 典型案例

### 第6621955号"AFIELD"商标撤销复审案①

心动娱乐有限公司(即本案申请人)以无正当理由连续三年不使用为由,于2015年12月14日对浙江一方建筑装饰实业有限公司(即本案被申请人)注册的第6621955号"AFIELD"商标(以下称复审商标)向商标局提出撤销申请,请求撤销复审商标在第42类"计算机系统设计"部分核定使用服务上的注册。商标局经审查认为,被申请人提供的商标使用证据有效,复审商标在"计算机系统设计"服务上的注册不予撤销。申请人不服商标局决定,依法向商标评审委员会提出复审。

商标评审委员会经审理认为,被申请人提交的获奖证据、施工合同书及相应的完工证明、宣传材料等足以形成完整证据链证明被申请人在指定期间内在"建筑智能化工程设计施工"服务上对"AFIELD"商标进行了实际使用。"建筑智能化工程设计施工"服务的具体内容和方式存在复合性和多样性,难以纳入《类似商品与服务区分表》中某一项特定服务的外延中。根据我国住房和城乡建设部制定的《建筑智能化工程设计与施工资质标准》的规定以及在案证据显示的被申请人实际经营活动的情况可以认定,被申请人从事的建筑智能化设计与施工经营活动中包含了"计算机系统设计"服务。因此,复审商标在"计算机系统设计"服务上的注册予以维持。

#### 案例评析

我国进入新的发展阶段,科技创新与产业创新层出不穷,并成为发展的持续驱动力。《类似商品和服务区分表》具有成文性和稳定性的特点,大量新兴产业涉及的商品和服务难以及时纳入其中。同时,新兴产业概念往往还处于不断发展中,其本身的外延也存在不确定性。为鼓励产业创新及品牌创建,应当允许新兴产业经营者将商标注册在与其产业内容密切关联的《类似商品和服务区分表》既有项目上,并予以相应的保护。尤其是在撤销连续三年不使用商标案件中,应当立足于撤销制度督促注册人使用商标,发挥商标功能,避免商标资源闲置和浪费的立法目的,在审查商标使用证据时,充分考虑新兴产业经营活动的商业习惯、经营行为的行业特点,重点考查商标注册人的真实使用意图和商标在其经营活动中发挥产源识别功能的情况,从社会生产实践出发进行实事求是地分析,对于商标与其核定商品或服务的关联性及商标使用形式不宜提出过高的要求。本案中,商标评审委员会针对"建筑智

① 本案例根据商标评审委员会"第8815851号'DISCOVERUW MEN'S UNDERWEAR 及图'商标撤销复审案"案例评析所改编。参见 http://spw.sbj.cnipa.gov.cn/alpx/201809/t20180919_276031.html,2020-06-17。

能化"这一新兴行业,在对其权威标准、市场实际进行详细查明的基础上,认定建筑智能化工程建设活动包括了计算机系统设计的内容,并最终决定对复审商标在"计算机系统设计"服务上的注册予以维持。

## 二、商标权撤销的法定程序

### ▶ 1. 撤销程序的发起

针对擅自改变注册商标及注册事项等违法使用商标的行为,由地方工商行政管理部门责令限期改正;期满不改正的,由商标局依职权撤销其注册商标。

针对成为通用名称以及无正当理由连续3年不使用的注册商标,则其他单位或者个人均可以向商标局申请撤销该注册商标。有注册商标成为其核定使用的商品通用名称情形的,撤销程序申请人提交申请时应当附送证据材料;有注册商标无正当理由连续3年不使用情形的,申请人提交申请时应当同时说明有关情况。此外,以无正当理由连续3年不使用为由申请撤销注册商标的,应当自该注册商标注册公告之日起满3年后提出申请。

### ▶ 2. 其他单位或个人请求撤销的,商标注册人有权答辩

针对前述成为通用名称以及无正当理由连续3年不使用的注册商标,商标局受理其他单位或者个人提出撤销请求后,应当通知商标注册人,商标注册人自收到通知之日起2个月内可以进行答辩;期满未答辩的,不影响商标局作出决定。此外,有注册商标无正当理由连续3年不使用情形的,商标注册人在2个月的答辩期内应提交该商标在撤销申请提出前使用的证据材料,证明其在指定期间内对商标在注册商品上进行了公开、真实、合法、有效的使用,或者说明不使用的正当理由;期满未提供上述材料的,商标局撤销其注册商标。

商标评审委员会根据当事人的请求或者实际需要,可以决定对评审申请进行口头审理。商标评审委员会决定对评审申请进行口头审理的,应当在口头审理15日前书面通知当事人,告知口头审理的日期、地点和评审人员。当事人应当在通知书指定的期限内作出答复。申请人不答复也不参加口头审理的,其评审申请视为撤回,商标评审委员会应当书面通知申请人;被申请人不答复也不参加口头审理的,商标评审委员会可以缺席评审。

## 典型案例

### 第 6511078 号"好药师及图"商标撤销复审[①]

刘蕊(即本案申请人)以无正当理由连续三年不使用为由于2016年10月19日对沈阳市千红生物科技有限公司(即本案被申请人)注册的第6511078号"好药师及图"商标(以下称复审商标)提出撤销申请,请求撤销复审商标在第5类"人用药"等全部核定使用商品上的注册。经审查,认为申请人提供的商标使用证据有效,复审商标不予撤销。申请人不服,依法提出撤销复审。

在撤销复审程序中,双方当事人对证据争议较大,故申请人提出口头审理的请求。被申

① 本案例根据商标评审委员会"第6511078号'好药师及图'商标撤销复审案"案例评析所改编。参见 http://spw.sbj.cnipa.gov.cn/alpx/201910/t20191009_307215.html,2020-06-18。

请人亦于 2018 年 8 月 2 日提交了《声明书》表示同意本案进行口头审理。为查明相关案件事实,依据《商标法实施条例》第 60 条、《商标评审案件口头审理办法》第 2 条的规定,于 2018 年 8 月 24 日对本案进行口头审理,在口头审理过程中,双方当事人对本案各项证据一一陈述和质证,合议组充分了解了各方陈述的意见。

经审理认为,被申请人提交的与御室公司签订的《商标使用授权书》约定,被申请人同意御室公司在第 5 类商品上使用复审商标。由于商标使用许可行为本身并非商标法意义上的商标使用行为,因此,该项证据无法直接证明复审商标的使用情况,只有与其他证据形成证据链才能够起到证明作用。虽然被申请人还提交了在指定期间内御室公司与宝华公司、万隆公司、康芏源公司签订的《药品全国总代理协议书》、发票、随货同行单、实物图片、药品说明书等证据予以佐证,但被申请人还注册了第 8401036 号"好药师及图"商标,上述证据指向的商标为第 8401036 号"好药师及图"商标,该商标与本案复审商标存在差异。根据最高人民法院《关于审理商标授权确权行政案件若干问题的规定》,"实际使用的商标标志与核准注册的商标标志有细微差别,但未改变其显著特征的,可以视为注册商标的使用"。因此,商标的使用应当规范,如果需要改变商标标志,应当重新进行申请,但考虑到商业活动的复杂性,未改变商标显著特征的使用,也应当视为对注册商标的使用,如允许对注册商标在原有的基础上进行细微的改变。但在注册商标专用人有多个商标时,对商标标志的改变应当不至于与其他商标标志相混淆,更不能以其他商标标志的使用来认定该商标标志的使用。被申请人提交的证据可以证明在指定期间内,其在六味地黄胶囊、脉通颗粒、胃痛宁片、壮阳春胶囊和复方颠茄氢氧化铝片商品上真实、有效地使用了前述第 8401036 号"好药师及图"商标,但此使用不能当然视为本案复审商标的使用。综上,被申请人提交的在案证据不能证明复审商标在指定期间内在其核定使用的商品上进行了真实、合法、有效的使用,故复审商标应予撤销。

**案例评析**

本案是第一例涉及口头审理的撤销复审案件。双方当事人在口头审理阶段针对证据的真实性及关联性进行了激烈的质证与互驳,使得本案的案情更加清晰明了,整个口头审理的现场双方当事人均使出浑身解数,对很多微小的地方都展开了充分的讨论,为查明事实提供了丰富且直观的材料,在口头审理过程中,合议组能够直接听取双方当事人所陈述的内容,对于其中不清楚的地方可以随时发问,利于查明事实,获得心证,从而便于行政机关作出公平的裁决。

▶ **3. 不服决定的救济程序**

商标局作出注册商标被撤销决定后应通知当事人,对商标局作出的撤销或者不予撤销注册商标的决定,当事人不服的,可以自收到通知之日起十五日内向商标评审委员会申请复审。商标评审委员会应当自收到申请之日起九个月内作出决定,并书面通知当事人。有特殊情况需要延长的,经国务院工商行政管理部门批准,可以延长三个月。当事人对商标评审委员会的决定不服的,可以自收到通知之日起三十日内向人民法院起诉。

## 三、商标权撤销的法定后果

当事人未在法定期限届满前对商标局作出的撤销注册商标的决定申请复审或者对商标评审委员会作出的复审决定向人民法院起诉的,撤销注册商标的决定、复审决定生效。撤销注册商标决定生效的,原《商标注册证》作废,应由商标局予以公告,自公告之日起被撤销的注册商标权利消灭。撤销该商标在部分指定商品上的注册的,应重新核发《商标注册证》并予以公告,被撤销的指定部分的注册商标的相关权利亦自公告之日起终止。

## 第三节 商标权无效

根据《商标法》第9条规定,申请注册的商标应当有显著特征、便于识别,并不得与他人在先取得的合法权利相冲突,否则应予驳回申请。然而,尽管我国商标行政主管部门依据《商标法》《商标法实施条例》制定并公布了《商标审查及审理标准》,对于法定禁止注册和使用的情形以及商标的相同和近似问题已有明确而具体的规定,但是商标权的评审主要依靠审查员的分析与判断,尤其是关于显著性的判断,有赖于其社会阅历、知识构成、工作经验等,因此商标申请的审查结果难以避免具有一定的主观性。为此,法律设立注册商标无效宣告制度,旨在对原本依法不得作为商标使用、注册但因各种原因而已经获得商标注册的标志,或者以欺骗手段、其他不正当手段取得注册的商标,通过予以无效宣告的途径进行事后救济,该制度的功能价值体现在纠正商标错误授权、维护在先权利人和利害关系人的合法权益、防止恶意商标抢注、提高商标注册效率、维护商标注册管理秩序以及市场经济秩序。

### 一、商标权无效的含义和事由

商标权无效,是指对于本身缺乏注册商标必要构成要件,即缺乏合法性、显著性、在先性,却获得注册的商标,商标主管机关依职权或依其他单位或个人或以在先权利人或利害关系人申请宣告该注册商标无效的制度。注册商标无效宣告制度在很多国家都有设立,如德国、日本、美国、英国、韩国等的商标法律制度中都有商标无效宣告的规定。其中,日本《商标法》明确划分了无效的公权事由与私权事由[①]。我国也同样根据侵犯的利益不同进行了区分,其中缺乏合法性和显著性的注册商标是绝对无效的注册商标,任何其他单位或个人可以请求商标评审委员会宣告该注册商标无效,且无期限限制;而违反他人在先合法利益的注册商标是相对无效的注册商标,只能由在先权利人或利害关系人在规定期限内请求商标评审委员会宣告该注册商标无效。

▶ **1. 违反合法性,危害公共利益**

经过历次修正,《商标法》第44条第1款从原来的绝对理由和相对理由混合规定转变为现在的单纯绝对理由条款[②],即因违反我国商标法对"合法性"的相关规定、损害公共利益而应被宣告无效的事由,包括:一是不以使用为目的的恶意注册商标,包括代理机构恶意抢注行为等;二是法律规定禁止使用和注册的标识;三是不正当手段获得注册的商标。

(1)不以使用为目的的恶意商标注册。2019年《商标法》第四次修订中对第44条进行

---

① 参见崔立红:《商标无效宣告制度比较研究》,载《知识产权》2014年第7期。
② 参见钟鸣:《商标法第44条第1款评注》,载《知识产权》2020年第2期。

了修改,具体而言,在原有的违反《商标法》第 10 条、第 11 条、第 12 条应被无效的情形基础上,增加了违反《商标法》第 4 条,以及第 19 条第 4 款规定的应该被无效的情形。《商标法》第 4 条也同样在本次修订中进行了修改,即增加了"不以使用为目的的恶意商标注册申请,应当予以驳回"的规定,明确将对于恶意商品注册行为进行严格规制。大量注册而不使用的商标囤积行为、以炒卖牟利为目的的商标注册行为,即典型的不以使用为目的的恶意商标注册。此外,根据《商标法》第 19 条第 4 款规定,商标代理机构除对其代理服务申请商标注册外,不得申请注册其他商标,此次修订特意将违反该规定的情形增加到绝对无效的情形中,作为对严厉打击特别代理人恶意抢注行为的特别规定。

本节所述无效情形难点在于"恶意"和"不以使用为目的"两个要件的认定及两者之间的关系。"恶意"是指申请人或者代理机构违反真实使用意图,明知或应知其申请商标的行为会造成在先权利人损害而希望或放任损害发生的主观状态。"不以使用为目的"是指商标申请人以攫取不当利益,或者以商标作为竞争工具或掠夺侵占公共资源为目的的行为,其共性均为申请商标不是为了使用。对该法第 4 条新增规定的适用,"不以使用为目的"是作为"恶意"的定语或者修饰语,两者并非同等要件,无须同时满足;申请人具有"恶意"才是商标申请予以驳回的主要条件。恶意即为违背诚实信用原则,构成商标禁止注册的绝对事由。《商标法》第 4 条的修改也吻合了我国新《商标法》为根治商标恶意注册,实现规制关口前移的制度设计安排[①]。

## 典型案例

### 厦门市湖里区劲翔联合商标代理事务所诉国家工商行政管理总局商标评审委员会无效宣告商标二审案[②]

该案中,一审法院北京知识产权法院认为涉案商标申请于 2011 年,核准注册于 2014 年 3 月 7 日,劲翔商标事务所是一家经商标局备案的商标代理机构,申请注册的涉案商标核定在"服装、鞋"等商品上,超出了代理服务范围,虽然涉案商标申请时的《商标法》并未对此予以禁止,但涉案商标获准注册后的状态仍然持续到了现行《商标法》施行之后,鉴于涉案商标在现行《商标法》施行后被申请宣告无效,故依据 2014 年《商标法》第 19 条第 4 款之规定进行审查,涉案商标的注册违反了"商标代理机构除对其代理服务申请商标注册外,不得申请注册其他商标"之法律规定。

**案例评析**

"商标代理机构除对其代理服务申请商标注册外,不得申请注册其他商标"这一条款在具体适用时,无论涉案商标转让几次,都不影响原注册主体"商标代理机构"的认定,涉案商标均会被认为违反现行《商标法》第 19 条第 4 款之规定而不予核准注册或者被无效等。

---

① 参见王莲峰:《新商标法第 4 条的实用研究》,载《政法论丛》2020 年第 1 期。

② 本案例根据"厦门市湖里区劲翔联合商标代理事务所诉国家工商行政管理总局商标评审委员会无效宣告商标二审"[(2018)京行终 5617 号]所改编。参见 https://wenshu.court.gov.cn/website/wenshu/181107ANFZ0BXSK4/index.html? docId=bed81bc02475453da0fca9ca009d621a,2020-07-19。

**典型案例**

## 湖南友谊阿波罗商业股份有限公司诉国家知识产权局
## 无效宣告商标二审案①

该案中,法院认为涉案商标注册人在多个服务和商品类别上注册了80多件商标,包括众多与他人知名商标相同或者相近的商标,涉案商标注册人的商标代理机构的法定代表人与涉案商标注册人属于父子关系,该代理机构法定代表人持有代理机构99%的股权,涉案商标注册人名下商标均由该代理机构注册,据此法院认为涉案商标注册人、其商标代理机构、代理机构的法定代表人具有"明显抢注他人商标的共同故意",涉案商标系商标代理机构假借其工作人员近亲属之名申请注册,已达到规避法律的目的,故涉案商标注册人的行为视为商标代理机构的行为,涉案商标的注册违反了《商标法》第19条第4款之规定。

**案例评析**

上述案例中涉案商标申请人与商标代理机构的法定代表人因父子关系的存在,双方共同故意抢注他人商标而被认定为涉案商标注册人的行为视为商标代理机构的行为,涉案商标的注册违反了现行《商标法》第19条第4款之规定。

(2) 法律禁止使用和注册的标志。根据我国《商标法》第10条的规定,共有9种情形属于不得作为商标注册,也不得作为未注册商标进行使用,包括:①同中华人民共和国的国家名称、国旗、国徽、国歌、军旗、军徽、军歌、勋章等相同或者近似的,以及同中央国家机关的名称、标志、所在地特定地点的名称或者标志性建筑物的名称、图形相同的。②同外国的国家名称、国旗、国徽、军旗等相同或者近似的,但经该国政府同意的除外。③同政府间国际组织的名称、旗帜、徽记等相同或者近似的,但经该组织同意或者不易误导公众的除外。④与表明实施控制、予以保证的官方标志、检验印记相同或者近似的,但经授权的除外。⑤同"红十字"、"红新月"的名称、标志相同或者近似的。⑥带有民族歧视性的。⑦带有欺骗性,容易使公众对商品的质量等特点或者产地产生误认的。⑧有害于社会主义道德风尚或者有其他不良影响的。⑨县级以上行政区划的地名或者公众知晓的外国地名,不得作为商标。但是,地名具有其他含义或者作为集体商标、证明商标组成部分的除外;已经注册的使用地名的商标继续有效。相关情形的具体含义及实例列举详见本书第二章,此处不再赘述。

**典型案例**

## 第14383893号"羊卓雍措"商标无效宣告案件②

第14383893号"羊卓雍措"商标(以下称争议商标)由西藏吞弥文化旅游股份有限公司

---

① 本案例根据"湖南友谊阿波罗商业股份有限公司诉国家知识产权局无效宣告商标二审行政判决书"[(2018)京行终5989号]所改编。参见 https://wenshu.court.gov.cn/website/wenshu/181107ANFZ0BXSK4/index.html? docId=8fc5874668144f36a07caa6d002689b6,2020-07-23。

② 本案例根据商标评审委员会"第14383893号'羊卓雍措'商标无效宣告案件"案例评析所改编。参见 http://spw.sbj.cnipa.gov.cn/alpx/201906/t20190606_302186.html,2020-07-17。

（即本案被申请人）于 2014 年 4 月 15 日提出注册申请，2015 年 8 月 7 日经核准核定使用在第 29 类"鱼制食品、腌制水果"商品上。2017 年 4 月 5 日，浪卡子县羊卓投资有限责任公司（即本案申请人）对争议商标提出无效宣告请求。申请人称："羊卓雍措"地处浪卡子县，在西藏地区乃至全国都具有极高知名度和影响力。争议商标的申请注册将造成相关公众对争议商标指定使用商品的产地、质量产生误认，违背了诚实信用原则。"羊卓雍措"是公共资源，若为一家独占将造成不良社会影响。争议商标的注册违反了《商标法》第 10 条第 1 款第 8 项的规定，应予以宣告无效。被申请人在规定期限内未予答辩。

商评委经审理认为：被申请人所在地与"羊卓雍措"所在地不同。被申请人将"羊卓雍措"作为商标申请注册在"鱼制食品、腌制水果"商品上，易使相关公众认为上述商品来源于"羊卓雍措"，或者与"羊卓雍措"具有某种特定关联，从而对商品的质量及产地产生误认。因此，争议商标的注册已构成《商标法》第 10 条第 1 款第 7 项所指之情形。"羊卓雍措"为西藏三大圣湖之一，在西藏地区具有较高知名度，争议商标的注册已构成《商标法》第 10 条第 1 款第 8 项所指之情形。

### 案例评析

本案涉及有关宗教意义地名的《商标法》第 10 条第 1 款第 7 项及第 10 条第 1 款第 8 项的审理。《商标法》第 10 条第 1 款第 7 项规定，带有欺骗性，容易使公众对商品的质量等特点或者产地产生误认的标志不得作为商标使用。《商标法》第 10 条第 1 款第 8 项中所指的"其他不良影响"包括有害于宗教信仰、宗教感情或民间信仰。"羊卓雍措"为西藏三大圣湖之一，在西藏地区具有较高知名度，承载着藏族人对宗教，对大自然的无限遐想和期冀，虔诚的佛教徒每年都要绕湖朝圣。被申请人作为一家文化旅游公司，与"羊卓雍措"所在地不同，其将"羊卓雍措"作为商标申请注册在"鱼制食品、腌制水果"商品上将使相关公众对商品质量、产地等产生误认，亦可能损害宗教感情，从而产生不良影响。

（3）以欺骗手段或其他不正当手段获得注册的

根据《商标法》第 7 条规定，申请注册商标应当遵循诚实信用原则。以不正当手段获取商标注册的行为，有违商标法诚实信用的基本原则，扰乱了正常的商标注册管理秩序，有损于公平竞争的市场秩序，损害了不特定大多数主体的公益[①]，应予无效。《商标法》第 44 条第 1 款规定的"以欺骗手段或者其他不正当手段取得商标注册"主要是指，商标注册人在申请注册时采取了向商标行政主管机关虚构或者隐瞒事实真相、提交伪造的申请书件或者其他证据文件以骗取商标注册行为。

"其他不正当手段"中作为该规定的兜底，是指以欺骗手段以外的扰乱商标注册秩序、损害公共利益、不正当占用公共资源或者以其他方式谋取不正当利益的情形等手段取得注册的行为。《商标审查及审理标准》列举了三种典型的"其他不正当手段"：①申请注册多件商标，且与他人具有较强显著性的商标构成相同或者近似的；②申请注册多件商标，且与他人字号、企业名称、社会组织及其他机构名称、知名商品的特有名称、包装、装潢等构成相同或者近似的；③申请注册大量商标，且明显缺乏真实使用意图的。大量注册而不使用的商标囤积行为、以炒卖牟利为目的的商标注册行为，即属于最典型的以"其他不正当手段"取得注

---

① 段晓梅：《商标法》第四十四条第一款"其他不正当手段"解读。参见 http://spw.sbj.cnipa.gov.cn/llyj/201803/t20180321_273190.html 2020-07-17。

册的行为。

商标权作为法律拟制性权利,保护的应是生产经营活动中通过使用从而与特定商品或服务来源建立起联系的标识,而不是仅仅符号意义上的这个标识本身。上述"其他不正当手段"注册商标的行为,损害的不只是某个特定主体的权益,而是滥用商标注册制度,与商标注册制度设计的初衷背道而驰,在此意义上,扰乱了商标注册的基本秩序。此外,尽管独创性越强的商标固有显著性越强,但商标权的权利基础从来都不是独创性的智力成果本身,而是通过商业运作、经营管理、市场营销、广告宣传等方面投入凝结的商誉和市场竞争中的垄断性优势。以"不正当手段"注册商标的行为,损害了公平竞争的市场秩序,颠覆了公认的诚实守信之人的普通商业行为准则,不仅有违诚实信用原则,更有违公序良俗原则,在此意义上,损害了公共利益。

评审机关和法院从《商标法》第44条第1款规定的立法宗旨出发,综合考量在先商标和其他权利的知名度、显著性、商标近似性、申请商标注册数量、申请人主观恶意、申请人申请注册商标的真实意图和合理性等因素,判断系争商标申请人是否违反诚实信用和公序良俗原则。在商标实务中,如在先商标虽具有较高的知名度但难以达到驰名商标的程度,而系争商标与在先商标指定或核定的商品或服务不相同或不类似,难以适用《商标法》其他规定时,权利人可将《商标法》第44条第1款"以其他不正当取得注册"条款作为遏制恶意抢注的"最后一根稻草"①。

## 典型案例

## 武汉中郡校园服务有限公司、国家工商行政管理总局商标评审委员会商标行政管理(商标)再审审查与审判监督行政裁定书②

再审申请人武汉中郡校园服务有限公司(以下简称武汉中郡公司)因与被申请人国家工商行政管理总局商标评审委员会(以下简称商标评审委员会)、原审第三人北京奇虎科技有限公司(以下简称奇虎公司)商标权无效行政纠纷一案,不服北京市高级人民法院作出的(2017)京行终4134号行政判决,向最高人民法院申请再审。

最高院人民法院经审查认为,本案商标申请人违反《商标法》第4条规定,没有真实使用目的,无正当理由大量囤积商标,谋取不正当利益的,可以认定属于《商标法》第44条第1款规定的"其他不正当手段"。本案中,根据一、二审查明的事实,武汉中郡公司在多个类别的商品和服务上申请注册了包括争议商标在内的一千余件商标,其中包括大量与他人知名品牌相近似的商标,如在第9类上申请注册的"支付保闪银""徵信闪银"等商标,在第14类上申请注册的"周大庆""周大盛""周传福""周盛福"等商标,在第36类上申请注册的"五八有房""五八有车""五八有礼""五八有爱""五八有信""购付通""财聚通"等商标。本案争议商

① 如何理解"以其他不正当手段取得注册"? 参见 http://ip. people. com. cn/n1/2018/1019/c179663-30351176. html2020-07-17.

② 本案例根据"武汉中郡校园服务有限公司、国家工商行政管理总局商标评审委员会商标行政管理(商标)再审审查与审判监督行政裁定书"[(2017)最高法行申4132号]所改编。参见 https://wenshu.court.gov.cn/website/wenshu/181107ANFZ0BXSK4/index.html? docId=77266d635ca841959d6aa99e0118fe85,2020-07-28.

标核定使用在第 36 类金融服务等服务上,然而武汉中郡公司工商登记的经营范围并不涉及金融服务相关业务。此外,武汉中郡公司股东傅发春同时为北京名正利通商标代理有限公司股东,该公司在其网站上大量公开售卖商标,武汉中郡公司在起诉状中也明确承认其存在对外售卖商标的行为。综上,可认定,武汉中郡公司的前述商标注册行为,并非基于生产经营活动的需要,而是无正当理由大量囤积商标,谋取不正当利益,违法了《商标法》第 4 条的规定。武汉中郡公司的行为不但扰乱了正常的商标注册秩序,而且不正当占用了公共资源,有损公平竞争的市场秩序,属于《商标法》第 44 条第 1 款规定的"其他不正当手段取得注册"的情形。因此,争议商标的注册违反了《商标法》第 44 条第 1 款的规定。

**案例评析**

虽然商标法对于企业申请商标的数量并无禁止性规定,商标法也规定了商标权可以依法流通转让,但商标申请及转让都应该基于企业正常生产经营活动的需要,商标三年不使用撤销制度的目的也是为了促进商标的使用,发挥商标的真正价值。本案中,武汉中郡的商标注册行为,并非基于其正常生产经营活动的需要,而是为了大量囤积商标,谋取不正当利益,属于《商标法》第 44 条第 1 款规定的"其他不正当手段取得注册"的情形,争议商标应予以无效宣告。

▶ **2. 缺乏显著性,不应作为商标使用**

缺乏显著性的商标无法起到指明商品来源的作用,不应作为商标使用。《商标法》第 11、12 条规定商标不应缺乏显著性的进行了规定,包括如下情形:①仅有本商品的通用名称、图形、型号的;②仅直接表示商品的质量、主要原料、功能、用途、重量、数量及其他特点的;③其他缺乏显著特征的;但经过使用取得显著特征并便于识别的标识可以作为商标注册。此外,以三维标志申请注册商标的,仅由商品自身的性质产生的形状、为获得技术效果而需有的商品形状或者使商品具有实质性价值的形状,亦不得注册。缺乏显著性的商标即使获得注册,也将通过无效宣告程序而消灭。

在缺乏显著性的注册商标的相关情形中,比较特殊的是涉及"通用名称"的情形。正如本章第二节可被撤销的注册商标相关内容提及的,"注册商标成为通用名称"后其他单位和个人可以申请撤销该注册商标。而在本章的无效宣告,缺乏显著性可被无效的规定中亦包含"仅有本商品的通用名称"的情形。两者不同之处在于,在申请注册时尚有显著性但在使用过程中显著性逐渐退化乃至丧失的注册商标,应通过撤销程序予以终止,被撤销的注册商标自撤销决定公告之日起失效;而在申请之日即缺乏显著性错误地获得了注册的商标,应通过无效宣告程序予以终止,被宣告无效的注册商标视为自始未获得权利。故此,无效程序中对于显著性的判断与撤销程序中对于显著性的判断标准(具体可见本书第二章以及本章第二节相关内容)是一致的;不同之处在于,无效程序中需审查注册商标在申请之日前是否具有显著性,而撤销程序则需审查注册商标在提起撤销程序之时是否仍有显著性。对于涉及通用名称的注册商标,相关权利人应区别该商标成为通用名称的时间点,选择正确的程序和法律条款并收集相关证据,从而更好地实现法律的意图和权利主张[①]。

_____

① 参见黄丽:《注册商标成为通用名称的无效与撤销》,载《中国知识产权报》http://spw.sbj.cnipa.gov.cn/llyj/201412/t20141204_229739.html2020-07-28。

## 国家工商行政管理总局商标评审委员会与车王（中国）二手车<br>经营有限公司其他二审行政判决书①

诉争商标为北京神州汽车租赁有限公司注册的第 9563526 号"图形"商标，2014 年 1 月 27 日，车王公司向商标评审委员会提出撤销争议商标注册的申请。商标评审委员会于 2014 年 12 月 22 日作出商评字〔2014〕第 105807 号《关于第 9563526 号图形商标无效宣告请求裁定书》（简称第 105807 号无效宣告请求裁定），对争议商标予以维持。

北京市第一中级人民法院认为：争议商标虽经过艺术化处理，但其中字母"C"与"R"均为规范字形，仅字母"A"省略了中间一横，相关公众容易将争议商标整体识别为汽车的英文单词"CAR"。争议商标核定使用在"救护运输、停车位出租、汽车出租、车辆租赁"等服务项目上，直接表示了提供上述服务的载体或工具等一般特点，相关公众难以通过该商标区分服务的来源，缺乏商标应有的显著性。故商标评审委员会关于相关公众不易将争议商标识别为单词"CAR"，从而具有显著性的认定有误，予以纠正。北京市第一中级人民法院判决撤销商标评审委员会作出的第 105807 号无效宣告请求裁定，并要求重新做出裁定。国家工商行政管理总局商标评审委员会、北京神州汽车租赁有限公司不服北京市第一中级人民法院（2015）京知行初字第 520 号行政判决，向北京知识产权法院提起上诉。

北京高级人民法院认为：对商标的认知应以相关公众的认知水平为准。虽然相关公众的标准应当是一致的，但在涉及对含有外文文字的商标的情况下，应当承认相关公众中包括具有外文基础和不具有外文基础的相关公众。此时，应考虑该种外文在我国的教育普及程度，以确定相关公众的标准。在涉及变形或艺术化外文文字的商标时，还应考虑变形或艺术化的程度，以相关公众在施以一般注意力，即在看到该商标时能够直接理解其为变形或艺术化的外文文字为标准。对于需要超出一般注意力，即经过长时间辨别或者经过一定的思考才能得出该商标为变形或艺术化的外文文字，可以认定为该商标所包含的外文文字已经超出外文文字的范围，而进入图形的范畴。同时，相关公众在完成对变形或艺术化的商标的辨识时，应当是独立完成，而不能经过他人提示或者对该商标的说明。争议商标为连续不间断的笔画及长方形背景构成，其中的连续不间断的笔画，对具有一定英文基础的相关公众而言，可能认为争议商标由"C"以及变形或艺术化的"R"以及去掉一横的、不规范的"A"组成，属于变形或艺术化的英文"CAR"；对不具有英文基础或英文基础较差的相关公众而言，争议商标中的连续不间断的笔画并不一定会产生其为英文"CAR"的认知。

一件被核准注册的商标本身应当具有固有显著性，而且通过使用该商标还可以取得显著性。对于核准注册时不具有固有显著性或者固有显著性较弱的商标，其通过使用仍可以获得显著性。本案争议商标不论是否属于含有变形或艺术化的英文"CAR"的商标，争议商标为已经核准注册的商标。对此种已经核准注册的商标，在判断是否予以撤销的时候，应考

---

① 本案例根据"国家工商行政管理总局商标评审委员会与车王（中国）二手车经营有限公司其他二审行政判决书"〔(2015)高行(知)终字第 2484 号〕所改编。参见 https://wenshu.court.gov.cn/website/wenshu/181107ANFZ0BXSK4/index.html? docId=de0a0ca340854ac88a7f68a25d4ebce1，2020-08-16。

虑该商标的使用情况。如果通过使用使该商标取得了显著性,获得了一定的知名度并具有了一定相关公众群体,该商标即应予维持。本案证据证明神州公司在较大范围内对争议商标进行了商标法意义上的使用,包括在门店使用、投放广告、进行宣传等。上述使用,使争议商标已经取得了相应的显著性,已经在相关公众中具有了一定的知名度,而该种知名度又能够证明争议商标已经具有了一定的相关公众群体。在争议商标有较大范围的使用并具有了一定知名度及相关公众群体的情况下,争议商标不宜依据 2001 年《商标法》第 11 条的规定予以撤销。

### 案例评析

商标显著性的特点之一就是具有流动性,即随着商标的使用可能原本不存在显著性的商标能够获得显著性,而原本显著性较强的商标的显著性也可以会退化甚至丧失。具体的判断标准应该在个案中以相关公众的认知为基准,而不应一概而论。

▶ **3. 违反在先性,侵犯他人合法利益**

根据《商标法》第 45 条第 1 款,已经注册的商标,违反本法第 13 条第 2 款和第 3 款、第 15 条、第 16 条第 1 款、第 30 条、第 31 条、第 32 条规定的,自商标注册之日起五年内,在先权利人或者利害关系人可以请求商标评审委员会宣告该注册商标无效。对恶意注册的,驰名商标所有人不受五年的时间限制。该条立法本意在于规制损害特定民事权益的注册商标,对特定主体在先商标权利或其他在先权利进行保护。根据侵犯的合法利益不同,应被无效的情形如下:

(1) 攀附驰名商标

根据《商标法》第 13 条第 2、3 款,在相同或者类似商品上复制、摹仿或者翻译他人未在中国注册的驰名商标、易导致混淆的;以及就不相同或者不相类似商品上复制、摹仿或者翻译他人已经在中国注册的驰名商标、误导公众,致使该驰名商标注册人的利益可能受到损害的,不予注册并禁止使用。已经获得注册的,驰名商标注册人可以请求对攀附其商标的注册商标予以无效宣告。

## 典型案例

### 第 12055673 号"TOEFL"商标无效宣告案[①]

申请人美国教育考试服务中心申请被申请人南京筑梦堂教育咨询有限公司第 12055673 号"TOEFL"商标无效。国家知识产权局裁定争议商标予以无效宣告。

据查明的事实及申请人提交的证据显示,在争议商标申请注册之前,引证商标"TOEFL""托福"已在发展管理英语语言能力测试以及关于语言熟练程序、语言技能和语言学习的考试服务上为相关公众所熟知。争议商标"TOEFL"与"TOEFL"商标及中文"托福"相同,构成对引证商标的复制、摹仿、翻译。被申请人将其相同的商标申请注册在饭店等服务上,易减弱申请人商标的显著性,致使申请人的合法利益可能受到损害。因此,被申请人注册争议商标的行为已构成《商标法》第 13 条第 3 款所指的情形。

---

① 本案例根据国家知识产权局原商标评审委员会"第 12055673 号'TOEFL'商标无效宣告案"案例评析所改编。参见 http://spw. sbj. cnipa. gov. cn/alpx/202006/t20200609_316740. html,2020-05-13。

### 案例评析

复制是指系争商标与他人驰名商标相同；模仿是指系争商标抄袭他人驰名商标,沿袭他人驰名商标的显著部分或者显著特征；翻译是指系争商标将他人驰名商标以不同的语言文字予以表达,且该语言文字已与他人驰名商标建立对应关系,并为相关公众广为知晓或者习惯使用。就本案而言,争议商标为纯英文商标"TOEFL",与申请人主张驰名的"TOEFL"商标完全相同,构成复制。

对已注册驰名商标的保护范围可以延及非类似的商品或服务上,但并不意味着可以无条件地及于全部的商品或服务类别,而应当综合考量双方商标标识之间的近似程度以及驰名商标的独创性、驰名商标的知名程度、双方商标指定使用的商品及服务之间的关联程度等因素,以容易误导公众、致使该驰名商标注册人的利益可能受到损害为前提。

(2) 未经授权的代理人注册行为

根据《商标法》第 15 条第 1 款,代理人或者代表人未经授权以自己的名义将被代理人或者被代表人的商标进行注册的注册商标,如果被代理人或者被代表人提出异议的,不予注册并禁止使用。已经获得注册的,被代理人或者被代表人可请求无效该注册商标。未经授权的代理人注册行为是相对无效情形,与绝对无效情形中的违反第 19 条第 4 款规定的商标代理机构不得注册除其代理服务之外的其他商标的情形,显然是有所区别的。前者是从代理关系出发,要求代理人承担更为严格的规避义务,基于特定代理机构(与被代理人存在代理关系的机构)存在与被代理人的紧密关系,对特定商标(被代理人已使用但未注册商标)的知晓程度应高于一般主体,因此要求其承担更高的法律要求,维护的是特定被代理人的在先利益；而后者则是从商标代理机构本身业务特点出发,基于其对于商标注册制度、相关业务和市场的深度了解,避免其对于不特定商标进行抢注或者囤积的行为,维护的是商标注册秩序和不特定的公共利益。

(3) 间接商务往来关系人恶意抢注

同样为了维护公平竞争的市场秩序及遏制特定关系人的商标抢注行为,我国《商标法》第 15 条第 2 款规定,就同一种商品或者类似商品申请注册的商标与他人在先使用的未注册商标相同或者近似,申请人与该他人具有前款规定以外的合同、业务往来关系或者其他关系而明知该他人商标存在,该他人提出异议的,不予注册。已经获得注册的,该他人可请求无效注册商标。

## 典型案例

## 第 14207876 号"沪江"商标系列无效宣告案[①]

争议商标:第 14207876 号"沪江"商标、第 17656015 号"沪江网校 HJCLASS.COM 及图"商标、第 5700432 号"沪江英语"商标(以下称争议商标一、二、三)。

争议商标一、二由被申请人沪江教育科技(上海)股份有限公司分别于 2014 年 3 月 19 日、2015 年 8 月 13 日申请注册,2017 年 8 月 21 日、2017 年 9 月 7 日获准注册；争议商标三

---

① 本案例根据"第 14207876 号'沪江'商标系列无效宣告案"案例评析所改编。参见 http://spw.sbj.cnipa.gov.cn/alpx/202006/t20200609_316739.html,2020-07-11。

由伏彩瑞于 2006 年 11 月 3 日申请注册,2013 年 9 月 28 日核准注册,该商标于 2015 年 8 月 21 日转让给被申请人。3 件争议商标核定使用在第 41 类"教育、培训"等服务上。后上述 3 件争议商标被申请人上海理工大学提出无效宣告申请。

国家知识产权局经审理认为,沪江语林网系申请人外语学院发起建设,申请人予以资助,并指派教师指导、监督。伏彩瑞等学生为网站主要操作员。伏彩瑞以个人名义注册网站域名并运营维护,媒体进行了相关报道,申请人并未对此提出异议。申请人还将伏彩瑞在其校友网中进行宣传,并与被申请人之间有合作。前述事实表明在被申请人注册"沪江"商标前,申请人对伏彩瑞宣传"沪江语林"及使用"沪江英语"的行为持默许态度。此外,申请人与"沪江大学"具有历史渊源,"沪江"为其在教育等服务上在先使用的未注册商标。伏彩瑞作为申请人的学生对此知晓。故被申请人将争议商标一—"沪江"注册在教育等服务上违反了 2013 年《商标法》第 15 条第 2 款的规定。争议商标二、三与"沪江"一词整体存在差异,被申请人提交的证据能够证明争议商标二、三在网络教育领域获得了一定知名度和市场声誉,并与被申请人形成对应关系。国家知识产权局认为,争议商标二、三未违反 2013 年《商标法》第 15 条第 2 款的规定。

**案例评析**

本系列案件中,国家知识产权局对 2013 年《商标法》第 15 条第 2 款的"其他关系"作出扩张解释,即是否属于本款所规定的其他关系,应限定为与合同业务往来等性质相近的关系,但不限于商业关系或者职务、身份关系。对"其他关系"做出扩张解释,是对扩大当事人维权范围的体现,可有效遏制商标抢注行为,维护市场经济秩序。

2013 年《商标法》第 15 条第 2 款的立法目的是维护诚实信用原则,制止不公平竞争。从本系列案件审理来看,恶意的判定是争议商标与申请人在先使用商标近似程度判定的重要衡量标准。考虑到"沪江语林"网的创办,申请人与伏彩瑞都投入了人力物力,被申请人基于沪江语林网创办沪江网校并无恶意,且沪江英语、沪江网校已具有一定知名度和影响力,亦考虑到申请人与"沪江大学"的历史渊源及其对"沪江"商标的在先使用情况,沪江文字不宜为一家独占,申请人及被申请人宜在附着明显区别部分的情况下合理使用"沪江"文字,才能够起到区别服务来源的作用,不会造成公众混淆误认。

综上,在涉及特定关系人的案件时,应当结合 2013 年《商标法》第 15 条第 2 款的立法目的,遵循诚实信用原则,保护在先权利,制止不公平的竞争行为。

（4）以地理标志误导公众

根据《商标法》规定,商标中有商品的地理标志,而该商品并非来源于该标志所标示的地区,误导公众的,不予注册并禁止使用;但已经善意取得注册的继续有效。也即,对于恶意取得注册的,经由利害关系人申请应被无效。

（5）在先商标的相关权益

除了禁止攀附驰名商标之外,注册商标也不应损害、妨碍其他在先商标的相关权益,包括在先获得授权的商标、在先申请的商标、在先使用的有影响力的商标。具体而言:①同在先商标注册人在同一种商品或者类似商品上已经注册的或者初步审定的商标相同或者近似,但依然获得注册的商标,在先商标权利人可以请求无效该注册商标;②两个或者两个以上的商标注册申请人,在同一种商品或者类似商品上,以相同或者近似的商标申请注册的,应初步审定并公告申请在先的商标;同一天申请的,应初步审定并公告使用在先的商标,应驳回申请,获得注册的,在先申请、使用的商标权人可以请求无效该注册商标;③以不正当手段抢先注册他人已经使用并有一定影响的商标,被抢注的商标所有人可以请求无效该注册商标。

## 典型案例

### 江苏五谷坊酒业有限公司等与国家知识产权局二审行政[①]

上诉人江苏五谷坊酒业有限公司(简称五谷坊公司)因商标权无效宣告请求行政纠纷一案,不服北京知识产权法院(2019)京73行初5138号行政判决,向北京高级人民法院提起上诉。

北京高级人民法院认为,争议焦点为诉争商标与引证商标是否构成使用在同一种或类似商品上的近似商标。2014年《商标法》第30条规定,申请注册的商标,凡不符合本法有关规定或者同他人在同一种商品或者类似商品上已经注册的或者初步审定的商标相同或者近似的,由商标局驳回申请,不予公告。

商标近似是指商标文字的字形、读音、含义或者图形的构图及颜色,或者其各要素组合后的整体结构相似,或者其立体形状、颜色组合近似,易使相关公众对商品的来源产生误认或者认为其来源与注册商标的商品有特定的联系。本案中,诉争商标标志由汉字"柔之梦"构成,引证商标标志由汉字"梦之蓝"构成。二者均由三个汉字构成,均包含"之""梦"二字,在文字构成、呼叫等方面相近,构成近似标志。在案证据可以证明引证商标在诉争商标申请日前,经过宣传使用已具有一定的知名度。诉争商标与引证商标若同时使用在同一种或类似商品上,相关公众施以一般注意力时,易导致对商品来源产生混淆、误认,或者认为其来源之间有特定的联系。故诉争商标与引证商标构成使用在同一种或类似商品上的近似商标。五谷坊公司的该项上诉理由不能成立。

商标审查实行个案原则,由于每个商标的构成要素、历史背景、相关公众的认知程度、商业使用状况等均有差异,其他商标的情况与本案不同,不能当然成为诉争商标维持注册的理由。五谷坊公司关于多个含"之""梦"的商标已经在类似商品上共存,诉争商标与引证商标可以共存的理由不能成立。

#### 案例评析

商标异议程序和商标权无效宣告情况是两个不同的行政程序。诉争商标因异议理由不成立,被核准注册,并非诉争商标在商标权无效宣告程序中应予维持注册的当然理由。

## 典型案例

### 穆怀波等与国家知识产权局二审行政诉讼[②]

上诉人穆怀波因商标权无效宣告行政纠纷一案,不服北京知识产权法院作出的(2019)

---

① 本案例根据"江苏五谷坊酒业有限公司等与国家知识产权局二审行政判决书"[(2020)京行终1060号]所改编。参见 https://wenshu. court. gov. cn/website/wenshu/181107ANFZ0BXSK4/index. html?docId=1ebb3a645394418d865fabc7000d562a, 2020-07-26。

② 本案例根据"穆怀波等与国家知识产权局二审行政判决书"[(2020)京行终1997号]所改编。参见:https://wenshu. court. gov. cn/website/wenshu/181107ANFZ0BXSK4/index. html?docId=d8d6ceb8bcd844e78377ac1b00b09d6e, 2020-08-17。

京 73 行初 10859 号行政判决,向北京高级人民法院提起上诉。

北京高级人民法院认为,2013 年《商标法》第 32 条前半段规定,"申请商标注册不得损害他人现有的在先权利"。《最高人民法院关于审理商标授权确权行政案件若干问题的规定》第 18 条规定:"商标法第 32 条规定的在先权利,包括当事人在诉争商标申请日之前享有的民事权利或者其他应予保护的合法权益"。第 21 条规定:"当事人主张的字号具有一定的市场知名度,他人未经许可申请注册与该字号相同或者近似的商标,容易导致相关公众对商品来源产生混淆,当事人以此主张构成在先权益的,人民法院予以支持。"

2013 年《商标法》第 32 条后半段规定:"申请商标注册不得以不正当手段抢先注册他人已经使用并有一定影响的商标。"《最高人民法院关于审理商标授权确权行政案件若干问题的规定》第 23 条第 1、2 款规定:"在先使用人主张商标申请人以不正当手段抢先注册其在先使用并有一定影响的商标的,如果在先使用商标已经有一定影响,而商标申请人明知或者应知该商标,即可推定其构成'以不正当手段抢先注册'。但商标申请人举证证明其没有利用在先使用商标商誉的恶意的除外。在先使用人举证证明其在先商标有一定的持续使用时间、区域、销售量或者广告宣传的,人民法院可以认定为有一定影响。"

鸿顺德公司提交相关证据,可以证明天津市河北区鸿顺德饭庄在诉争商标申请日之前,长期持续使用未注册商标"鸿顺德"用于"饭店、流动饮食供应"服务上并具有一定知名度。天津市河北区鸿顺德饭庄还将"鸿顺德"未注册商标许可鸿顺德雅集公司使用。诉争商标的申请人穆怀波与天津市河北区鸿顺德饭庄、鸿顺德雅集公司同属于天津市,均从事饭店经营,特别是清真食品的经营,二者具有较强的竞争关系。穆怀波理应知晓天津市河北区鸿顺德饭庄未注册商标"鸿顺德"。在此情况下,穆怀波申请注册与该未注册商标"鸿顺德"相同的诉争商标,其行为不具有正当性。综上,穆怀波申请注册诉争商标在"饭店"等服务上的注册构成以不正当手段抢先注册他人已经使用并具有一定影响商标的情形。

### 案例评析

当事人主张的字号具有一定的市场知名度,他人未经许可申请注册与该字号相同或者近似的商标,容易导致相关公众对商品来源产生混淆,当事人以此主张构成在先权益的,符合商标法关于保护在先权利的立法本意。

(6)其他现有在先权利

对于《商标法》已有特别规定的在先权利,按照《商标法》的特别规定予以保护,如前所述;对于《商标法》虽无特别规定,但权利人依法享有的权益,也应当根据《商标法》第 32 条第 1 款通过兜底条款给予保护,即申请商标注册不得损害他人现有的在先权利。除前述有特别规定的在先权利,其他现有在先权利还应该包括《民法典》则和其他法律的规定属于应予保护的合法权益,包括但不限于,在注册商标申请日之前已经合法存在且在诉争商标核准注册时依然存在的著作权、姓名权、商号权、在先外观设计专利权等;不正当竞争法等其他法律规定的企业的合法权益亦应包含在内。

## 典型案例

### 恒大地产集团有限公司等与国家知识产权局二审行政判决书[①]

上诉人恒大地产集团有限公司(简称恒大公司)因商标权无效宣告请求行政纠纷一案,不服北京知识产权法院(2018)京73行初4094号行政判决,向北京高级人民法院提起上诉。北京市高级人民法院经审查,认为:

一、恒大公司是否有权作为本案利害关系人,以诉争商标的注册损害在先姓名权为由提起商标无效宣告申请。

一方面,由上述法律规定可知,以诉争商标违反2013年《商标法》第32条规定为由提出无效宣告申请的主体,须为"在先权利人或者利害关系人"。对于"利害关系人"的范围,在现行法律法规未作出明确界定的情况下,宜从商标权无效宣告制度的立法本意出发,理解相关术语的含义。注册商标无效宣告制度的设立,旨在对原本依法不得作为商标使用、注册但因各种原因而已经获得商标注册的标志,或者以欺骗手段、其他不正当手段取得注册的商标,通过予以无效宣告的途径进行事后救济,该制度的功能价值体现在维护在先权利人和利害关系人的合法权益、防止恶意商标抢注、提高商标注册效率、维护商标注册管理秩序以及市场经济秩序。而将有权以诉争商标违反《商标法》第32条等相对条款为由提出商标权无效宣告申请的主体限定为"在先权利人或利害关系人",其目的即在于在有效保障在先权利人和利害关系人维护自身合法利益与有效减少乃至避免为谋取不正当利益而恶意提出商标无效宣告的情形之间,寻求合理的平衡。

另一方面,姓名权是《中华人民共和国民法通则》(简称《民法通则》)和《中华人民共和国侵权责任法》明确规定的法定权利,它是指公民依法决定、使用或者依照规定改变自己姓名的权利,并有权禁止他人干涉、盗用、冒用,是自然人享有的人格权之一。此外,《中华人民共和国反不正当竞争法》第6条第2款规定,擅自使用他人有一定影响的姓名(包括笔名、艺名、译名等)引人误认为是他人商品或者与他人存在特定联系的,属于反不正当竞争法禁止实施的混淆行为。因此,"有一定影响的姓名"权益的保护,还基于该姓名与特定经营者形成了稳定的对应关系而蕴含了一定的经济利益,使得相关公众将该姓名与特定经营者提供的商品或服务相联系。特别是在目前的商业环境下,企业家往往基于品牌营销、广告成本等因素,将其个人与企业品牌整合推广,与其经营的企业和产品紧密相连。因此,企业家的姓名不仅代表着其个人的人格权,很大程度上也承载了其所管理的公司的企业形象和品牌价值。作为公司管理者的企业家,其姓名不仅代表其个人,也与公司及品牌相互影响乃至高度融合。

因此,结合商标权无效宣告程序中保障在先权益、打击恶意抢注、维护商标注册管理秩序等立法要旨,以及姓名所包含的人身权利及经济利益的具体内容,在具体案件中,对于姓名权益的利害关系人的认定,宜从以下几个方面综合考量:一是申请主体与涉案姓名所涉自然人之间是否存在许可使用、合法继受等法律关系;二是申请主体与涉案姓名是否形成稳定的对应关系;三是申请主体所提起的申请商标权无效宣告行为,是否与涉案姓名的权

---

① 本案例根据"恒大地产集团有限公司等与国家知识产权局二审行政判决书"[(2019)京行终5954号]所改编。参见:https://wenshu.court.cn/website/wenshu/181107ANFZ0BXSK4/index.html? docId = 57090096c1ab44d882fdab34000b997f,2020-07-16。

利人的意思表示相冲突。

二、诉争商标的注册是否违反 2013 年《商标法》第 32 条关于"申请商标注册不得损害他人现有的在先权利"的规定。

《商标法》所述的"在先权利",包括《民法通则》和其他法律规定的属于应予保护的合法权益,其不仅涵盖了"姓名"所承载的自然人的人格权,也涉及反不正当竞争法层面上通过规制行为人明知他人姓名而采取盗用、冒用等手段造成相关公众对商品或服务来源发生混淆误认的不正当竞争行为进而产生的"姓名权益"。前者强调对自然人人格尊严的保护,后者则侧重对造成相关公众混淆的不正当竞争行为的规制。

本案中,根据在案证据,其一,基于许家印作为恒大公司董事长在企业经营、公益宣传等活动中所获荣誉以及媒体宣传报道的情况,可以证明相关公众可将"许家印"与许家印本人及其所经营的恒大公司建立起对应关系。其二,结合许家印及恒大公司的知名度情况,诉争商标核定使用的第 25 类"服装"等商品的相关公众看到"许家印"商品时,容易认为标有"许家印"商标的商品系来自于许家印所经营的恒大公司,或认为其与许家印、恒大公司存在特定联系。其三,根据在案证据中显示的许家印及恒大公司所获得的较高知名度,同时考虑到陈焕然在商标行政阶段及诉讼阶段均未参与,未能对其使用"许家印"申请诉争商标作出合理解释。在此情况下,可以推定陈焕然在申请注册诉争商标时,明知"许家印"系恒大公司董事长许家印这一事实,具有较为明显的主观恶意。因此,诉争商标的申请注册属于擅自使用他人有一定影响的姓名,易导致相关公众的混淆误认,已构成对许家印姓名权益的侵害,违反了 2013 年《商标法》第 32 条的规定。

**案例评析**

基于商标权无效宣告程序中保障在先权益、打击恶意抢注、维护商标注册管理秩序等立法要旨,对于"利害关系人""在先权利"的认定应该结合实际情况进行综合考量。本案中"许家印"不仅是自然人许家印本人姓名权,更因长期正面宣传等已经具有一定影响力,并已与恒大公司建立了紧密对应关系和特定联系,从而使恒大公司对该姓名享有应该被反不正当竞争法上的权益,即避免被恶意注册及使用以致混淆。故此,本案中,二审法院认可恒大公司可以作为利害关系人针对诉争商标提出无效宣告申请的主张,进而维护许家印的姓名权益,并从反不正当竞争法的角度对于在先权利进行了全面考量。

**典型案例**

### 第 13685632 号'peppapig 及图'商标无效宣告案[①]

第 13685632 号"peppapig 及图"商标(以下称争议商标)由福建省晋江市池店赤塘制鞋七厂(即本案被申请人)于 2013 年 12 月 9 日提出注册申请,经异议,于 2016 年 9 月 7 日获准注册,核定使用在第 35 类"广告、替他人推销"等服务上。2017 年 6 月 16 日,娱乐壹英国有限公司(即本案申请人)对争议商标提起无效宣告申请,主要理由为申请人及其发行的《小猪佩奇》(*Peppa Pig*)动画片以及片中的角色形象在中国乃至全球范围内均享有极高的

---

① 本案例根据商标评审委员会"第 13685632 号'peppapig 及图'商标无效宣告案"案例评析所改编。参见 http://spw.sbj.cnipa.gov.cn/alpx/201907/t20190729_305210.html,2020-07-19。

知名度。争议商标的图形部分与申请人享有在先著作权的美术作品实质性相似,侵犯了申请人享有的在先著作权。申请人请求依据《商标法》第 32 条、第 45 条第 1 款等相关规定,宣告争议商标无效。被申请人在规定期限内未予答辩。

商评委经审理认为,首先,申请人所述的"Peppa Pig"角色形象(以下称涉案作品)表现形式独特,具有较强的独创性,属于著作权法保护的美术作品。其次,申请人提交的知识产权转让相关协议及"Peppa Pig"美术作品在美国的著作权登记证书及作品图样等证据足以形成完整证据链,证明 Astley Baker Davies Limited 与申请人为"Peppa Pig"美术作品的著作权人,且该美术作品的创作完成时间和公开发表、使用的时间均早于争议商标的申请日期。我国与美国均为《伯尔尼公约》成员国,申请人在美国取得的著作权亦受我国著作权法的对等保护。再次,系争商标的图形部分与申请人享有著作权的涉案作品在构成要素、表现形式、设计细节等方面高度相近,给公众的视觉效果几无差异,已构成著作权法意义上的实质性相似。最后,申请人提交的证据可以证明,在争议商标申请日期之前,《新民网》《书市观察》《西域图书馆论坛》等国内媒体已对小猪佩奇系列图书及游戏进行了报道,被申请人在争议商标申请日前完全有可能接触到申请人作品。本案争议商标文字部分亦与申请人涉案作品动画角色名称完全相同。争议商标的申请注册难谓巧合。综上,被申请人未经申请人许可或同意,将与申请人享有著作权的涉案作品高度近似的图形作为争议商标的组成部分申请注册,其行为侵犯了申请人在先著作权,争议商标的注册违反了《商标法》第 32 条关于申请商标注册"不得损害他人现有的在先权利"之规定。因此,争议商标依法应予以无效宣告。

### 案例评析

我国《商标法》第 32 条规定:"申请商标注册不得损害他人现有的在先权利,也不得以不正当手段抢先注册他人已经使用并有一定影响的商标。"其中,"在先权利"是指在系争商标申请注册日之前已经取得的,除商标权以外的其他法定权利或者应受到法律保护的相关权益,包括著作权。未经著作权人的许可,将他人享有著作权的作品申请注册商标,应认定为对他人在先著作权的损害,适用《商标法》第 32 条予以规制。从本案的审理中可以看出,判定系争商标的注册是否损害申请人在先著作权,需考虑申请人所述的涉案作品是否构成著作权法保护的作品、申请人是否对涉案作品享有在先著作权、系争商标与涉案作品是否构成实质性相似及被申请人是否存在接触涉案作品的可能等因素。值得注意的是,我国于1992 年加入了《伯尔尼公约》,因此,在缔约国内首次发表的一切文学艺术作品也在我国受到保护。

## 典型案例

### 第 18436154 号"哈利波特 Halibote 及图"商标无效宣告案[①]

第 18436154 号"哈利波特 Halibote 及图"商标(以下称争议商标)由江川辉胜商务有限公司(以下称被申请人)于 2015 年 11 月 26 日提出注册申请,2017 年 1 月 7 日获准注册,核定使用在第 5 类"医用营养食物、营养补充剂、婴儿食品、婴儿奶粉、婴儿尿裤、婴儿尿布、人

---

① 本案例根据商标评审委员会"第 18436154 号'哈利波特 Halibote 及图'商标无效宣告案"案例评析所改编。参见 http://spw.sbj.cnipa.gov.cn/alpx/201908/t20190804_305397.html,2020-07-29。

用药"等商品上。华纳兄弟娱乐公司(以下称申请人)于 2017 年 9 月 21 日对争议商标提出无效宣告请求。申请人认为争议商标的注册损害了申请人对"HARRY POTTER"及其中文译文"哈利波特"享有的知名商品(电影)特有名称权益和商品化权,违反了《商标法》第 32 条的规定,请求依法予以无效宣告。被申请人在规定期限内未予答辩。

商标评审委员会经审理认为,申请人是"哈利·波特"系列影视作品的出品方,根据申请人提交的在案证据可以证明在争议商标申请日前,"哈利·波特"系列小说及电影已经在中国大陆地区进行了广泛的宣传、播放,并具有较高知名度。"哈利·波特"作为上述"哈利·波特"系列影视作品中的主角名称也因此为相关公众所熟知,其知名度的取得是申请人创造性劳动的结晶,也是申请人投入大量劳动和资本所获得,由此带来的商业价值和商业机会应为申请人享有的合法权益,并受到法律保护。而争议商标的显著识别文字与申请人的上述知名影视作品中的主角名称"哈利·波特"完全相同,考虑到实践中,利用影视作品名称、重要成员名称等进行商业衍生商品或服务开发已经成为现实且普遍的现象,争议商标核定使用在"营养补充剂、婴儿食品、婴儿尿裤"等商品上,容易使相关消费者误认为上述商品与申请人赖以知名的系列影视作品"哈利·波特"相关或者已经获得了其授权。因此,争议商标的注册使用可能会不正当地借用申请人基于其系列影视作品而享有的商业信誉,挤占申请人基于其系列影视作品而享有的市场优势地位和交易机会,损害申请人基于其系列影视作品中的主角名称而享有的在先权益,已构成《商标法》第 32 条规定的损害他人现有的在先权利之情形。

另外,知名商品特有的名称,是指知名商品独有的与通用名称有显著区别的商品名称。本案中,申请人提交的证据不足以证明其"哈利·波特"名称在争议商标核定使用商品"人用药"等同一种或类似商品上构成知名商品的特有名称。据此,申请人该项主张缺乏事实依据,不予支持。

### 案例评析

《商标法》第 32 条"申请商标注册不得损害他人现有的在先权利"的立法目的是在商标授权确权程序中解决商标权与相关权利人拥有的其他在先权利之间的冲突问题。该条款所指的在先权利不仅包括现行法律已经明确规定的在先法定权利,也包括根据《民法通则》和其他法律的规定应予保护的合法权益。本案申请人所主张的"商品化权",指的是权利人具有的将知名形象、知名作品名称等相关标识与商品或服务结合,投入商业性使用而取得经济利益的权利,由于该权利并非法定的民事权利类型,故将其认定为"在先权益"。当影视作品主角名称因具有一定知名度而不再单纯局限于作品、人物本身,与特定商品或服务的商业主体或商业行为相结合,影视作品相关公众将其对于作品的认知与情感投射于影视作品及其主角名称之上,并对与其结合的商品或服务产生信任感和消费需求,使权利人借此获得影视出版发行以外的商业价值与商业机会时,则该影视作品主角名称可以构成"在先权益"。

商品化权益虽无法律明文规定,但考虑到"哈利·波特"作为知名影视作品及其主角名称所积累的市场知名度和商业信誉等是申请人投入大量劳动和资本所获得,为其应享有的合法在先权益。将具有商业价值的知名影视作品及其主角名称作为在先权益给予保护,有利于制止利用商标注册占有他人智慧劳动成果的不诚信行为,对鼓励智慧成果的创作和商业转化,促进文化事业的蓬勃发展和塑造良好营商环境发挥了积极作用。

## 二、商标权无效的法定程序

就缺乏合法性和显著性的应"绝对无效"的注册商标,即《商标法》第 44 条第 1 款规定之情形,商标局可以依照职权作出无效决定,也可由商标评审委员会依其他单位和个人的申请启动无效宣告程序。而就侵犯他人在先合法利益的"相对无效"的注册商标,即《商标法》第 45 条第 1 款规定之情形,应由在先权利人或者利害关系人在规定期限内提起无效宣告请求。根据发起无效宣告请求的法律主体不同,商标权无效的程序也有所区别,具体如下:

▶ 1. 商标局依职权发起的无效程序

(1)商标局作出决定并通知:商标局依据《商标法》第 44 条第 1 款作出宣告注册商标无效的决定并书面通知权利人。

(2)不服商标局决定的救济:权利人对商标局的决定不服的,可自收到通知之日起十五日内向商标评审委员会申请复审。

(3)商标评审委员会复审审理:不服商标局宣告注册商标无效决定的复审案件,应当针对商标局的决定和申请人申请复审的事实、理由及请求进行审理。根据当事人的请求或者实际需要,可以进行口头审理。

(4)商评委作出复审决定:商标评审委员会应当自收到申请人申请之日起九个月内作出决定,并书面通知当事人。有特殊情况需要延长的,经国务院工商行政管理部门批准,可以延长三个月。

(5)不服复审决定的救济:复审申请人对商标评审委员会的复审决定不服的,可以自收到通知之日起三十日内向人民法院提起行政起诉。

▶ 2. 其他单位或者个人提出请求的无效程序

(1)提起请求:其他单位或者个人依据《商标法》第 44 条第 1 款请求商标评审委员会宣告违反合法性和显著性的注册商标无效。

(2)权利人提交答辩:其他单位或者个人请求商标评审委员会宣告注册商标无效的,商标评审委员会收到申请后,应当书面通知有关当事人,并限期提出答辩。

(3)商评委审理:商标评审委员会审理依照《商标法》第 44 条、第 45 条规定请求宣告注册商标无效的案件,应当针对当事人申请和答辩的事实、理由及请求进行审理。根据当事人的请求或者实际需要,可以进行口头审理。

(4)商评委作出裁定:商标评审委员会应当自收到申请之日起九个月内作出维持注册商标或者宣告注册商标无效的裁定,并书面通知当事人。有特殊情况需要延长的,经国务院工商行政管理部门批准,可以延长三个月。

(5)不服商评委裁定的救济:当事人对商标评审委员会的裁定不服的,可以自收到通知之日起三十日内向人民法院起诉。人民法院应当通知商标裁定程序的对方当事人作为第三人参加诉讼。

▶ 3. 在先权利人或利害关系人发起的无效程序

(1)提出请求:有《商标法》第 45 条第 1 款规定之情形的,自商标注册之日起 5 年内,在先权利人或者利害关系人可以请求商标评审委员会宣告侵犯其合法权益的注册商标无效。其中,对恶意注册的,驰名商标所有人不受五年的时间限制。

(2)权利人提交答辩:商标评审委员会收到宣告注册商标无效的申请后,应当书面通知有关当事人并限期答辩,权利人可以在规定限期内提出答辩。

(3)商评委审理:商标评审委员会审理应当针对当事人申请和答辩的事实、理由及请求进行审理。根据当事人的请求或者实际需要,可以进行口头审理。此外,商评委对无效宣告请求进行审查的过程中,所涉及的在先权利的确定必须以人民法院正在审理或者行政机关正在处理的另一案件的结果为依据的,可以中止审查,中止原因消除后恢复审查程序。

(4)商评委作出裁定:商标评审委员会应当自收到申请之日起十二个月内作出维持注册商标或者宣告注册商标无效的裁定,并书面通知当事人。有特殊情况需要延长的,经国务院工商行政管理部门批准,可以延长六个月。

(5)不服商评委裁定的救济:当事人对商标评审委员会的裁定不服的,可以自收到通知之日起三十日内向人民法院起诉。人民法院应当通知商标裁定程序的对方当事人作为第三人参加诉讼。

前述程序中规定的法定期限届满之前,当事人对商标局宣告注册商标无效的决定不申请复审或者对商标评审委员会的复审决定、维持注册商标或者宣告注册商标无效的裁定不向人民法院起诉的,商标局的决定或者商标评审委员会的复审决定、裁定生效。

### 三、商标权无效的法律后果

依照《商标法》第44条、第45条的规定宣告无效的注册商标,其商标专用权视为自始即不存在。但应注意的是,宣告注册商标无效的决定或者裁定在部分情形下并无追溯力,对宣告无效前人民法院作出并已执行的商标侵权案件的判决、裁定、调解书和工商行政管理部门作出并已执行的商标侵权案件的处理决定以及已经履行的商标转让或者使用许可合同不具有追溯力。但因商标注册人的恶意给他人造成的损失,应当给予赔偿。若不返还商标侵权赔偿金、商标转让费、商标使用费,明显违反公平原则的,应当全部或者部分返还。

此外,根据《商标法》第50条的规定,注册商标被宣告无效的,自宣告无效之日起一年内,商标局对与该商标相同或者近似的商标注册申请,应不予核准。本条的立法目的是,若不设置一定时间的隔离期限就核准新的相同或近似商标注册,注册商标被宣告无效后,有可能出现原注册人被宣告无效的商品或服务还未退出市场,新商标注册人的商品或服务却已投入市场,市场上出现两家企业生产的带有相同或者近似商标的商品,造成消费者混淆[1]。

### 四、商标权撤销和无效的异同

商标权注销、撤销和无效都导致商标专用权终止的制度,而与商标权注销不同的是,撤销和无效本质上是因为商标权人不当或者违法行为导致权利被商标行政管理机关取消。但是,二者因触发事由所侵犯的法益不同,其权利被取消后的法律后果并不完全相同,对商标权予以终止的法定程序也不尽相同。此外,值得注意的是,即便同样是商标权被撤销或无效,不同的事由引发的撤销或无效程序也可能不同。例如,因违法使用商标行为被撤销应该由商标局依职权作出撤销决定,而对于不当使用情形下还可由商标局依其他个人请求撤销。商标权撤销、无效的类型、具体情形及其对应的法定程序如表5-1所示。

---

[1]　张锐:《商标实务指南》,法律出版社,2017年版,第118页。

表 5-1　商标权撤销、无效的类型、具体情形及法定程序

| 商标权终止方式 | | 法律依据 | 立法本意 | 类型 | 具 体 情 形 | 相关法条 | 法定程序 |
|---|---|---|---|---|---|---|---|
| 商标权撤销 | | 《商标法》第49条 | 对未按法律规定要求使用注册商标的行政处罚 | 违法使用 | 在使用中自行改变注册商标 | 第24条 | 商标局依职权作出撤销决定 |
| | | | | | 改变注册人的名义、地址或其他注册事项的 | 第41条 | |
| | | | | 不当使用 | 注册商标成为通用名称 | 第11条第1款 | 商标局依其他单位或个人请求撤销 |
| | | | | | 无正当理由连续三年不使用 | 第48条 | |
| 商标权无效 | 绝对无效 | 《商标法》第44条 | 维护商标注册秩序和市场经济秩序等公共利益 | 违反合法性 | 法律禁止注册和使用的商标 | 第10条 | 1. 商标局依职权作出无效决定 2. 商评委依照其他单位或个人请求宣告无效 |
| | | | | | 不以使用为目的的恶意注册行为(含代理机构恶意注册) | 第4条 第19条第4款 | |
| | | | | | 以欺骗或其他不正当手段获得注册的 | 第7条 | |
| | | | | 缺乏显著性 | 仅有通用名称、图形、型号;仅直接表示商品的质量、主要原料、功能、用途、重量、数量及其他特点的 | 第11、12条 | |
| | 相对无效 | 《商标法》第45条 | 维护在先权利人或利害关系人合法权益 | 侵犯他人在先合法权益 | 攀附驰名商标 | 第13条第2、3款 | 商评委依照在先专利权人或利害关系人请求宣告无效 |
| | | | | | 未经授权的代理人注册行为 | 第15条第1款 | |
| | | | | | 间接商务往来关系人恶意抢注 | 第15条第2款 | |
| | | | | | 以地理标志误导公众 | 第16条第1款 | |
| | | | | | 在先商标的相关权益,含在先授权、在线申请、在先使用等 | 第30、31、32条第2款 | |
| | | | | | 其他现有在先权利 | 第32条第1款 | |

# 拓 展 阅 读

1. 胡开忠:《商标法学教程》,第五、六章,中国人民大学出版社,2015
2. 王莲峰:《商标法学》(第三版),第七章,北京大学出版社,2019

3．王太平：《商标法：原理与案例》,第五章,北京大学出版社,2015

## 深 度 思 考

1．为何违反使用商标行为只能由商标局依职权撤销,而成为通用名称及无正当理由连续三年不使用的情形下,则由其他单位或者个人提出撤销请求?

2．为何法律规定被无效的注册商标在特定情形下不具备追溯力?

3．商标权撤销和无效的主要区别是什么?法律为何要设置两个不同的程序对商标权进行终止?

## 即 测 即 练

# 商标侵权行为的认定和法律责任

## 本章导读

　　本章是商标法的核心内容之一。商标法能否实现其维护商标信誉、保障市场公平竞争等功能，关键在于能否对商标权进行有效地保护。侵犯商标权的判定标准和具体判断对于商标权的实现具有关键的作用，决定着商标权保护与实现的程度与强度。通过对本章的学习，应重点掌握商标侵权行为的类型及其判定标准，尤其是通过对具体案例的讨论培养分析实际问题的能力；了解商标侵权应承担的法律责任，重点把握民事责任及其损害赔偿责任的承担。

## 第 一 节　　商标侵权行为的认定

　　《商标法》第1条明确规定："为了加强商标管理，保护商标专用权，促使生产、经营者保证商品和服务质量。维护商标信誉，以保障消费者和生产、经营者的利益，促进社会主义市场经济的发展，特制定本法。"由此可见，保护商标专用权是我国商标法的核心内容，也是商标管理机关和司法机关的重要任务之一。对商标专用权进行保护，是以促进社会主义市场经济的发展为出发点，体现了社会主义市场经济发展的要求。我国通过一系列的法律规范来实施对商标专用权的保护，排除和惩罚侵犯商标专用权的违法犯罪行为，其中关于商标侵权的内容主要体现在《商标法》第七章第56-68条、《商标法实施条例》第75-82条、最高人民法院《关于审理商标民事纠纷案件适用法律若干问题的解释》以及《商标审查标准》第三部分"商标相同、近似的审查"、《商标审理标准》第七部分"相似商品或者服务审理标准"。明确商标侵权责任的承担之前，应当首先就现行规定的商标侵权行为的类型予以明确。

### 一、商标权的保护范围

　　商标权的保护范围，是指商标权人有权禁止他人在与其核定使用的相同或类似的商品上使用与其核准注册商标相同或者相近似的商标。明确商标权的保护范围是认定商标侵权的基点[①]。简而言之,商标权的保护范围是商标权人行使禁止权的范围,它不同于商标权人的权利范围。商标权的权利范围,是指商标权人行使权利的范围,仅以其核准注册的商标和核定使用的商品为限,在该特定范围内商标注册人对其注册商标的使用是一种专有使用。换句话说,注册商标的使用权只在特定的范围即核定使用的商品与核准注册的商标范围内有效,不得任意改变或者扩大对注册商标的保护范围。《商标法》第56条界定了核准注册的商标的权利范围:第一,注册商标专用权,以核准注册的商标为限。注册人使用的商标应当与核准注册的商标在文字、图形、字母、数字、三维标志、颜色组合和声音等,以及上述要素的组合相一致,不得自行改变其注册商标;第二,注册商标专用权,以核定使用的商品为限,商标权人使用的商品应当与商标局核定使用的商品相一致。商标的使用如果超出了权利范围,会导致两个法律后果:一是不受商标法保护,二是有可能侵犯他人的商标权。

由此可见,核准注册的商标和核定使用的商品是确定注册商标专用权保护范围的两项具体标准,它们是相互依存、不可分割的统一整体。两个因素必须结合起来,不存在没有确定商品的商标专用权。只有在上述两个因素同时具备的情况下,商标注册人才享有商标专用权,受到法律保护,任何人都不得侵犯。设定注册商标的保护范围,既有利于充分保护商标注册人正确有效地行使自己的商标专用权,又可以避免不适当地扩大注册商标专用权的保护范围,使商标注册人将其商标专用权限制在注册商标范围内,为区别和判断是否构成商标侵权提供了明确界限,也为当事人预防侵权、工商行政管理部门以及司法机关制止和制裁商标侵权行为提供了法律准则。总之,注册商标专用权的保护范围既是商标注册人行使权利的根据,也明确了对商标专用权进行保护的界限。

## 二、商标侵权行为及其认定标准

### ▶ 1. 商标侵权行为的概念

商标侵权行为,又称侵犯注册商标专用权行为[②],是指他人违反商标法的规定,在相同或类似的商品或服务上未经商标权人同意擅自使用与注册商标相同或近似的标志,造成消费者对商品来源发生混淆,损害商标权人合法利益的行为。商标是识别相同的商品或服务来源的标志,为保护这种识别功能,商标法赋予在先使用该商标的人以专有权,禁止在后的人在相同或类似商品或服务上使用相同或相似的商标。如果造成混淆,则构成侵犯商标专用权。商标混淆理论认为,识别商品或服务的来源是商标的最核心功能,让消费者在购物时能够依据商标区分不同经营者提供的商品或服务是商标的最基本价值[③]。

### ▶ 2. 商标侵权行为的认定标准

商标立法保护的最根本目的就在于确保商标识别来源功能的正常实现,判断商标侵权与否的关键就在于相关行为人的商标使用行为是否导致消费者可能对商品或服务来源发生混淆[④]。商标混淆理论是现代商标法律制度中最为常见的认定商标侵权行为的理论基础,知识产权领域的诸多国际条约和许多国家的商标立法都采纳了该理论。无论是采用商标注册

---

① 张耕主编:《商业标志法》,厦门大学出版社,2006年版,第213页。

② 参见石慧荣:《商标侵权行为的立法分类及其认定》,载《现代法学》1998年第4期。

③ 徐升权主编:《商标法:原理、规则与现实回应》,知识产权出版社,2017年版,第212页。

④ 参见邓宏光:《商标混淆理论的扩张》,载《电子知识产权》2007年第10期。

取得的国家还是采用商标使用确权的国家,其商标保护的立足点都是为了防止混淆。如《TRIPS 协定》第 16 条明确规定:"注册商标的所有者应享有一种独占权,以防止任何第三方在未经其同意的情况下,在商业中对于与已注册商标的商品或服务相同或相似的商品或服务采用有可能导致混淆的相同或相似的符号标记。在对相同或相似的商品或服务采用相同的符号标记时,就推定混淆的可能性已经存在。"美国 1987 年修订的《兰哈姆法》第 43 条明确将混淆可能性的保护范围规定为:"任何人在商业活动中,使用任何文字、名称、标记或图案或上述要素的结合于有关的商品或服务或商品载体之上,由此可能导致消费者混淆、误认,使人误认为其与他人有附属、关联、联营关系,或者使人误认为其商品或服务或商业活动源于他人或由他人赞助或许可,应当承担民事责任①。"由此可见,其将可能导致消费者误认、混淆,作为驳回商标注册申请或构成商标侵权的必要条件。此外,《欧共体商标条例》在引言中就强调,"混淆可能性构成商标保护的特别条件"②,其第 8 条和第 9 条规定,除在相同商品上使用相同商标应推定存在混淆之外,在相同或类似商品上使用相同或近似商标时,除非存在混淆的可能,不应驳回商标注册申请或认定构成商标侵权。我国《商标法》自 1982 年颁布后,在 1993 年和 2001 年的修改中,没有明确将混淆可能性作为认定商标侵权的构成要件,导致司法实践中对此认识不一致,判决不一。2013 年 8 月 30 日第三次修改的《商标法》确立了判断商标侵权的标准,即"容易导致混淆",并引入了国际社会通用的"混淆可能性",明确将其作为认定商标侵权行为的标准之一③,将我国争论多年的认定侵权标准的问题画上了句号,这对解决商标纠纷的司法判决和行政保护具有重要的现实意义。

▶ 3. 混淆可能性的判断

依据混淆理论,并非是要求必须真实发生了混淆才能认定侵权,而是指当存在混淆可能性时,侵权就成立④。但是,"混淆的可能性"是一个不确定的概念,在认定时需要考虑相关因素⑤。实践中,如何判断混淆可能性具有相当大的难度。通常而言,混淆可能性的判断需遵循以下原则:①个案认定原则,即混淆可能性的认定应当依据具体个案的案情而定,并不存在某一普遍适用的"石蕊试纸"⑥;②以普通消费者认知为准原则,即混淆可能性的认定应当在普通消费者的视角或场景中进行,以相当数量的典型消费者存在混淆可能性为标准,而不能以法官或专业人士的认知为判断的主要依据;③利益平衡原则,即混淆可能性的认定既要充分考虑商标权人的利益,也要充分保障竞争者在商标选择与使用方面的利益⑦。

除要明确遵循的原则外,混淆可能性判断时的考虑因素也值得关注。在美国 AMF Incorporated v. Sleekcraft Boats 一案中,第九巡回上诉法院认为在判定是否能导致消费者混淆时应当考虑的因素主要包括商标的强弱程度、商品的类似性、商标的近似性、实际混淆

---

① 参见孟静,李潇湘:《事实与经验——商标混淆可能性的要素分析》,载《宁夏大学学报》(人文社会科学版)2011 年第 2 期。

② 黄晖主编:《驰名商标和著名商标的法律保护》,法律出版社,2001 年版,第 60-61 页。

③ 徐升权主编:《商标法:原理、规则与现实回应》,知识产权出版社,2017 年版,第 212 页。

④ 徐升权:《商标法:原理、规则与现实回应》,知识产权出版社,2017 年版,第 222 页。

⑤ 王莲峰:《商标法学》(第三版),北京大学出版社,2019 年版,第 125 页。

⑥ 黄晖:《驰名商标和著名商标的法律保护》,法律出版社,2001 年版,第 61 页。

⑦ 参见彭学龙:《论"混淆可能性"——兼评〈中华人民共和国商标法修改草案〉(征求意见稿)》,载《法律科学》(西北政法大学学报)2008 年第 1 期。

的证据、销售渠道、商品种类以及购买人可能施加的注意程度、被告的意图等[1]。此外,美国法院在审理商标侵权案件过程中总结并发展了判定消费者混淆的可能性标准因素,其中最为著名的标准之一就是第二巡回上诉法院在 Polaroid Corp. v. Polarad Elects. Corp. 一案中创造的"宝利来因素",具体包括八个方面:原告商标的强度、原告和被告商标之间的相似程度、商品或者服务的近似程度、原告进入该领域的可能性、混淆的具体证据、被告采用冲突实务应用商标是否具有善意、被告商品或者服务的质量、消费者的精细辨认程度[2]。虽然这些判断因素并非穷尽式的列举,在不同的案件中法院会根据需要综合考虑,但"宝利来因素"仍然具有权威性的指导作用。欧盟法院也在长期的判例过程中形成了判断商标混淆可能性的标准,主要包括:原告商标的显著性,原告商标的使用情况和程度,商品或服务的类似性,原被告商标在音、形、义上的相似性,商标的主要部分等。

　　我国《商标法》第三次修改前未明确规定混淆可能性及具体的考量因素。为指导司法实践,2002 年 10 月 12 日最高人民法院通过了《最高人民法院关于审理商标民事纠纷案件适用法律若干问题的解释》(以下简称《解释》),将"造成混淆的可能性"引入了对商标近似和商品服务类似的判断要素之中。对"认定商标相同或者近似",《解释》第 10 条规定了以下三个方面需考量的因素:①以相关公众的一般注意力为标准;②既要进行对商标的整体比对,又要进行对商标主要部分的比对,比对应当在比对对象隔离的状态下分别进行;③判断商标是否近似,应当考虑请求保护注册商标的显著性和知名度。

　　经过多年来的司法实践,我国法院逐渐形成了在认定混淆可能性时的一系列考量因素,即一般考虑以下因素:原告商标的使用情况、原告商标的知名度、原告商标的显著性、被告商标的知名度[3]、商标近似程度、商品或服务的类似程度、原被告商品的销售渠道、被告的意图、消费者的智力水平与注意程度、消费者实际混淆情况(权利人无须证明,但其实际混淆的证据有利于在侵权诉讼中胜诉)等[4]。

## 第二节　侵犯商标权行为的类型

　　根据《商标法》第 57 条、《商标法实施条例》以及《解释》的规定,商标侵权行为主要包括以下几种类型:[5]

### 一、商标假冒行为

　　使用他人的注册商标,必须经商标权人同意,签订注册商标使用许可合同并在商标局备案。未经许可使用他人的注册商标,即为商标假冒行为,不论主观上是出于故意还是过失,都构成对他人注册商标专用权的侵犯。这种行为会使商品的来源发生混淆,不仅损害了商

---

　　①　Robert Merges, Peter Menell, Mark Lemley: Intellectual property in the New Technological Age (4th ed.), Aspen Publisher, 2007, 726.

　　②　See 287F. 2d 492.495(2nd Cir)。

　　③　参见芮松艳:《商标侵权案件中混淆可能性的认定》,载《中国专利与商标》2011 年第 3 期。

　　④　王莲峰:《商标法学》(第三版),北京大学出版社,2019 年版,第 126 页。

　　⑤　2013 年第三次修改的《商标法》将 2001 年《商标法》第 52 条第 1 项的规定拆分为第 57 条的第 1 项和第 2 项。

标权人的利益,也损害了消费者的利益。实践中,商标假冒行为的认定需要认定相同商品(服务)和商标相同。所谓"同一种商品",是指与注册商标核定使用的商品相同的商品,例如,浙江绍兴的"花雕"和"黄酒"虽然名称不同,但实际上指的就是同一种商品[①];"商标相同",是指被控侵权的商标与原告的注册商标相比较,二者在视觉上基本无差别或差别甚为细微。从一般消费者的角度看,凭视觉判断所对比的商标大体上差别不大,就构成商标相同。

我国现行《商标法》第 57 条第 1 款规定了此种侵权行为,商标假冒行为是最为典型、最为直接的一种商标侵权行为,其将直接导致商品来源的混淆,将对消费者构成误导,也损害了商标人的合法权利。实施此种行为,无论是出于故意还是过失,都会造成商品出处的混淆,使消费者发生误认、误购,从而损害商标注册人的合法权益和消费者的利益,因此是一种典型的商标侵权行为。对于商标假冒行为,法律推定混淆可能性的存在,因而商标权人也无须承担举证责任。因为,对于此类商标侵权行为,"如果再要求混淆可能性,就可能舍本逐末,使注册商标的法律功能无法发挥,或者使注册商标功能根本就不能正常伸展,这是与商标法和商标权的核心价值和基本功能背道而驰的"[②]。这种立法例源于 2008 年的《欧盟商标协调指令》,该《指令》序言第 11 条指出:"在相同商品或服务中使用相同商标的行为,注册商标的保护具有绝对性。"易言之,这种情形的商标侵权行为不以混淆可能性为构成要件。只要该行为存在,侵权行为就成立,除非行为人确有证据能够证明其行为不会造成混淆。商标注册人有权阻止这种非法使用,法律也必须对这种侵犯注册商标专用权的行为明令禁止,并依法追究违法者的法律责任。

## 典型案例

### 美食达人股份有限公司诉上海易买得超市有限公司等侵害商标权纠纷案——商标正当使用抗辩的判定[③]

原告美食达人公司系"85 度 C"系列商标专用权人,其认为被告易买得公司老西门店销售的、由光明公司生产的优倍系列鲜牛奶产品外包装上的显著位置,使用了与其注册商标相同或相似的"85℃",且该商品与其注册商标核定使用的商品和服务类别构成相同或近似,光明公司在广告宣传中亦突出使用了"85℃"。美食达人公司认为光明公司对于"85℃"的使用方式,极易在相关消费者中造成混淆,误认为光明公司的产品与美食达人公司有关联或两者之间存在关联关系,对相关消费者造成了混淆,侵害了注册商标专用权,故向一审法院提起诉讼,请求光明公司、易买得公司停止侵权、赔偿损失。

---

① 胡开忠:《商标法学教程》,中国人民大学出版社,2015 年版,第 58 页。
② 孔祥俊:《商标与不正当竞争法:原理与判例》,法律出版社,2009 年版,第 327 页。
③ 本案例根据"美食达人股份有限公司诉上海易买得超市有限公司等侵害商标权纠纷案——商标正当使用抗辩的判定民事判决书"[(2018)沪 73 民终 289 号]所改编。参见 https://webvpn.nwu.edu.cn/https/77726476706e697374686856265737421e7e056d2373b7d5c7f1fc7af9758/pfnl/a6bdb3332ec0adc4c63944af7995744d420c491c13a5c470bdfb.html?keyword=%E7%BE%8E%E9%A3%9F%E8%BE%BE%E4%BA%BA%E8%82%A1%E4%BB%BD%E6%9C%89%E9%99%90%E5%85%AC%E5%8F%B8%E8%AF%89%E4%B8%8A%E6%B5%B7%E6%98%93%E4%B9%B0%E5%BE%97,2020-10-07。

　　一审法院经审理认为,美食达人公司主张的三个注册商标与被控侵权标识相比较,有的注册商标的商品类别与被控侵权商品不属于相同或类似商品,有的虽属于相同商品近似标识的使用,但不会造成相关公众的混淆,故光明公司对于"85℃"的使用,不构成对美食达人公司主张的、三个注册商标的侵害。但一审法院同时认为,美食达人公司对等系列商标使用在先,且经美食达人公司的宣传具有较高知名度。光明公司对"85℃"的使用缺乏事实基础,且其对有一定知名度的系列商标应负有一定的注意、避让义务,故光明公司在商品外包装盒正面的显著位置突出标明"85℃"字样,不构成正当使用,属于在与美食达人公司的第11817439号商标核定使用的相同商品上使用相同标识的商标侵权行为。一审判决后,光明公司以其被控侵权行为是对温度标识的合理使用为由提起上诉,请求驳回美食达人公司一审诉讼请求。二审法院认为,光明公司在涉案被控侵权商品外包装上使用被控侵权标识的行为,属于对温度标识的正当使用行为,未造成相关公众的混淆和误认,不构成对涉案第11817439号注册商标专用权的侵害,遂判决:撤销一审判决,驳回美食达人公司的一审全部诉讼请求。

### 案例评析

　　在处理涉及商标正当使用抗辩的问题时,应当在比对被控侵权标识与涉案注册商标相似程度、具体使用方式的基础上,分析被控侵权行为是否善意(有无将他人商标标识作为自己商品或服务的标识使用的恶意)和合理(是否仅是在说明或者描述自己经营的商品或服务的特点等必要范围内使用),以及使用行为是否使相关公众产生混淆和误认等因素,综合判断被控侵权行为究竟是商标侵权行为,还是正当使用行为,以合理界定注册商标专用权的保护范围,达到商标专用权和公共利益之间的平衡。

　　第一,关于涉案第11817439号与被控侵权标识之间的比对。涉案第11817439号与被控侵权标识虽在外形上构成近似,但不属于相同商标。本案中,美食达人公司解释涉案商标来源于"咖啡在85℃时喝起来最好",故85℃直接表示了商品的特点,被控侵权标识"85℃"与涉案第11817439号注册商标相比对,两者字形元素相同但排列不同,故两者之间虽在外形上构成近似,但两者不属于相同商标。同时,被控侵权商品与涉案第11817439号注册商标核定使用的商品属于类似商品。被控侵权商品牛奶与涉案第11817439号注册商标核定使用的"牛奶制品、奶茶(以奶为主)、可可牛奶(以奶为主)"等商品,在功能、用途、销售渠道、消费对象等方面基本相同,两者之间构成类似商品。

　　第二,被控侵权行为是对温度表达的正当使用。首先,在涉案被控侵权商品外包装上使用被控侵权标识"85℃",是温度的标准表达方式,与涉案第11817439号注册商标标识具有明显区别,不属于注册商标标识的恶意使用。其次,光明公司在被控侵权商品外包装上使用"85℃"具有一定的事实基础,因此,光明公司在被控侵权商品上使用"85℃",仅是为了向相关公众说明其采用的巴氏杀菌技术的工艺特征,仍属于合理描述自己经营商品特点的范围,并非对美食达人公司第11817439号注册商标的使用,而是对温度表达方式的正当使用。

　　第三,被控侵权行为并未造成相关公众的混淆和误认。美食达人公司表示其从未生产过被控侵权商品(牛奶),也未在牛奶商品上使用过涉案商标,故在牛奶商品上相关公众对于美食达人公司并无认知。而光明公司在牛奶等乳制品商品上享有的"光明"商标为驰名商标,被控侵权商品上还使用了光明公司注册的注册商标,因此,上述事实与光明公司善意和合理地在被控侵权商品上使用了温度的标准表达方式85℃事实相结合,不会产生被控侵权商品来源于美食达人公司或与美食达人公司有关的混淆和误认。

综合上述意见，光明公司在涉案被控侵权商品外包装上使用被控侵权标识的行为，属于对温度标识的正当使用行为，未造成相关公众的混淆和误认，不构成对涉案第 11817439 号注册商标专用权的侵害。

## 二、商标仿冒行为

所谓商标仿冒行为，是指未经商标注册人的许可，在同一种商品上使用与注册商标近似的商标，或者在类似商品上使用与注册商标相同或者近似的商标，容易导致混淆的行为。我国现行《商标法》第 57 条第 2 款规定了此种侵权行为，对于此类商标侵权行为，法律规定了"容易导致混淆的"要件，而前述商标假冒行为则无此规定。因此，在混淆的举证方面，商标假冒行为和商标仿冒行为是不同的。商标假冒行为推定混淆的存在，而商标仿冒行为中，权利主张人必须证明混淆可能性的存在。此外，根据现行《商标法实施条例》第 76 条的规定，在同一种商品或者类似商品上将与他人注册商标相同或者近似的标志作为商品名称或者商品装潢使用，误导公众的，亦属于我国现行《商标法》第 57 条第 2 款规定的侵犯注册商标专用权的行为。

我国《商标法》的相关规定与《TRIPS 协定》的规定主旨相同。根据《TRIPS 协定》第 16 条第 1 款的规定，假冒行为中无须权利人证明混淆的存在，法律推定在相同商品或服务上使用相同商标有混淆之虞。该条款规定："注册商标所有人应享有专有权，防止任何第三方未经许可而在贸易活动中使用与注册商标相同或近似的标记本去标示相同或类似的商品或服务，以造成混淆的可能。如果确将相同标记用于商品或服务，即应推定已有混淆之虞。上述权利不得损害任何已有的在先权，也不得影响成员依使用而确认权利效力的可能。"通过分析可知，前述假冒行为中推定混淆可能存在只是一种推定，减轻了原告的举证责任负担，如果被控侵权人确有证据能够证明不会造成混淆的，则这种推定不成立，依然不构成侵权。

实践中，此类商标侵权行为的具体表现形式包括以下三种情况：①在同一种商品上使用与他人的注册商标近似的商标；②在类似商品上使用与他人的注册商标相同的商标；③在类似商品上使用与他人的注册商标近似的商标。这些侵权行为具备三个特点：①侵权人的商标所指定的商品与被侵权人的商品为类似种类；②侵权人所使用的商标与被侵权人的注册商标近似；③侵权人使用商标的行为容易导致混淆。如果不同时具备这三个特点，使用人的行为就不会构成商标侵权，而是正常的商标使用行为。

实质而言，无论上述哪种形式都必须以是否"容易导致混淆"作为判断是否构成商标侵权的依据。也就是说，未经商标注册人的许可，在同一种商品上使用与其注册商标近似的商标，或者在类似商品上使用与其注册商标相同或者近似的商标时，除非存在混淆的可能性，否则不应当认定构成商标侵权。在我国，商标相同或近似、商品相同或类似不仅是侵犯商标权的判定标准中的独立要素，同时还是侵犯商标权的判定标准中的混淆可能性判断的核心因素[①]。那么，如何界定商标相同或者近似、商品或服务相同或者类似？最高人民法院在《解释》中最早对这些概念进行了定义。商标近似，是指被控侵权的商标与原告的注册商标相比较，其文字的字形、读音、含义或者图形的构图及颜色，或者其各要素组合后的整体结构相

---

① 王太平主编：《商标法：原理与案例》，北京大学出版社，2015 年版，第 272 页。

似,或者其立体形状、颜色组合近似,易使相关公众对商品的来源产生误认或者认为其来源与原告注册商标的商品有特定的联系。因商标近似而构成侵权的情况在生活中较为普遍,《解释》第一次明确了商标近似的概念,统一了对商标近似的理解和适用,对指导审判实践意义有重要的现实意义。

《中华人民共和国商标法释义》①中进一步明确,"类似商品"是指在商品的功能、用途、原料、销售渠道、消费对象、生产经营者等方面具有大致相像的特征,易使消费者难于辨别其来源而产生误认、误购现象的商品;"近似的商标",是指对商标进行整体比较,不易辨别,使消费者产生混同的商标。容易导致混淆是建立在事实认定基础上的价值判断,应当在具体案件中综合认定,通常情况下,以具有一般谨慎程度的消费者,用普通注意力观察时,易于对商品或服务的来源或者相关信息产生混淆或者误认的可能性作为判断标准。商标的识别功能是体现商标核心价值的本质属性,而混淆则是对商标识别功能的实质破坏。这是我国首次在商标法中明确将混淆理论作为判断商标侵权的标准。

▶ 1. 商标相同或者近似的判定原则

根据《解释》第 10 条,人民法院依据《商标法》的规定,认定商标相同或者近似按照以下原则进行:

(1) 以相关公众的一般注意力为标准。毫无疑问,不管认为侵犯商标权判断的主体是相关公众也好还是购买者或顾客也好,其中消费者是最核心的内容,也是最终的决定主体。这里的"相关公众",包括相关消费者和特定经营者,以他们对商标相同或者近似的一般注意力为判断标准。在实践中要把握,既不能以特定领域的专家所具有的注意力,也不能以粗心大意的消费者的注意力为判断标准。是否构成近似使用,应当以一般购买者施以普通注意为标准进行判断,注意力太高会导致商标权保护范围过窄,不利于激励商标权人的正当经营;注意力太低会导致商标权保护范围过宽,不利于市场的充分自由竞争。一般购买者是发生误认的主体,只有导致一般购买者误认时,才可能构成仿冒。①一般购买者是根据地域和购买对象所确定的购买者,即一定地域范围内的相关领域的购买者;②一般购买者是个别购买者,即近似商品的误认是根据一般购买者的普遍认识能力或称中等认识能力进行认定的,而不是根据特定的某个购买者的智力、技能、精神和物质状况所决定的认识能力进行判断。这种认识能力的确定与民法上确定客观过错的认识能力是一样的。③一般购买者不是所有购买者,即由于购买者的认识能力参差不齐,对于仿冒商品的辨别能力也不一样,只要仿冒商品足以引起一般购买者的误认,即可认定为近似,不必要也不可能要求引起所有购买者的误认。通常情况下,相关公众的注意程度与商品的价值以及商品是消耗品还是耐耗品有关,同时也受消费者购买商品的场所影响。

(2) 整体观察与主要部分对比的原则。在认定商标侵权时,既要进行对商标的整体比对,又要进行对商标主要部分的比对,比对应当在比对对象隔离的状态下分别进行。也就是说,商品的标识是否构成近似使用,应当就该商品标识的整体和主要部分加以观察。所谓"对商标的整体对比",是指将商标作为一个整体来进行观察,而不是仅仅将商标的各个要素抽出来分别进行对比。因为消费者对商标形成的是一个整体的印象,而不是单个要素分别对待。如果两个商标在各自的构成要素上有不同,但把它们集合起来作为一个整体所产生

---

① 全国人大常委会法制工作委员会编:《中华人民共和国商标法释义》,法律出版社,2013 年版,第 107-108 页。

的视觉效果可能会使消费者产生误认,就应当认定为近似商标;反之,如果两个商标的单个要素相同,但作为整体来看不同,就不能认定为近似商标。所谓"对商标主要部分的比对",是指将商标中起主要识别作用的部分单独拿出来进行重点对比和分析。所谓的主要部分,就是商品标识最显著、最醒目、最易引起购买者注意的部分。如果两个商品标识在主要部分上没有显著的差异,就构成近似。这种方法是对商标整体比对的补充。一般而言,消费者对商标的记忆主要是商标突出和醒目的部分,即具有区别作用的部分。当两个商标的主要部分相同或者近似,易造成消费者的误认时,就可判断这两个商标是近似商标。所谓"比对应当在比对对象隔离的状态下分别进行",是指将注册商标和被指控的侵权商标放在不同的地点,在不同的时间进行分析对比,而不是把比对的两个商标放在一起进行观察对比。这是一种基本的商标比对方法,无论对商标的整体对比还是部分对比,都应当采用隔离对比方式。采用这种方式,能较真实地反映出被指控商标所造成混淆的可能性。

在北京嘉裕东方葡萄酒有限公司与中国粮油(集团)有限公司及南昌开心糖酒副食品有限公司、秦皇岛洪胜酒业有限公司商标侵权纠纷案中,最高人民法院就是通过比对主要构成部分认定北京嘉峪东方葡萄酒公司的长城文字及图商标与中国粮油有限公司的长城文字及图商标构成相似。判决中,最高人民法院指出,"嘉裕长城及图"商标和第 70855 号"长城牌"注册商标均系由文字和图形要素构成的组合商标,其整体外观具有一定的区别。但是,第70855 号"长城牌"注册商标因其注册时间长、市场信誉好等,而具有较高的市场知名度,被国家工商行政管理部门认定为驰名商标,中粮公司使用第 70855 号"长城牌"注册商标的葡萄酒产品亦驰名于国内葡萄酒市场,根据该注册商标的具体特征及其呼叫习惯,其组合要素中的"长城"或"长城牌"文字部分因有着较高的使用频率而具有较强的识别力,在葡萄酒市场上与中粮公司的葡萄酒产品形成了固定的联系,葡萄酒市场的相关公众只要看到"长城""长城牌"文字或者听到其读音,通常都会联系或联想到中粮公司的葡萄酒产品及其品牌,故"长城"或"长城牌"文字显然具有较强的识别中粮公司葡萄酒产品的显著性,构成其主要部分。"嘉裕长城及图"虽由文字和图形组合而成,且其文字部分另有"嘉裕"二字,但因中粮公司的第 70855 号"长城牌"注册商标中的"长城"或"长城牌"文字部分具有的驰名度和显著性,足以使葡萄酒市场的相关公众将使用含有"长城"文字的"嘉裕长城及图"商标的葡萄酒产品与中粮公司的长城牌葡萄酒产品相混淆,至少容易认为两者在来源上具有特定的联系[①]。

(3)隔离观察原则。近似的商品名称、包装、装潢之间毕竟是有差别的,如果将其放在一起进行比较认定,往往对近似问题难以判断。因此,在认定是否近似时,应当采取隔离方法,即在异时异地分别从总体印象上进行观察,仿冒品与被仿品的标识的差别不易区分而在施以一般注意力时不免误认的,用这种方法即可认定其是否近似,即为隔离观察原则[②]。商标相同近似判断时之所以要采取隔离观察的原则也是由消费者的认知模式、购物习惯和购物环境决定的,即消费者购物时一般并不会带着所欲购买商品的商标去购买,而是凭着对所欲购买的商品的商标的大致印象来进行识别和购买。我国台湾地区学者在论述异时异地隔离观察之原则时,将其定义为消费者记忆测验之原则:因一般消费者购买商品,尤其是低价

---

① 参见最高人民法院民事判决书(2005)民三终字第 5 号。
② 郭寿康主编:《知识产权法》,中共中央党校出版社,2002 年版,第 310-311 页。

位之日常用品,往往凭其模糊记忆,很少施加特别注意去比对两商标是否相同。所以,判断两商标是否近似,应隔离一段时间和距离。至于隔多长时间为宜,美国实务上采刚能用记忆的状态,依市场调查结果为 4 个月。

(4) 适当考虑请求保护注册商标的显著性和知名度。判断商标是否近似,还应当考虑请求保护注册商标的显著性和知名度。商标的显著性,是商标注册的构成要件,显著性越强的商标其识别作用就越大,对他人搭便车的行为比较容易界定。商标的知名度越高,认定为近似的可能性越大。在上述中粮长城与嘉峪长城的纠纷中,最高人民法院也考虑了商标的知名度问题。我国台湾地区学者认为,判断商标是否近似还应该参考以下几点:两商标的显著性及强弱程度;指定使用之商品或服务之性质;消费者于购买时之实际与潜在发生混淆之程度;商标商品之信誉与实际销售数量之多寡①。

### 典型案例

#### 四川诸葛酿酒有限公司等与四川江口醇酒业(集团)有限公司仿冒知名商品特有名称、包装、装潢纠纷再审案②

"诸葛亮"商标于 1999 年 6 月 18 日由武汉同和实业有限责任公司向国家工商行政管理总局提出注册申请,2000 年 12 月 21 日核准注册,注册商标号为 1494413 号,核定使用的商品为第 33 类酒精饮料等,有效期限至 2010 年 12 月 20 日。千年酒业公司成立于 1999 年 11 月 12 日,于 2002 年 12 月 28 日经国家工商行政管理总局商标局核准受让了"诸葛亮"商标。诸葛酿酒公司于 2003 年 8 月 1 日注册成立,正式生产诸葛酿酒,并于同日与千年酒业公司签订许可使用"诸葛亮"商标合同,受许可使用"诸葛亮"商标。

1999 年 4 月 25 日,江口醇集团与华军宇公司签订了《产品开发协议书》,决定共同开发"诸葛酿"酒,并在产品上使用"诸葛酿"。1999 年 6 月 5 日,江口醇集团正式生产"诸葛酿"酒,随后在广东市场上销售。该酒在我国南方局部地区具有一定的影响力和知名度。2004 年 9 月 24 日,千年酒业公司、诸葛亮酒业公司、诸葛酿酒公司向湖南省长沙市中级人民法院起诉被告江口醇集团、周某,要求判令被告立即停止商标侵权行为,并由江口醇集团赔偿损失。2005 年 1 月 26 日,江口醇集团以"诸葛亮"商标的使用侵犯其"诸葛酿"知名商品特有名称构成不正当竞争为由,向一审法院提起反诉。

**案例评析**

该案历经一审、二审和再审程序,焦点问题是"诸葛亮"商标和"诸葛酿"标识之间是否构成近似。最高法院的再审裁判认为,江口醇集团使用的"诸葛酿"商品名称与"诸葛亮"注册商标不构成侵犯注册商标专用权意义上的近似。

---

① 参见曾陈明汝:《商标法原理》,中国人民大学出版社,2003 年版,第 57 页。

② 本案根据"四川诸葛酿酒有限公司等与四川江口醇酒业(集团)有限公司仿冒知名商品特有名称、包装、装潢纠纷再审审查与审判监督民事裁定书"[(2007)民三监字第 15-1 号]所改编。参见 https://webvpn.nwu.edu.cn/https/77726476706e6973746865652652657374421e7e056d2373b7d5c7f1fc7af9758/pfnl/a25051f3312b07f3539c14846c7c900a30c4a5100299b0adbdfb.html? keyword＝%E8%AF%B8%E8%91%9B%E4%BA%AE%E5%95%86%E6%A0%87%20,2020-10-16。

首先,从二者的音、形、义上进行比较。注册商标"诸葛亮"与作为商品名称使用的"诸葛酿"在读音和文字构成上确有相近之处。但是,在字形上,"诸葛亮"注册商标为字体从左到右横向排列的普通黑体字的文字商标;作为商品名称使用的"诸葛酿"三个文字为从上到下的排列方式,字体采用古印体为主,融合魏体和隶书特点,在字体周边外框加上印章轮廓,在具体的使用方式上,与"诸葛亮"商标存在较为显著的不同。而且,在文字的含义上,"诸葛亮"既是一位著名历史人物,又具有足智多谋的特定含义;"诸葛酿"非单独词汇,是由"诸葛"和"酿"结合而成,用以指代酒的名称,其整体含义与"诸葛亮"不同。就本案而言,由于"诸葛亮"所固有的独特含义,使得二者含义的不同在分析比较"诸葛亮"注册商标和"诸葛酿"商品名称的近似性时具有重要意义,即这种含义上的差别,使相关公众较易于将二者区别开来。

其次,认定"诸葛亮"与"诸葛酿"是否构成侵犯注册商标专用权意义上的近似,需要考虑"诸葛亮"注册商标的显著性及二者的实际使用情况。"诸葛亮"因其固有的独特含义,在酒类商品上作为注册商标使用时,除经使用而产生了较强显著性以外,一般情况下其显著性较弱。千年业公司等也未提供证据证明"诸葛亮"注册商标经使用后取得了较强的显著性。在此种情况下,"诸葛亮"注册商标对相近似标识的排斥力较弱,"诸葛酿"商品名称与其在读音和文字构成上的近似,并不足以认定构成侵犯注册商标专用权意义上的近似。而且,在"诸葛亮"商标申请注册前,江口醇集团已将"诸葛酿"作为商品名称在先使用,不具有攀附"诸葛亮"注册商标的恶意。在"诸葛亮"商标核准注册前,"诸葛酿"酒已初具规模。至 2003 年 8 月标有"诸葛亮"注册商标的产品进入市场后,"诸葛酿"白酒已多次获得中国名牌产品等荣誉称号,在广东省、四川省、湖南省等地享有较高的知名度,为相关公众所知晓,具有一定的知名度和显著性,经使用获得了独立的区别商品来源的作用。结合上述"诸葛酿"商品名称、字体特点和具体使用方式,以及"诸葛亮"注册商标的显著性较弱,原审法院认定相关公众施以一般的注意力,不会导致混淆和误认,并无不当。

### 2. 商品或服务相同或类似的判定

类似商品,是指在功能、用途、生产部门、销售渠道、消费对象等方面相同,或者相关公众一般认为其存在特定联系、容易造成混淆的商品。类似服务,是指在服务的目的、内容、方式、对象等方面相同,或者相关公众一般认为存在特定联系、容易造成混淆的服务。商品与服务类似,是指商品和服务之间存在特定联系,容易使相关公众混淆。

由此可见,判断类似商品的要素包括:①商品的功能、用途;②商品的原材料、成分;③商品的销售渠道、销售场所;④商品与零部件;⑤商品的生产者、消费者;⑥消费习惯等。

同时,类似服务的判断应当综合考虑下列各项因素:①服务的目的;②服务的内容;③服务方式与服务场所;④服务的对象范围;⑤服务的提供者等。同时,相关公众一般认为这两者与相关对象存在特定联系,容易造成混淆的,也构成类似商品或者类似服务。

人民法院依据《商标法》的规定,认定商品或者服务是否类似,应当以相关公众对商品或者服务的一般认识综合判断;《商标注册用商品和服务国际分类》《类似商品和服务区分表》可以作为判断类似商品或者服务的参考。这里所谓的"相关公众的一般认识",是指相关市场的一般消费者对商品的通常认知和一般交易观念,不受限于商品本身的自然特性。所谓"综合判断",是指将相关公众在个案中的一般认识,与商品交易中的具体情形,以及司法解释规定的判断商品类似的各要素结合在一起从整体上进行考察分析,同时可以参照商品分类表的分类。具体而言,判断商品与服务是否类似,应当综合考虑下列各项因素:商品与服务之间联系的密切程度,在用途、用户、通常效用、销售渠道、销售习惯等方面的一致性,即在商品和服务中使用相同或者近似商标,是否足以造成相关公众的混淆、误认。

## 典型案例

### 重庆顺顺达石油化工有限责任公司与宗申产业集团有限公司商标侵权纠纷上诉案[①]

宗申产业集团有限公司(以下简称宗申公司)成立于1992年,系从事摩托车、发动机及相关产品生产销售的大型民营企业。2000年12月,重庆宗申摩托车科技集团有限公司取得"宗申"文字商标注册,其商标注册证号为1487149,核定使用商品为第12类"车轮、车轮毂、小型机动车、摩托车、后视镜、摩托车挎斗、陆、空、水或铁路用机动运载器"。2002年11月,"宗申"文字商标被重庆市工商行政管理局审定为重庆市著名商标。2004年4月16日,重庆市第一中级人民法院以(2003)渝一中民初字第388号《民事判决书》认定"宗申"文字商标为驰名商标。2004年8月6日,中华人民共和国国家工商行政管理局核准"宗申"文字商标注册人变更为宗申公司。

涉案被控侵权的润滑油包装瓶通体为灰色,正面瓶贴:上方印有"ADD 瑷迪"及其右上角的注册标记;其下方是居中的"宗申摩托"4个字,为正面瓶贴最大字体、颜色为蓝色;紧接其后的是以"宗申摩托"的"托"字所在位置,另起行印有"冬季用油"4个比"宗申摩托"字体小的黑色字体;瓶贴中部偏下处印有一辆红色摩托车图形;其左下方印有蓝色的"4T",字体大小与"宗申摩托"相当;最下端印有黑色字体的"重庆顺顺达石油化工有限责任公司"。

#### 案例评析

二审法院认为,所谓相关公众的一般认识,是指相关市场的一般消费者对商品的通常认知和一般交易观念,不受限于商品本身的自然特性;所谓综合判断,是指将相关公众在个案中的一般认识,与商品交易中的具体情形,以及司法解释规定的判断商品类似的各要素结合在一起从整体上进行考量。《商标注册用商品和服务国际分类表》《类似商品和服务区分表》最主要的功能是在商标注册时划分类别,方便注册审查与商标行政管理,只能作为判断类似商品的参考,不能作为商标侵权案件中类似商品判断的依据。判断商品是否类似,应从普通消费者的角度进行判别。

被控侵权商品是摩托车润滑油,属于商品分类表中的第4类商品,涉案"宗申"商标则注册在第12类商品上。从相关公众的一般认识来看,摩托车与摩托车润滑油之间在用途、功能上密切相关,是相关联的产品,必须一并使用才能满足消费者的需要;二者在销售渠道上

---

① 本案根据"重庆顺顺达石油化工有限责任公司与宗申产业集团有限公司商标侵权纠纷上诉案民事二审判决书"[(2005)渝高法民终字第194号]所改编。参见 https://webvpn.nwu.edu.cn/https/77726476706e6973746468656265737421e7e056d2373b7d5c7f1fc7af9758/pfnl/a25051f3312b07f3db264988fb13d99f6d7e1a8223a953a1bdfb.html? keyword=%E9%A1%BA%E9%A1%BA%E8%BE%BE%E5%85%AC%E5%8F%B8%20,2020-10-21。

具有重合性；消费对象上，由于二者具有功能、用途上的关联性，消费对象也具有重合一致性。宗申公司是从事摩托车、发动机及相关产品生产销售的大型民营企业，第 1487149 号"宗申"文字商标曾于 2004 年 4 月 16 日被人民法院认定为驰名商标，"宗申"文字商标在重庆范围内具有较高的知名度。而顺顺达公司与宗申公司住所地都在重庆市，作为重庆摩托车和润滑油市场上的一般消费者会认为宗申摩托车和以宗申为商品名称的摩托车润滑油存在特定联系，容易使相关公众对摩托车与摩托车润滑油产生混淆。因此，摩托车与涉案摩托车润滑油应属于类似商品。

### 三、销售侵犯商标专用权之商品的行为

针对流通领域中出现的越来越多的侵犯注册商标专用权的行为，我国《商标法》1993 年修改时又增加了一种侵权行为，即"销售明知是假冒注册商标的商品的行为"，情节严重的，要依法追究刑事责任。这条规定对制裁流通领域中的商标侵权行为，起到了重要的作用。国际社会认定商标侵权的行为是看有无侵权的行为事实，不管侵权人主观上是明知还是不明知，都是侵权行为。但是，按照我国《商标法》的要求，这类侵权人必须主观上出于故意，即"明知"，才能按商标侵权行为进行处理。换言之，如果销售者主观上不明知或应知其销售的商品是假冒注册商标的商品，则不能认定其为商标侵权。这样就把很多侵权行为排除在外了。同时，在商标执法和司法实践中，很难判定行为人的主观动机。

我国《商标法》2001 年修改时，删除了"明知"作为构成侵权的要件，换言之，行为人只要客观上销售了侵犯注册商标专用权的商品，不管主观上是否明知或应知，并不影响其行为的定性，都构成侵权，要受到法律的制裁。我国《商标法》在认定侵权行为时，采用了"无过错责任原则"，即无论行为人主观上是否有过错，只要有侵害权利人的事实存在，在定性时均认定构成侵权。

这属于商品流通环节中的一种商标侵权行为。通常侵犯注册商标专用权的商品，除由生产者自行销售外，往往还要通过其他人的销售活动才能到达消费者手中。像这样的商品销售者，与侵犯注册商标专用权的商品的生产者一样，都起到了混淆商品来源、侵犯注册商标专用权、损害消费者利益的作用。因此，根据《商标法》第 57 条第 3 款规定，销售侵犯注册商标专用权之商品的行为同样属于商标侵权行为，行为人应当承担相应的法律责任。需要注意的是，侵犯注册商标专用权商品的生产者主观上一般都是出于故意，但侵犯注册商标专用权商品的销售者主观上则可能是出于故意，也可能不是出于故意。在规定商标侵权行为的赔偿责任时，《商标法》对销售者主观上"不知道"的情形作了例外规定，即在《商标法》第 64 条第 2 款中规定，销售不知道是侵犯注册商标专用权的商品，能证明该商品是自己合法取得并说明提供者的①，不承担赔偿责任。换言之，需要注意以下几个问题：第一，行为依然构成商标侵权行为，只是行为人不承担赔偿责任，但仍然需要承担停止侵害等其他责任；第二，行为人不承担赔偿责任要提供证据，证明该商品是自己合法取得的，且能说明提供者的姓

①　所谓"提供证据以证明该商品是自己合法取得的"，是指销售者能够提供进货商品的发票、付款凭证以及其他相关证据，从而证明该商品是通过合法途径取得的。根据 2014 年《商标法实施条例》第 79 条规定，下列情形属于能证明该商品是自己合法取得的情形：（一）有供货单位合法签章的供货清单和货款收据且经查证属实或者供货单位认可的；（二）有供销双方签订的进货合同且经查证已真实履行的；（三）有合法进货发票且发票记载事项与涉案商品对应的；（四）其他能够证明合法取得涉案商品的情形。所谓"说明提供者"，是指销售者能够说明进货商品的提供者的姓名或者名称、住所以及其他线索，并且能够查证属实的。

名;第三,行为人知道侵权成立后仍然不停止侵权而继续销售的,则行为性质发生转化,应该承担赔偿责任。

## 四、伪造和擅自制造及销售他人注册商标标识的行为

我国现行《商标法》第 57 条第 4 款规定,伪造、擅自制造他人注册商标标识或者销售伪造、擅自制造的注册商标标识的行为构成商标侵权。伪造、擅自制造他人注册商标标识或者销售伪造、擅自制造的注册商标标识的行为本质上可能构成侵犯商标权的预备行为,是否构成侵犯商标权的预备行为要视这些标识的最终用途而定,即如果伪造、擅自制造的注册商标标识未经商标权人的许可而被运用在商品或服务上,则运用行为本身构成侵犯商标权的行为,伪造、擅自制造行为或者销售行为就构成侵犯商标权的预备行为;如果伪造、擅自制造的注册商标标识最终并没有未经许可而运用在商品或服务上,而是运用在商标标识欣赏方面,则这种运用行为就不构成侵犯商标权,而伪造、擅自制造行为或者销售行为就不构成侵犯商标权的预备行为,当然也不构成侵犯商标权的行为。

在此类侵权行为中,所谓"伪造",是指未经商标注册人许可而仿照他人注册商标的图样及物质实体制造出与该注册商标标识相同的商标标识。伪造他人注册商标标识,是指仿造他人的商标图案和物质载体而制造出的商标标识。所谓"擅自制造",主要是指未经商标注册人许可在商标印制合同规定的印数之外,又私自加印商标标识的行为。擅自制造他人注册商标标识,是指未经商标权人的同意而制造其注册商标标识,在自己生产的相同或类似商品上使用。伪造与擅自制造有一个共同的特点,即都是未经商标注册人许可的行为;区别在于前者的商标标识本身就是假的,而后者的商标标识本身是真的。值得一提的是,商标作为区别商品来源的标志,它的有形载体是商标标识,商标是通过商标标识发挥识别商品的作用。商标标识包括带有商标的包装物、标签、封签、说明书、合格证等物品。

正是由于商标标识是体现商标专用权的一种载体,所以伪造、擅自制造他人注册商标标识或者销售这些商标标识的行为是商标侵权行为。所谓销售伪造、擅自制造的注册商标标识的行为,则是指采用零售、批发、内部销售等方式,出售伪造或擅自制造的商标权人之注册商标标识[①]。换言之,伪造、擅自制造他人注册商标标识的行为,就是指未经商标权人同意,以其注册商标标识作为买卖对象的行为,其目的在于将他人商标标识用于自己的或供他人用于其生产或者销售的同一种商品或类似商品上,以便以假充真、以次充好,误导消费者,最终目的是直接获取非法利益。

由于上述行为扰乱了市场经济秩序,侵犯了商标注册人的商标专用权,损害了消费者的利益,后果严重,危害极大,因此必须采取措施给予有力打击,依法追究违法者的法律责任。上述行为,不仅损害了商标权人的合法利益,也为侵犯商标专用权的行为提供了便利条件。因此,《商标法》《商标印制管理办法》都将此类行为认定为商标侵权行为。

## 五、反向假冒行为

未经商标注册人同意,更换他人注册商标并将该更换商标的商品又投入市场的行为,在国外被称为商标的反向假冒行为。这是我国《商标法》2001 年修改后新增加的一项侵犯商

---

① 国务院法制办公室:《中华人民共和国商标法(含商标法实施条例)注释与配套(第三版)》,中国法制出版社,2014年版,第 50 页。

标专用权的内容。通常,北京市第一中级人民法院 1994 年受理的北京服装厂诉北京百盛商业中心和新加坡鳄鱼公司侵犯"枫叶"商标专用权案件被认为是我国第一起商标反向假冒案件[1],该案推动我国商标法律制度对商标反向假冒行为作出明确的规定。目前,我国现行《商标法》第 57 条第 5 款明确规定此种行为为商标侵权行为。商标反向假冒行为,不仅侵害、妨碍原商标权人之间通过商标而进行的信息传递与交流,损害消费者的知情权和相关利益,也危害正常的市场竞争环境[2]。

▶ **1. 商标反向假冒的概念和性质**

商标的反向假冒(该词来自英语"inverse passing off")[3],指假冒者将他人带有注册商标的商品买来后,撤换掉原来的注册商标,重新换上假冒者自己的商标,再把商品投向市场的行为。

▶ **2. 国外对商标反向假冒的认定**

目前,世界上许多国家都在其商标法中将反向假行认定为商标侵权行为。《法国知识产权法典》第 L731-2 条规定,注册商标权人享有正反两方面的权利,有权禁止他人未经许可使用与自己相同的或近似的商标,也有权禁止他人长经许可撤换自己依法贴附在商品上的商标标记。澳大利亚 1995 年《商标法》第 148 条明文规定,未经许可撤换他人商品上的注册商标或出售这种经撤换商标后的商品,均构成刑事犯罪。葡萄牙 1995 年《工业产权法》第 264条也有相同规定,并对反向假冒处以刑罚。意大利 1992 年《商标法》第 11、12 条规定,任何售货人均无权撤换供货人商品上原有的注册商标。将商标反向假冒行为分别规定在商标法与反不正当竞争法中,实行合二为一的保护方式,最典型的国家当数美国。美国《兰哈姆法》第 43 条 a 款明确规定了禁止商标反向假置的内容。值得注意的是,本条又是关于反不正当竞争的总款。此外,美国还在《不正当竞争重述》(第三版)第 5 条规定了反向假冒行为,认为这是一种不正当竞争行为。例如,美国第一个反向假冒的案例是"PIC Design Corp. v. Sterling Precision Corp."案,被告在该案中除去了贴附在齿轮上的商标,然后使用了带有"Sterling"字样的盒子发运,被告被判侵权。日本《商标法》则将这种去除他人商标的行为区分为:商品进入流通过程之前的去除行为与商品进入流通过程之后的去除行为,认为第一种情形侵犯了商标权人使用商标的权利,构成商标侵权;而第二种情形下商标的目的已达到,不构成商标侵权。从上述规定可以看出,在两大法系中,反向假冒都要受到法律的禁止及制裁。发展中国家和地区的商标法中也有与上述相类似的规定,例如,巴西《工业产权法》商标篇第 189 条规定,凡改换商标权人合法加贴于商品或服务上之注册商标的行为,均构成对注册商标的侵犯。肯尼亚 1994 年《商标法》第 58 条 C 项也有禁止反向假冒的规定。

▶ **3. 我国《商标法》的规定及反向假冒的构成要件**

我国《商标法》第 57 条第 5 款规定,"未经商标注册人同意,更换其注册商标并将该更换商标的商品又投入市场的"行为,构成侵犯注册商标专用权。这一规定,体现了商标专用权的"行"与"禁"两个方面,从而对侵权者可起到警示作用。商标反向假冒的构成要件为:

---

① 参见北京市第一中级人民法院民事判决书(1994)中经知初字第 566 号。
② 高山行,范陈泽:《反向假冒行为的经济学分析》,载《预测》2004 年第 1 期。
③ See Hazel Carty, Inverse Passing off: A Suitable Addition to Passing off? European Intellectual Property Review, No. 10, 1993, p. 370.

①未经过商标权人的同意,擅自将原来的注册商标替换为侵权人自己的注册商标;②侵权人将替换商标后的商品再次投向流通领域。假冒者的目的,是想利用他人价廉质高的产品,为自己开拓市场,赚取高额利润。

在各国的实践中,商标的反向假冒由来已久。在我国的社会主义市场经济初期阶段,也出现了不少未经商标注册人同意,擅自将其在商品上合法贴附的注册商标去除,换上自己或者第三人的商标后投入市场销售的行为。反向假冒行为不仅侵犯了商标权人享有的注册商标使用权,非法掩盖了商品的真实来源,而且侵犯了消费者的知情权,使消费者对商品来源、对生产者、提供者产生误认,对注册商标有效地发挥其功能和商标注册人的商品声誉造成了妨碍,甚至引起商品流通秩序的混乱。因此,应当被认定为是一种侵犯注册商标专用权的行为。

### 4. 隐性反向假冒是否构成商标侵权

国外商标反向假冒理论中,包含两种情况:一是显性反向假冒,即我国《商标法》第57条第5款的规定;二是隐性反向假冒,是指去除原商品的注册商标后未加任何商标标识再次进行销售的行为。隐性反向假冒在我国是否构成侵犯他人商标权?本书认为,商标的功能在于向消费者传达商品的来源,进而在商品和消费者之间架起一座沟通的桥梁。消费者通过商标识别熟悉自己喜欢的商品,生产者则通过商标建立商品信誉,表明商品的身份。因此这座桥梁的存在应该是受法律保护的,即商标和其所依附的商品不能人为地被分离。因为这时的商品仍处于商业流通过程中,尚未达到最终消费者,商标的使命和价值尚未完成,如果这时拆除商品上的商标,无疑和拆除连接生产者和消费者的桥梁一样。一旦商标和其指向的商品相分离,商标无法起到识到商品来源的作用,消费者也无从知晓商品的真正生产者。因此,这种行为同样构成商标侵权。

## 六、商标帮助侵权行为

所谓商标帮助侵权行为,就是指故意为侵犯他人商标专用权行为提供便利条件的,帮助他人实施侵犯商标专用权的行为。该条规定最早出现于我国1988年《商标法实施细则》,在2013年《商标法》修订之前,该条内容一直规定在《商标法实施细则》或《商标法实施条例》中,2013年《商标法》第三次修订在第57条第5款新增了此类商标侵权行为。根据2014年《商标法实施条例》第75条的规定,为侵犯他人商标专用权提供仓储、运输、邮寄、印制、隐匿、经营场所、网络商品交易平台等,属于《商标法》第57条第6款规定的提供便利条件。与前述几种商标直接侵权行为相比,商标帮助侵权行为并没有直接侵犯注册商标专用权,但其从本质上对他人实施侵权注册商标专用权的行为起到了帮助作用,从而构成间接侵权,其在主观方面应当是故意,即明知为侵犯商标专用权的行为仍然为其提供便利条件。因此,如果是因过失而未能得知为侵犯商标权行为而提供便利的,则不构成此类侵权行为。鉴于其危害性,2013年修改的《商标法》第57条第6款将其作为一种独立的侵权行为加以规定。这里所指的"提供便利条件",不仅包括传统的从事邮寄、运输、仓储等活动,也包括提供经营场地、网络销售平台等行为。应当注意的是,商标帮助侵权行为的构成要件中应当强调行为人的主观状态,即行为人只有在故意为侵犯商标权人提供上述便利条件的情况下,才构成侵权。

这是为了扩大保护注册商标专用权,更好地维护商标注册人的合法权益,本次《商标法》

修改新增加的一项内容。这是一种帮助他人实施商标侵权的辅助侵权行为。辅助侵权行为的归责原则应该适用过错责任原则,其构成侵权必须同时具备两个条件:一是主观上须为故意,如果行为人对自己的行为具有辅助侵权的性质没有认识或者没有认识的可能性,就不应承担相应的责任;二是客观上须为侵犯他人商标专用权行为提供便利条件,帮助他人实施侵犯商标专用权行为。例如,故意为侵犯他人注册商标专用权行为提供仓储、运输、邮寄、隐匿等便利条件的行为。由于此类故意为侵犯他人商标专用权行为提供便利条件,帮助他人实施侵犯商标专用权行为的行为客观上导致或者加重了商标侵权的后果,因此必须追究辅助侵权者的连带责任。

## 七、造成其他损害的商标侵权行为

现实社会生活纷繁复杂,《商标法》在列举商标侵权时不可能一一作出规定,然而,商标侵权形式复杂多样,为维护相关公众利益,促进社会主义市场经济的健康发展,有必要将未列举的、给他人的注册商标专用权造成其他损害的行为认定为商标侵权行为,违法者应当依法承担相应的法律责任。根据 2014 年《商标法实施条例》以及最高人民法院《解释》的规定,"给他人的注册商标专用权造成其他损害的行为",表现为以下几种情形:

(1) 在同一种商品或者类似商品上,将与他人注册商标相同或近似的标志作为商品名称或者商品装潢使用,误导公众的。

由于 2013 年《商标法》将故意为侵犯商标权的行为提供便利的行为吸收进法律之中,2014 年《商标法实施条例》就只剩下了一种侵犯商标权的行为,其第 76 条规定:"在同一种商品或者类似商品上将与他人注册商标相同或者近似 的标志作为商品名称或者商品装潢使用,误导公众的,属于《商标法》第 57 条第 2 款规定的侵犯注册商标专用权的行为。"这种行为会造成两个方面的后果:一是商标的显著特征容易被冲淡,从而转化为商品的通用名称;二是容易使消费者产生误解,认为不正当使用者的商品与注册商标权人的商品为同一人的商品。

顾名思义,商品名称就是人们对商品的称呼,其主要功能就是区分和呼叫不同的商品。商品名称可以被分为通用名称和特有名称。其中,通用名称是社会通用的商品分类体系中商品的门类、大类、中类、小类、品类以及品种的名称。特有名称则是在品种名称的基础上特定主体对进一步细分的特定商品的称呼。由于社会通用的商品分类表是根据商品的用途、原材料、生产方法、化学成分、使用状态等商品的最本质属性和特征进行的,这些不同种类的商品在社会生活中往往发挥着不可替代的作用。因此,通用名称在命名上具有相当的稳定性和通用性,不能由任何人所私有,应该处于社会公共领域。正因如此,《商标法》特意规定,通用名称不能作为商标而由私人私有。相较而言,特有名称可以被私人所有,在命名上也具有相当的随意性。从本质上来说,商标就是一种商品的特有名称,商标法就是保护商品特有名称的法律。

正由于特有商品名称的上述实质,在同一种或者类似商品上,将与他人注册商标相同或者近似的标志作为商品名称使用的,构成商标侵权。尽管装潢的主要目的是美化商品而不是识别商品,但装潢经过一定使用也可能获得一定的识别作用,因此,将他人已经获得商标权的商标当作装潢使用在相同或类似商品上同样可能侵犯他人的商标权。

(2) 将与他人注册商标相同或者相近似的文字作为企业的字号在相同或者类似商品上

突出使用,容易使相关公众产生误认的。

　　企业字号和商标都是识别性工商业标记,都发挥着识别功能。企业字号的基本功能是识别企业,商标的基本功能是识别商品。但当企业字号出现在商品上或者用于提供服务时,如果突出使用从而使得企业字号发挥着识别商品或服务的功能,企业字号实质上就不仅仅发挥着识别企业的功能,而是在发挥着识别商品或服务的商标的作用。此时字号的使用实质上就是商标的使用,这种使用侵犯了他人的注册商标专用权。

　　正如北京市高级人民法院发布的《关于商标与使用企业名称冲突纠纷案件审理中若干问题的解答》(以下简称《商标冲突解答》)所规定的,商标与使用企业名称冲突纠纷,从侵权人的行为性质上看,主要是借助于合法的形式侵害他人商誉,表现为使消费者对商品或者服务的来源以及不同经营者之间具有关联关系产生混淆、误认,故一般属于不正当竞争纠纷;将与他人注册商标相同或者近似的文字作为企业的字号在相同或者类似商品上单独或者突出使用,容易使相关公众产生误认的,属于侵犯他人注册商标专用权的行为,应当适用《商标法》进行调整。

　　其中字号的使用是否会导致和他人商标的误认,应该以侵权行为发生时的有关事实为依据,同时还应当考虑但不限于以下因素:①销售商品或者提供服务的渠道与方式;②双方所经营的商品或者服务的类似程度以及消费者购买时的注意程度;③是否有证据证明已经造成了实际混淆;④被告人是否具有利用或者损害他人商誉的故意。

　　此外,在认定此类侵权行为时,构成的要件包括:①侵权人使用了和他人注册商标相同或相似的文字;②侵权人将使用的文字作为企业的名称或字号;③侵权人将名称或字号在与注册商标所标识的相同或类似商品上突出醒目地使用;④造成了易使公众产生误认的结果。

## 典型案例

### 众信旅游公司与福建众信国旅侵害商标权及不正当竞争纠纷案

　　众信旅游公司成立于 1992 年 8 月 11 日,于 2014 年 1 月正式上市,系旅游服务行业知名企业,经营范围包括入境旅游业务、国内旅游业务、出境旅游业务等。2012 年与 2014 年,众信旅游公司分别注册了第 9942696 号“众信旅游”和第 13023797 号“众信”两个商标,核定服务项目均为第 39 类,包括旅行预订、旅行社(不包括预定旅馆)、观光旅游、安排游览等。福建众信国旅成立于 2015 年 10 月 16 日,经营范围为国内旅游、入境旅游、出(国)境旅游等。福建众信国旅于 2017 年注册了“众耀”商标,核定使用服务项目为第 39 类,包括观光旅游、旅行社(不包括预订旅馆)等。

　　2018 年 6 月 21 日,众信旅游公司的委托代理人与公证处工作人员一同来到福建众信国旅的经营场所。经公证员拍照显示,福建众信国旅在其经营场所所在大楼外墙悬挂“福建省众信国旅”店招,门头招牌为“福建省众信国际旅行社”,门口处摆放“众信旅游”灯箱广告牌,店内墙上挂有“众耀福建省众信国际旅行社”牌子。在福建众信国旅经营场所现场取得的名片及线路总表上均使用“福建省众信国际旅行社有限公司”公司名称。法院认为,众信旅游公司是“众信旅游”“众信”商标的注册人,其对上述商标享有专用权。本案中,福建众信国旅在其经营场所使用了“众信旅游”灯箱广告,起到了标识服务来源的作用,属于商标性使用。

"众信旅游"与众信旅游公司第 9942696 号"众信旅游"商标相同,且福建众信国旅经营的旅游服务与众信旅游公司涉案注册商标核定使用的服务类别也相同,故福建众信国旅的上述行为已构成对众信旅游公司涉案"众信旅游"注册商标专用权的侵害,依法应承担停止侵权,赔偿损失的责任。由于福建众信国旅在诉讼中已停止侵权行为,故其仅承担赔偿损失的法律责任。经查明,福建众信国旅使用的是"福建省众信国旅""福建省众信国际旅行社",并未突出使用"众信"二字,故对众信旅游公司认为福建众信国旅侵害其第 13023797 号"众信"注册商标专用权的主张,缺乏事实依据,不予支持。

"众信"早已作为众信旅游公司企业名称中的字号使用。"众信"商标及字号经过众信旅游公司的长期使用与宣传,已经在旅游服务行业中具有一定的知名度。福建众信国旅成立于 2015 年 10 月 16 日,也提供旅游服务,其应当知道众信旅游公司"众信"商标及字号的知名度,但其在没有任何权利基础的情况下将"众信"作为其企业名称中的字号使用,可见福建众信国旅具有"搭便车"的主观故意,其行为足以使相关公众误认为其与众信旅游公司存在关联关系,具有攀附众信旅游公司商誉的主观故意,容易造成相关公众的混淆,已构成对众信旅游公司的不正当竞争,应承担停止使用该企业名称、赔偿经济损失的法律责任。本案一审宣判后,原被告双方均未提起上诉。

### 案例评析

企业名称的取得应遵循诚实信用的原则,不得损害他人的在先权利。我国《商标法》第 58 条规定:"将他人注册商标、未注册的驰名商标作为企业名称中的字号使用,误导公众,构成不正当竞争行为的,依照《中华人民共和国反不正当竞争法》处理。"依据《中华人民共和国反不正当竞争法》第 6 条规定,擅自使用他人有一定影响的企业名称(包括简称、字号等)引人误认为是他人商品或者与他人存在特定联系,属于混淆行为,构成不正当竞争。《最高人民法院关于审理不正当竞争民事案件应用法律若干问题的解释》第 6 条第 1 款规定了具有一定市场知名度、为相关公众所知悉的企业名称中的字号,可以认定为上述规定的"企业名称"。本案中,"众信"二字作为众信旅游公司企业名称中字号,以及众信旅游公司所注册的商标,经过旅游服务行业知名企业众信旅游公司的长期使用与宣传,在业内已具有一定的知名度和美誉度。公司成立时间在后的福建众信国旅将"众信"作为字号进行企业名称登记,并在其经营场所及企业宣传中广泛标注"福建省众信国旅""福建省众信国际旅行社"等字样,系容易误导消费者认为其与他人存在特定联系的混淆行为,已构成不正当竞争行为,应依法承担相应的民事责任。

(3)复制、摹仿、翻译他人注册的驰名商标成其主要部分在不相同或者不相类仅商品上作为商标使用,误导公众,致使该施名商标注册人的利益可能受到损害的。

《商标法》第 13 条第 3 款规定:"就不相同或者不相类似商品申请注册的商标是复制、摹仿或者翻译他人已经在中国注册的驰名商标,误导公众,致使该驰名商标注册人的利益可能受到损害的,不予注册并禁止使用。"但在实践中,一些行为人已经违法取得了注册,而且长期使用,对驰名商标权人的利益已经造成了损害。《解释》根据行政执法部门、人民法院的执法和司法实践及学者们的意见,将此种行为明确界定为商标侵权行为,以保护驰名商标权利人的利益。

值得注意的是,《解释》对驰名商标的保护强度要大于《商标法》的规定,将保护对象从驰名商标本身扩大到了驰名商标的主要部分。其根本原因显然在于主要部分是驰名商标的

"显眼"的部分,在驰名商标中具有突出的地位,复制、摹仿、翻译他人注册的驰名商标的主要部分在不相同或者不相类似商品上作为商标使用误导公众而致使该驰名商标注册人的利益可能受到损害的,也可能构成侵犯商标专用权的行为。此类侵权行为的构成要件为:①违法行为具有阶段性,行为人首先复制、摹仿和翻译他人的注册商标等,而后开始使用;②复制、摹仿、翻译的对象是他人注册的驰名商标或驰名商标的主要部分;③行为人在不相同或不类似的商品上使用;④造成相关公众误认,并且使驰名商标所有人的利益可能受损。

(4) 将与他人注册商标相同或者相近似的文字注册为域名,并且通过该域名进行相关商品交易的电子商务,容易使相关公众产生误认的。

域名虽然原本是一种技术概念,主要功能是技术的,但和前文的商品装潢一样,域名经使用同样也可能具有一定的识别功能。同时,有些网站和商品或服务的提供是有一定的联系的,尤其是从事电子商务的网站,当这些网站的域名和他人的注册商标的文字相同或者近似并通过该域名进行相关商品交易的电子商务时,有可能使相关公众对商品的来源产生混淆、误认,从而构成侵犯商标专用权的行为。因此,《解释》将此种行为规定为侵犯商标专用权的行为之一,以规范域名的正确使用。认定此类商标侵权行为的构成要件包括:①存在将与他人注册商标相同或者相近似的文字注册为域名的行为;②通过该域名进行了相关商品交易的电子商务,其中的相关商品交易是指在同种商品或类似商品上的交易;③利用该域名进行电子商务易使相关公众产生误认。

(5) 其他侵权形式。

除了《商标法》《商标法实施条例》《解释》所明文规定的侵犯商标权的行为之外,实践中,由于商业标识权利保护的"非穷尽性""边界延伸性"[①],法院又发展出了一些非典型的侵犯商标权的类型,例如反向混淆行为、城乡集贸市场主办者的侵犯商标权行为、售后混淆行为、互联网上侵犯商标权行为等。

# 第 三 节　商标侵权的法律责任

商标侵权行为是市场活动中一种常见的违法行为。它不仅使商标权利人的利益受到巨大损失,损害了消费者的利益,而且会扰乱正常的社会经济秩序,阻碍先进生产力的发展,因此具有严重的社会危害性,必须不断加大查处力度,依法给予必要的制裁。商标侵权纠纷的解决存在多种选择,依照我国现行商标法的规定,对侵犯注册商标专用权引起纠纷的,由当事人协商解决;不愿意协商或者协商不成的,商标注册人或者利害关系人可以向人民法院起诉,也可以请求工商行政管理部门处理。其中,"由当事人协商解决"作为首选的解决方式,主要是为愿意自行协商解决的当事人提供了一种合法途径,可以起到减少诉争、提高处理纠纷效率的目的。对于不愿协商或者协商不成的,商标注册人或者利害关系人可以直接向人民法院提起民事诉讼,也可以请求侵权人所在地或者侵权行为地的县级以上工商行政管理部门进行处理。这里的"利害关系人"在《解释》第 4 条中作了规定,包括注册商标使用

---

① 孔祥俊:《商标与不正当竞争法:原理与判例》,法律出版社,2009 年版,第 2-20 页。

许可合同的被许可人、注册商标财产权利的合法继承人等。

由此可见,我国处理商标侵权案件的机关为工商行政管理部门和人民法院,在注册商标专用权受到侵犯时,被侵权人或者任何人都可以向工商行政管理部门投诉或者举报,被侵权人可以直接向人民法院起诉,要求追究侵权人的法律责任。这是我国特有的处理商标侵权行为的"双轨制",即司法与行政两条途径均可以处理商标侵权行为。上述规定有利于当事人依照自己的意愿选择处理商标侵权纠纷的手段和机关,从而使商标法制更加完善。此外,对商标侵权行为,工商行政管理部门也有权依法查处,并对涉嫌犯罪的商标侵权行为及时移送司法机关依法处理。

侵犯他人注册商标专用权,必须依法承担其相应的法律责任。在商标侵权纠纷的解决中,根据侵权行为的性质及其行为后果的严重程度,确认相关当事人的法律责任是一项重点工作。根据我国商标法的规定,商标侵权责任包括民事责任、行政责任,侵权情节严重,构成犯罪的,要追究其刑事责任。

## 一、商标侵权行为的民事责任

通常而言,承担民事责任的方式主要有排除妨碍、恢复原状、赔偿损失、消除影响、赔礼道歉等。由于商标权是一种无形财产权,客体的非物质性决定了恢复原状等民事责任无法适用于商标侵权行为。

### ▶ 1. 商标侵权的民事责任及其方式

商标侵权的民事责任,是指人民法院依照商标法和有关的民事法规对侵权人的商标侵权行为所作出的、由侵权人承担的强制性处罚措施。根据我国现行《商标法》及其实施条例的有关规定,商标侵权行为的民事责任主要包括停止侵害、消除影响和赔偿损失三种。

(1)停止侵害

停止侵害,是指权利人要求人民法院对正在进行的侵害行为立即给予制止,以避免自身的权益遭受更大的损失。停止侵害是最重要的商标权救济手段,因为商标权的本质在于商标权人对其商标的控制权,这种控制权不仅是商标权人通过自己使用、许可他人使用而获取收益的重要依据,更是维护商标存续的根本保障。请求停止侵害,既包括请求除去已经产生之侵害,也包括请求除去可能出现的侵害。请求停止侵害与传统民事救济措施的请求排除妨碍相当。需要说明的是,由于知识产品的特性所致,请求停止侵害是排除对权利人行使专有权之妨碍,而不可能是制止对权利客体即知识产品之侵害。[①] 对于商标权人而言,停止侵害能够有效防止侵权影响继续扩大,有助于其商标权的及时保护。

根据我国《商标法》的规定,商标法上的停止侵害可以有不同的类别。按照停止侵害的时间划分,我国《商标法》所规定的停止侵害包括三种:诉前停止侵害商标权行为、诉中停止侵害商标权行为和诉终停止侵害商标权行为。按照效力划分,我国《商标法》所规定的停止侵害包括两种:暂时停止侵害商标权行为和永久停止侵害商标权行为。

(2)消除影响

商标侵权行为不仅侵害商标权人的财产权,还很有可能导致商标权人商标声誉受到不利影响,因此,在商标侵权民事纠纷的处理中,人民法院可以责令侵权人消除其侵权行为产

---

① 吴汉东:《知识产权基本问题研究(总论)》,中国人民大学出版社,2009年版,第64页。

生的不利影响。实践中,消除影响的实现主要是侵权人或被侵权人通过在相关新闻媒介上澄清侵权事实,以尽快恢复商标权人在市场竞争中应有的位置,相关费用由侵权人承担。

（3）赔偿损失

商标侵权行为往往会给商标权人造成经济损失,因此,商标权人有权要求侵权人赔偿损失。人民法院在审理商标侵权纠纷案件中,根据案件具体情况、在侵权人行为不存在免责情形的情况下,可以依法判决侵权人赔偿损失。也就是说,因商标侵权行为,给注册商标权人的利益造成损失的,权利人有权要求侵权人赔偿损失。这是商标侵权人承担民事责任的主要方式。被控侵权人的免责情形主要包括商标权人的权利存在瑕疵以及销售者无侵权主观故意两种,即"注册商标专用权人请求赔偿,被控侵权人以注册商标专用权人未使用注册商标提出抗辩的,人民法院可以要求注册商标专用权人提供此前三年内实际使用该注册商标的证据。注册商标专用权人不能证明此前三年内实际使用过该注册商标,也不能证明因侵权行为受到其他损失的,被控侵权人不承担赔偿责任","销售不知道是侵犯注册商标专用权的商品,能证明该商品是自己合法取得并说明提供者的,不承担赔偿责任"。

▶ 2. 商标侵权赔偿数额的认定

赔偿损失是商标侵权行为人承担民事责任的最常见、最重要的方式。在赔偿损失这种民事责任承担中,计算赔偿数额是其核心和关键问题。我国原商标法以"填平原则,即损失多少赔偿多少"为基准,列举了赔偿数额的计算方式,但由于实践中商标权人的维权成本较高,且填平原则常使侵权人存有侥幸心理,因此《商标法》第三次修订引入了惩罚性赔偿制度,并进一步明确了赔偿数额各种计算方式的适用顺序。关于赔偿损失的数额,我国现行《商标法》第63条规定:"侵犯商标专用权的赔偿数额,按照权利人因被侵权所受到的实际损失确定;实际损失难以确定的,可以按照侵权人因侵权所获得的利益确定;权利人的损失或者侵权人获得的利益难以确定的,参照该商标许可使用费的倍数合理确定。对恶意侵犯商标专用权,情节严重的,可以在按照上述方法确定数额的一倍以上五倍以下确定赔偿数额。赔偿数额应当包括权利人为制止侵权行为所支付的合理开支。人民法院为确定赔偿数额,在权利人已经尽力举证,而与侵权行为相关的账簿、资料主要由侵权人掌握的情况下,可以责令侵权人提供与侵权行为相关的账簿、资料;侵权人不提供或者提供虚假的账簿、资料的,人民法院可以参考权利人的主张和提供的证据判定赔偿数额。权利人因被侵权所受到的实际损失、侵权人因侵权所获得的利益、注册商标许可使用费难以确定的,由人民法院根据侵权行为的情节判决给予五百万元以下的赔偿。"

对上述规定,在实践中要注意把握以下几点:

（1）赔偿额计算方法的选择。2013年《商标法》对确定赔偿额的顺序作了规定,不同于立法修改前的当事人可以自主选择。侵犯商标专用权的赔偿数额为侵权人在侵权期间因侵权所获得的利益或者被侵权人在被侵权期间因被侵权所受到的损失,包括被侵权人为制止侵权行为所支付的合理开支。本次修改《商标法》时对侵犯商标专用权的赔偿数额的确定方式及顺序作了重新规定。确定侵犯商标专用权的赔偿数额按法定顺序有以下几种方式:①按照权利人因被侵权所受到的实际损失来确定。简单地说,因侵权人的侵权商品在市场上销售,使商标专用权人的商品销售量下降,其销量减少的总数乘以每件商品的利润所得之积,即为被侵权人因被侵权所受到的实际损失。②实际损失难以确定的,可以按照侵权人因侵权所获得的利益确定。侵权人在侵权期间从每件侵权商品获得的利润,乘以在市场上销售的商品数额,所得之积,为侵权人在侵权期间所得利润,即侵权人在侵权期间因侵权所获得的利益。③权利人的损失或者侵权人获得的利益难以确定的,参照该商标许可使用费的倍数合理确定。

(2) 赔偿额的计算方法。《解释》第 14 条规定:"侵权所获得的利益,可以根据侵权商品销售量与该商品单位利润乘积计算;该商品单位利润无法查明的,按照注册商标商品的单位利润计算。"所谓"该商品单位利润",是指每件商品的平均利润;所谓"注册商标商品的单位利润",是指权利人享有注册商标权的每件正牌商品的平均利润。这种规定是针对实践中一些不法行为人故意作虚假陈述,或者隐匿账单,使假冒商品的利润无法查明的情形而制定的。有时即使查明了假冒商品的利润,但价格很低,如果按照该价格对权利人赔偿就会不公平。《解释》的计算方法,明确了商标法规定中的一些模糊概念。这是加强对注册商标保护的一项重要的司法举措。《解释》第 15 条规定:"商标法第 56 条第 1 款规定的因被侵权所受到的损失,可以根据权利人因侵权所造成商品销售减少量或者侵权商品销售量与该注册商标商品的单位利润乘积计算。"按照《民事诉讼法》的要求,被侵权人的损失应当由其自己举证,证明因他人侵权所造成的商品销售量的减少额和商品的单位利润,然后计算出应当赔偿的数额。但在实际生活中由于一些特殊原因,如该商品市场需求很大,也会出现侵权事实已发生,但被侵权人的商品销售量没有减少的情况,有时候还会出现上升的趋势,但这种违法行为毕竟造成了对权利人潜在的销售市场的侵害。同时,被侵权人的损失还体现在侵权人使用权利人的注册商标的非法获利上,因此,根据查明的侵权商品销售量与该注册商标商品的单位利润乘积计算被侵权人的损失,就成为可以选择的另一种计算损害赔偿额的方法。

(3) 制止侵权行为的合理开支。《解释》第 17 条规定:"制止侵权行为所支付的合理开支,包括权利人或者委托代理人对侵权行为进行调查、取证的合理费用,人民法院根据当事人的诉讼请求和案件具体情况,可以将符合国家有关部门规定的律师费用计算在赔偿范围内。"根据《TRIPS 协定》第 45 条第 2 项,司法当局应有权责令侵权人向权利人支付其开支,其中可包括适当的律师费,中国已加入世界贸易组织,为履行国际公约的规定,在我国《商标法》修改时增加了侵权人应承担权利人为制止侵权行为的合理开支。但在司法实践中,"合理开支"应包括哪些内容,由于法律规定不明确,各地法院的做法很不统一。为此,《解释》对合理开支的范围进一步作了明确,特别是将权利人或其委托代理人对侵权行为进行调查、取证的合理费用,规定在合理开支的范围中。人民法院在确定赔偿额时,是否应将律师代理费考虑进来?我国现行法律法规及司法解释都没有明确的规定,但根据《TRIPS 协定》的精神,《解释》规定了根据当事人的请求和具体案情,人民法院可以将符合国家有关部门规定的律师费计算在赔偿范围内。这样做既符合《TRIPS 协定》的要求,又与我国的整体诉讼制度有所协调,对于保护权利人的利益,制裁侵权行为也有着重要的意义,同时也是我国加强和完善对知识产权损害赔偿制度的一项重要措施。

(4) 侵犯商标权的法定赔偿。2013 年《商标法》将法定赔偿的上限由 50 万元提高到了300 万元(2019 年《商标法》修改时又提高到 500 万元),以加大对商标侵权行为的保护力度,加重侵权人的违法成本。法定赔偿制度,是在人民法院多年审判实践的基础上总结出来的、为解决侵犯知识产权损害赔偿额不易计算而制定的。这种制度的实施,有利于人民法院迅速结案,防止久拖不结,以保护商标权人的合法利益。人民法院在确定赔偿数额时,应当考虑侵权行为的性质、期间、后果,商标的声誉,商标使用许可费的数额,商标使用许可的种类、时间、范围及制止侵权行为的合理开支等因素综合确定。

　　司法实践中,适用商标法定赔偿时应注意的问题包括:①适用法定赔偿的前提,是在侵权获利、侵权损失和注册商标许可使用费难以确定的情况下采用,如果能通过证据的采信确定赔偿额的,则不能适用法定赔偿额,以避免造成商标权人经济损失不能得到充分赔偿的结果。②对法定赔偿的适用,人民法院可以根据案情以职权进行,也可根据当事人的请求进行。③法定赔偿额的计算,应根据侵权行为的性质、期间、后果、商标的声誉,商标使用许可费的数额,商标使用许可的种类、时间、范围及制止侵权行为的合理开支等因素综合确定。④制止侵权行为的合理开支包括律师费等,应包括在 500 万元的法定赔偿额范围内。⑤人民法院确定法定赔偿数额,既可以使用判决方式,也可以使用调解方式。⑥如果后果严重的,可以突破 500 万元。

　　(5)销售商免除赔偿责任的条件。实践中,如果对销售侵犯注册商标专用权的商品的行为人一律认定侵权并让行为人承担赔偿责任,虽然有利于保护商标权人的合法利益,但对不知道也不应当知道其经销的商品是侵犯注册商标专用权的商品的行为人是不公平的。为协调和解决上述问题,2013 年修订的《商标法》第 64 条第 2 款规定了销售侵犯注册商标专用权的商品的行为人的免责条件,即"销售不知道是侵犯注册商标专用权的商品,能证明该商品是自己合法取得并说明提供者的,不承担赔偿责任"。换言之,如果不能证明该商品是自己合法取得,而且不能说明提供者的,就应当承担赔偿责任。可见,免除赔偿责任的条件有三:①行为人在主观上不知道销售的是侵犯注册商标专用权的商品。如果行为人是明知或应知其销售的是侵犯注册商标专用权的商品的,应承担赔偿责任;②行为人能够证明其经销的商品是其合法取得的;③行为人能够说明提供者的。满足了上述三个条件,行为人才可以免除侵权的赔偿责任。在认定赔偿责任时,我国《商标法》采用了"过错责任原则",即行为人主观上有过错,才承担赔偿责任。但在认定销售商的侵权责任时,根据《商标法》第 57 条第 3 款,则采用"无过错责任原则",即行为人无论主观上是否有过错,只要有销售侵权商标的行为存在,即可认定构成侵权,应当停止销售。这样规定更有利于保护商标权人的合法利益。

　　(6)惩罚性赔偿的适用。惩罚性赔偿,是指法院判定的赔偿数额超出实际损害数额的赔偿,即损害赔偿金不仅是对权利人的补偿,同时也是对故意加害人的惩罚。关于民事赔偿历来存在着两种原则,即补偿性赔偿原则和惩罚性赔偿原则。所谓补偿性赔偿,又称为"填平式赔偿",是大陆法系固有的民法传统,即法院所作出的赔偿数额应该与实际的损害数额相等的一种赔偿制度。惩罚性赔偿具有惩罚性质,是为了达到遏制违法行为的目的[1]。通过判定惩罚性赔偿,使行为人考量成本效益,因而从利益机制上对其行为进行遏制,这也是惩罚性赔偿的根本价值取向和首要功能。

　　从世界各国和地区的立法来看,美国《兰哈姆法》并没有为针对注册商标的侵权提供惩罚性赔偿的救济,但大部分州的法律都承认了惩罚性赔偿在故意侵权的情况下可以适用。欧盟的法律是建立在补偿性赔偿原则的基础上的,因此,惩罚性赔偿通常来说并不适用。但分析欧盟一些国家的成文法或者判例,也有一些在金额上超过补偿性赔偿的判决,似乎可以被看作事实上的惩罚性赔偿。我国台湾地区近二三十年来陆续引入了惩罚性赔偿的观念,

---

[1]　王利明:《惩罚性赔偿研究》,载《中国社会科学》2000 年第 4 期。

如"公平交易法""营业秘密法""专利法""著作权法"等都有相关规定。结合我国立法,如何适用惩罚性规则,如对"恶意"和"情节严重"的界定、与法定赔偿之间的关系、是否包含精神损害赔偿等问题,需要做进一步研究。在此方面,我国在 2013 年《商标法》第 63 条新增了侵犯商标专用权的赔偿数额条款,对恶意侵犯商标专用权,情节严重的,可以在按照侵权赔偿数额的 1 倍以上 3 倍以下确定赔偿数额(2019 年《商标法》修改为 1 倍以上 5 倍以下),该条款被学界称为"惩罚性赔偿条款"。但该条款的适用条件尚无明确的司法解释,学界也存在争议。

## 典型案例

### 全国首例商标惩罚性赔偿金案①

2018 年 7 月,"六个核桃"商标权人河北养元智汇饮品股份有限公司一纸诉状将山东滕州聚泰食品有限公司告至山东省枣庄市中级人民法院,认为聚泰公司未经许可,在其生产的饼干包装箱上使用"六个核桃"商标,提出要求被告立即停止侵权行为,并支付数额为商标许可使用费 2 倍的惩罚性赔偿金 4.8 万元。同年 8 月 29 日,山东省枣庄市中级法院作出《民事调解书》,确认"被告滕州市聚泰食品有限责任公司向原告河北养元智汇饮品股份有限公司支付惩罚性赔偿金 1.6 万元"。

作为全国首例商标权人获惩罚性赔偿金案的审理法院,枣庄中院表示,今年 7 月 5 日,办案人员进行了认真准备,并多次向双方当事人进行辩法析理,释明相关法律规定,山东滕州聚泰食品有限公司最终承认侵权事实,并同意支付惩罚性赔偿金。随后,养元公司与聚泰公司签订《和解协议》:"双方确认,乙方根据商标法第 63 条规定向甲方进行赔偿。因甲方关于'六个核桃'商标许可使用费的标准为 4000 元/批次,本案中乙方属恶意侵犯商标专用权,情节严重,故关于惩罚性赔偿金应按照商标许可使用费的 2 倍确定后再计算 2 倍,即 $4000 \times 2 \times 2 = 16000$ 元。"

**案例评析**

2014 年修改的《商标法》实施以来,全国法院鲜有关于商标侵权的惩罚性赔偿案例出现。这是自新《商标法》2014 年 5 月正式实施以来,全国首例商标权人取得惩罚性赔偿金的案例。该案实质上"激活"了惩罚性赔偿法律条款的适用,针对实践中商标权利人维权成本过高、进行维权往往得不偿失的现象,该法首次引入惩罚性赔偿制度,旨在对商标权利人维护合法权益、打击商标侵权行为起到积极作用。

▶ 3. 临时禁令和其他规定

根据世界贸易组织《TRIPS 协定》第 50 条的规定,司法当局有权采取及时有效的临时措施,防止任何延误给权利人造成不可弥补的损害。

(1)采取诉前临时措施的法定条件

根据《商标法》和《民事诉讼法》的有关规定,申请人民法院采取诉前临时措施,应当符合以下条件:①申请人必须是商标注册人或者利害关系人。商标注册人是商标专用权的权利

---

① 参见《"六个核桃"商标维权:全国首例商标权人取得惩罚性赔偿金》,https://m.sohu.com/a/275331719_128624,2020-10-25。

主体,其商标专用权受到不法侵害时,可以按照本法规定的条件和民事诉讼法规定的程序申请人民法院采取诉前临时措施。利害关系人是指与侵犯商标专用权的行为有直接利害关系的其他人,比如注册商标的被许可使用人、商标专用权的合法继承人等。与侵犯商标专用权行为没有利害关系的人向人民法院申请采取诉前临时措施的,人民法院应当裁定不予受理。②申请人必须向人民法院提供证据,证明他人正在实施或者即将实施侵犯其商标专用权的行为,并且该侵权行为如不及时制止,申请人的合法权益将受到难以弥补的损害。③商标注册人或者利害关系人采取临时措施的申请应当在起诉前向人民法院提出。临时措施是为了避免已经发生或者即将发生的侵犯注册商标专用权的行为给权利人造成难以弥补的损害,而由权利人向人民法院申请采取的一项紧急措施,这一措施应当由商标注册人或者利害关系人在起诉前向人民法院提出。如果商标注册人或者利害关系人已经向人民法院提出商标专用权侵权诉讼,并且认为可能因被告人的行为或者其他原因,使判决不能执行或者难以执行,商标注册人或者利害关系人可以向人民法院申请采取诉讼中的财产保全措施。

(2)诉前临时措施的内容

诉前临时措施包括两项内容,即责令停止有关行为和财产保全。申请人可以根据案件的实际情况,申请人民法院同时采取这两项措施,也可以申请人民法院采取其中的一项措施。责令停止有关行为,是指人民法院根据注册商标所有人或者利害关系人的申请,责令侵权人停止有关侵犯他人商标专用权的行为。财产保全,是指人民法院根据注册商标所有人或者利害关系人的申请,采取查封、扣押、冻结或者法律规定的其他方法强制控制与案件有关的财产的措施。

《商标法》第65条规定:"商标注册人或者利害关系人有证据证明他人正在实施或者即将实施侵犯其注册商标专用权的行为,如不及时制止,将会使其合法权益受到难以弥补的损害的,可以在起诉前向人民法院申请采取责令停止有关行为和财产保全的措施。"这种规定,旨在保护商标权人的合法利益,将侵权行为扼杀在萌芽状态。为配合临时禁令的实施,《商标法》还增加了证据保全的规定。《商标法》第66条规定:"为制止侵权行为,在证据可能灭失或者以后难以取得的情况下,商标注册人或者利害关系人可以依法在起诉前向人民法院申请保全证据。"上述规定,不仅和我国参加的国际公约保持一致,而且有利于全面保护商标权人的利益。

## 二、商标侵权行为的行政责任

### ▶ 1. 商标侵权的行政责任及其方式

商标侵权的行政责任,是指工商行政管理机关依照《商标法》和有关的行政法规对侵权人的商标侵权行为所作出的、由侵权人承担的强制性处罚措施。根据我国商标法律制度,商标侵权行为的行政责任主要包括:责令立即停止侵权行为;没收、销毁侵权商品和主要用于制造侵权商品、伪造注册商标标识的工具;罚款。通过行政程序制裁侵权人,这是目前商标权人为维护其注册商标权经常采用的措施。

2019年《商标法》第60条第2款规定:"工商行政管理部门处理时,认定侵权行为成立的,责令立即停止侵权行为,没收、销毁侵权商品和主要用于制造侵权商品、伪造注册商标标识的工具,违法经营额五万元以上的,可以处违法经营额五倍以下的罚款,没有违法经营额或者违法经营额不足五万元的,可以处二十五万元以下的罚款。对五年内实施两次以上商标侵权行为或者有其他严重情节的,应当从重处罚。"世界贸易组织《TRIPS 协定》第 46 条规定:"为了对侵权活动造成有效的威慑,司法当局有权在不进行任何补偿的情况下,将已经发现正处于侵权状态的商品排除出商业渠道、予以销毁。司法当局还有权令在侵权物品生产中主要使用的材料和工具以减少进一步侵权危险的方式不作任何补偿地在商业渠道以外予以处置。"据此,这次修改《商标法》对原法进行了补充完善,加大了对商标侵权行为的处罚力度,重新规定工商行政管理部门在处理商标侵权行为时,有权没收、销毁侵权商品和"主要"用于制造侵权商品、伪造注册商标标识的工具,而不限于原法中的"专门"工具。本条规定的罚款数额有一定幅度,具体数额由工商行政管理部门根据违法行为的性质、造成后果的严重程度等情况来确定。工商行政管理部门在计算违法经营额时,可以考虑:侵权商品的销售价格、未销售侵权商品的标价、已查清侵权商品实际销售的平均价格、被侵权商品的市场中间价格、侵权人因侵权所产生的营业收入以及其他能够合理计算侵权商品价值的因素[①]。

销售不知道是侵犯注册商标专用权的商品,能证明该商品是自己合法取得并说明提供者的,由工商行政管理部门责令停止销售,并将案件情况通报侵权商品提供者所在地工商行政管理部门。可以认定为能证明该商品是自己合法取得的情形包括:由供货单位合法签章的供货清单和货款收据且经查证属实或者供货单位认可的;有供销双方签订的进货合同且经查证已真实旅行的;有合法进货发票记载事项与涉案商品对应的;以及其他能够证明合法取得涉案商品的情形。

2. 当事人对行政处理决定的司法救济

当事人对处理决定不服的,可以自收到处理通知之日起 15 天内依照《行政诉讼法》向人民法院起诉;侵权人期满不起诉又不履行的,工商行政管理部门可以申请人民法院强制执行。进行处理的工商行政部门根据当事人的请求,可以就侵犯商标专用权的赔偿数额进行调解,调解不成的,当事人可以依照《民事诉讼法》向人民法院起诉。

3. 各级工商行政管理部门的职权

县级以上工商行政管理部门根据已经取得的违法嫌疑证据或者举报,对涉嫌侵犯他人注册商标专用权的行为进行查处时,可以行使下列职权:①询问有关当事人,调查与侵犯他人注册商标专用权有关的情况;②查阅、复制当事人与侵权活动有关的合同、发票、账簿以及其他有关资料;③对当事人涉嫌从事侵犯他人注册商标专用权活动的场所实施现场检查;④检查与侵权活动有关的物品,对有证据证明是侵犯他人注册商标专用权的物品,可以查封或者扣押。工商行政管理部门依法行使上述职权时,当事人应当予以协助、配合,不得拒绝、阻挠。

## 三、商标侵权行为的刑事责任

对于严重侵犯他人注册商标专用权的行为,侵权人应承担刑事责任。根据我国《商标法》第 67 条和《刑法》第 213-215 条的规定,侵犯注册商标专用权构成犯罪的主要有三种罪名,分别是:假冒注册商标罪,非法制造、销售非法制造的注册商标标识罪和销售假冒注册商标的商品罪。这些犯罪行为,严重地侵犯了商标权人的合法利益,破坏了正常的市场竞争

---

① 徐升权:《商标法:原理、规则与现实回应》,知识产权出版社,2017 年版,第 241 页。

秩序,必须严厉打击。

▶ 1. 假冒注册商标罪

假冒注册商标罪,是指行为人未经注册商标权人的许可,在同一种商品上使用与其注册商标相同的商标,情节严重的行为。假冒他人注册商标的行为,不仅严重影响他人的商品信誉,侵犯商标注册人的合法权益,同时侵害了消费者的合法权益,破坏了社会主义市场经济秩序,如果情节严重,按照刑法的有关规定构成犯罪的,应当依法追究其刑事责任。根据刑法第 213 条的规定,构成假冒注册商标罪应当符合以下条件:

(1) 违法行为人使用他人注册商标未经注册商标所有人许可,即行为人使用他人注册商标的行为未得到注册商标所有人的口头或者书面同意。这是构成本罪的前提条件。

(2) 违法行为人在客观上实施了在同一种商品上使用与其注册商标相同的商标的行为。如果行为人在同一种商品上使用与他人注册商标近似的商标,或者在类似商品上使用与他人注册商标相同的商标,或者在类似商品上使用与他人注册商标近似的商标,虽然属于侵犯注册商标专用权的行为,但是不构成犯罪。

(3) 违法行为人的上述行为情节严重的才构成本罪。所谓情节严重,主要是指非法获利数额较大,给商标注册人造成较大损失,侵权次数多、持续时间长或者有其他严重情节。

根据《刑法》第 213 条的规定,未经商标注册人许可,在同一种商品上使用与其注册商标相同的商标,情节严重的,构成假冒注册商标罪。对犯此罪的,处 3 年以下有期徒刑或者拘役,并处或者单处罚金;情节特别严重的,处 3 年以上 7 年以下有期徒刑,并处罚金。

## 典型案例

## 郭明升、郭明锋、孙淑标假冒注册商标案[①]

2013 年 11 月,被告人郭明升通过网络中介购买店主为"汪亮"、账号为 play2011-1985 的淘宝店铺,并改名为"三星数码专柜",在未经三星(中国)投资公司授权许可的情况下,从深圳市华强北远望数码城、深圳福田区通天地手机市场批发假冒的三星 I8552 手机裸机及配件进行组装,并通过"三星数码专柜"在淘宝网上以"正品行货"进行宣传、销售。被告人郭明锋负责该网店的客服工作及客服人员的管理,被告人孙淑标负责假冒的三星 I8552 手机裸机及配件的进货、包装及联系快递公司发货。至 2014 年 6 月,该网店共计组装、销售假冒三星 I8552 手机 20000 余部,非法经营额 2000 余万元,非法获利 200 余万元。

江苏省宿迁市中级人民法院于 2015 年 9 月 8 日作出(2015)宿中知刑初字第 0004 号刑事判决,以被告人郭明升犯假冒注册商标罪,判处有期徒刑五年,并处罚金人民币 160 万元;被告人孙淑标犯假冒注册商标罪,判处有期徒刑三年,缓刑五年,并处罚金人民币 20 万元;被告人郭明锋犯假冒注册商标罪,判处有期徒刑三年,缓刑四年,并处罚金人民币 20 万元。宣判后,三被告人均没有提出上诉,该判决已经生效。

---

① 本案例根据"郭明升、郭明锋、孙淑标假冒注册商标案刑事判决书"[(2015)宿中知刑初字第 0004 号]所改编。参见 https://webvpn.nwu.edu.cn/https/77726476706e69737468656265265737421e7e056d2373b7d5c7f1fc7af9758/gac/f4b18d978bc0d1c76b62cfac6b790d0db696da32840041a0bdfb.html? keyword=%E5%AE%97%E6%9F%90%E8%B4%B5%E7%AD%89%E5%81%87%E5%86%92%E6%B3%A8%E5%86%8C%E5%95%86%E6%A0%87%E7%BD%AA, 2020-10-19。

**案例评析**

法院生效裁判认为,被告人郭明升、郭明锋、孙淑标在未经"SΛMSUNG"商标注册人授权许可的情况下,购进假冒"SΛMSUNG"注册商标的手机机头及配件,组装假冒"SΛMSUNG"注册商标的手机,并通过网店对外以"正品行货"销售,属于未经注册商标所有人许可在同一种商品上使用与其相同的商标的行为,非法经营数额达 2000 余万元,非法获利 200 余万元,属情节特别严重,其行为构成假冒注册商标罪。被告人郭明升、郭明锋、孙淑标虽然辩解称其网店售销记录存在刷信誉的情况,对公诉机关指控的非法经营数额、非法获利提出异议,但三被告人在公安机关的多次供述,以及公安机关查获的送货单、支付宝向被告人郭明锋银行账户付款记录、郭明锋银行账户对外付款记录、"三星数码专柜"淘宝记录、快递公司电脑系统记录、公安机关现场扣押的笔记等证据之间能够互相印证,综合公诉机关提供的证据,可以认定公诉机关关于三被告人共计销售假冒的三星 I8552 手机 20000 余部,销售金额 2000 余万元,非法获利 200 余万元的指控能够成立,三被告人关于销售记录存在刷信誉行为的辩解无证据予以证实,不予采信。被告人郭明升、郭明锋、孙淑标,系共同犯罪,被告人郭明升起主要作用,是主犯;被告人郭明锋、孙淑标在共同犯罪中起辅助作用,是从犯,依法可以从轻处罚。故依法作出上述判决。

▶ **2. 非法制造、销售非法制造的注册商标标识罪**

非法制造、销售非法制造的注册商标标识罪,是指行为人违反商标管理法规,伪造、擅自制造他人注册商标标识或者销售伪造、擅自制造的注册商标标识,情节严重的行为。其中规定了两种行为。一是非法制造注册商标标识的行为,即伪造、擅自制造他人注册商标标识的行为。伪造,是指未经许可而按照商标注册人的商标标识样式进行制造的行为。擅自制造,是指商标印制单位擅自超出商标印制合同规定数额印制商标标识的行为。商标标识,是指贴附或者印刷于商品本身或者商品包装之上,包含商品的商标及其他文字、颜色、图形等以区别于其他商品的标识。二是销售非法制造的注册商标标识的行为,即销售伪造、擅自制造的注册商标标识的行为。这里所说的"销售行为",应当是明知行为,即销售者知道或者应当知道其所销售的商标标识是伪造、擅自制造的注册商标标识。上述两种行为,必须达到情节严重的程度才构成犯罪。根据司法实践,情节严重一般是指多次非法制造、销售他人注册商标标识的;非法制造、销售的商标标识是用于药品等涉及人身安全的重要商品的;造成严重后果或者恶劣影响的。根据《刑法》第 215 条的规定,伪造、擅自制造他人注册商标标识或者销售伪造、擅自制造的注册商标标识,情节严重的,构成非法制造、销售非法制造的注册商标标识罪。对犯此罪的,处 3 年以下有期徒刑、拘役或者管制,并处或者单处罚金;情节特别严重的,处 3 年以上 7 年以下有期徒刑,并处罚金。

▶ **3. 销售假冒注册商标的商品罪**

销售假冒注册商标商品罪,是指行为人明知是假冒注册商标的商品而非法销售,销售数额较大的行为。构成销售假冒注册商标商品罪,必须具备以下几个要件:①行为人必须具备主观上的故意,即行为人明知是假冒他人注册商标的商品而仍然销售。如果行为人不知是假冒注册商标的商品而销售的,不构成犯罪。②行为人在客观上实施了销售明知是假冒注册商标的商品的行为。③销售金额必须达到数额较大的程度。根据《刑法》第 214 条的规定,销售明知是假冒注册商标的商品,销售金额数额较大的,构成销售假冒注册商标商品罪。

对犯此罪的,处 3 年以下有期徒刑或者拘役,并处或者单处罚金;销售金额数额巨大的,处 3 年以上 7 年以下有期徒刑,并处罚金。

## 拓 展 阅 读

1. 王莲峰:《商标法学》(第三版),第八章,北京大学出版社,2019
2. 王太平:《商标法:原理与案例》,第七、八、十章,北京大学出版社,2015
3. 徐升权:《商标法:原理、规则与现实回应》,第六章,知识产权出版社,2017
4. 刘维,陶钧,范静波:《商标法:原理与案例》,第五、六、九、十章,中国法制出版社,2020

## 深 度 思 考

1. 何谓商标的反向假冒? 并说明其构成要件。
2. 商标侵权行为的表现方式。
3. 企业名称与商标发生冲突的原因何在? 如何从制度安排上消除二者之间的冲突问题?

## 即 测 即 练

# 7 第七章
## Chapter7
# 商标管理

## 本章导读

　　商标管理是国家有关主管机关依法对商标的注册、使用、转让等行为进行监督检查等活动的总称。商标管理是为了保护商标专用权,维护商标信誉,保障消费者和生产、经营者的利益,促进社会主义市场经济的发展。本章主要介绍商标管理机关的职责、商标使用管理,了解注册商标的使用管理和未注册商标的使用管理,了解商标使用管理的补救规定以及特定商标的使用管理、商标印刷管理,了解商标印制管理,了解商标侵权定性分析,以及商标印制的承印与拒印。

## 第 一 节　　商标管理机关的职责

### 一、商标管理概述

▶ 1. 商标管理概念

　　商标管理是指国家有关主管机关依法对商标的注册、使用、转让等行为进行监督检查等活动的总称。商标管理存在广义和狭义之分。广义的商标管理是指国家主管机关和企业对商标注册和商标使用依法进行的管理,涉及国家主管机关对商标的行政管理,以及企业对商标的经营管理;狭义的商标管理仅指国家机关对注册商标和未注册商标的行政管理。我国《商标法》规定的商标管理主要是指狭义的商标管理。

▶ 2. 商标管理的意义

　　根据我国《商标法》第1章总则第1条规定:"为了加强商标管理,保护商标专用权,促使生产、经营者保证商品和服务质量,维护商标信誉,以保障消费者和生产、经营者的利益,促进社会主义市场经济的发展,特制定本法。"从中可以看出建立商标管理制度,可以更好地规范工商企业商标活动,对中国特色社会主义市场经济快速发展和改革开放具有重要意义。

　　具体来看,商标管理有如下意义:

（1）可以规范工商企业商标行为，充分发挥商标的功能和价值，保护消费者的合法权益。

（2）加强工商企业以及商标使用人的法制观念，维护商标注册人的合法权益，避免和减少商标侵权的风险及案例。

（3）监督商标使用人所提供的相关商品或者服务质量，以维护消费者的合法权益，保障社会经济秩序的正常运转。

（4）制止假冒他人注册商标、冒充注册商标等不正当竞争行为，确保市场环境的正当竞争和合法竞争，维护良好的市场竞争秩序。

（5）有利于加强商标立法，维护商标市场秩序，完善商标相关法律法规。

## 二、商标管理机关的概述

商标管理机关是一个国家主管商标工作的政府机构，代表国家管理商标的工作。世界各国的商标管理机构各不相同：美国由专利商标局管理商标；日本的商标管理机构为特许厅，归属于通商产业省；巴西的工业产权局负责商标注册管理工作；英国由专利、设计和商标总局局长掌管商标注册簿。

（1）中国商标局，全称是国家知识产权局商标局，系国家知识产权局所属事业单位，中国商标局承担全国商标注册与管理等行政职能工作，具体负责商品商标、服务商标、集体商标、证明商标等全国商标注册和管理工作，依法保护商标专用权和查处商标侵权行为，指导、协调、组织各地工商行政管理机关查处商标侵权假冒案件，处理商标争议裁定以及注册商标的变更、转让、续展、补证、注销等有关事宜，依法加强驰名商标的认定和保护工作，负责特殊标志、官方标志的登记、备案和保护，监督管理商标代理机构，研究分析并依法发布商标注册信息和管理的规章制度及具体措施、办法，组织商标国际条约、协定在中国的具体实施及承办商标国际交流与合作有关工作，为政府决策和社会公众提供信息服务，实施商标战略等工作。

（2）机构划分。商标局下设综合处、财务处、行政处、法律处、应诉复议处、宣传与对外交流处、人事教育处、党委（纪委）办公室、驻中关村国家自主创新示范区办事处、申请业务管理处、申请受理事务一至二处、审查管理一至二处、审查一至五处、审查事务管理处、审查事务一至五处、国际注册一至三处、异议形式审查处、异议审查一至八处、评审案件受理处、评审一至九处、评审事务处、文档事务处、数据信息管理处、信息化项目管理处、信息化运行管理处 52 个职能处。

（3）国家工商总局商标审查协作中心成立于 1993 年，是国家工商行政管理总局直属事业单位，主要负责商标辅助审查等工作，主要职能是为商标局提供与商标确权相关的服务工作，是商标注册的辅助机构。

## 三、商标管理机关的演变

新中国成立后，我国的商标注册工作先后由中央私营企业局和中央工商行政管理局主管。1978 年国家恢复工商行政管理机关后，内设商标局，主管全国商标注册和管理工作。

根据 1982 年颁布并于 1993 年、2001 年两次修正实施的《商标法》，国务院工商行政管理部门商标局主管全国商标注册和管理工作，各地工商行政管理部门对商标使用行为进行监督管理，依职权或应权利人请求查处侵犯注册商标专用权行为，保护商标权人和消费者的合法权益。

2008 年 7 月 11 日,《国务院办公厅关于印发国家工商行政管理总局主要职责内设机构和人员编制规定的通知》(国办发〔2008〕88 号)以及 2008 年 9 月 8 日国家工商行政管理总局《关于印发各司(厅、局、室)主要职责内设机构和人员编制规定的通知》(工商人字〔2008〕195号)规定,商标局隶属于国家工商行政管理总局,承担商标注册与管理等行政职能,具体负责全国商标注册和管理工作,依法保护商标专用权和查处商标侵权行为,处理商标争议事宜,加强驰名商标的认定和保护工作,负责特殊标志、官方标志的登记、备案和保护,研究分析并依法发布商标注册信息,为政府决策和社会公众提供信息服务,实施商标战略等工作。

2018 年 3 月,中共中央印发《深化党和国家机构改革方案》,将国家知识产权局的职责、国家工商行政管理总局的商标管理职责、国家质量监督检验检疫总局的原产地地理标志管理职责整合,重新组建国家知识产权局,由国家市场监督管理总局管理。

2018 年 11 月 15 日《中央编办关于国家知识产权局所属事业单位机构编制的批复》(中央编办复字〔2018〕114 号)规定,将原国家工商行政管理总局商标局、商标评审委、商标审查协作中心整合为国家知识产权局商标局,是国家知识产权局所属事业单位。

2019 年 3 月 26 日《国家知识产权局关于印发〈商标局职能配置、内设机构和人员编制规定〉的通知》(国知发人字〔2019〕19 号)规定,商标局主要职责为:承担商标审查注册、行政裁决等具体工作;参与商标法及其实施条例、规章、规范性文件的研究制定;参与规范商标注册行为;参与商标领域政策研究;参与商标信息化建设、商标信息研究分析和传播利用工作;承担对商标审查协作单位的业务指导工作;组织商标审查队伍的教育和培训;完成国家知识产权局交办的其他事项。

## 四、商标管理机关的职责

▶ 1. 国家知识产权局商标局职责

国家知识产权局贯彻落实党中央关于知识产权工作的方针政策和决策部署,在履行职责过程中坚持和加强党对知识产权工作的集中统一领导,其主要职责是:

(1)负责拟订和组织实施国家商标战略。拟订加强知识产权强国建设的重大方针政策和发展规划;拟订和实施强化商标创造、保护和运用的管理政策和制度。

(2)负责保护商标。拟订严格保护商标制度并组织实施;组织起草相关法律法规草案,拟订部门规章,并监督实施;研究鼓励新领域、新业态、新模式创新的商标保护、管理和服务政策;研究提出商标保护体系建设方案并组织实施,推动建设商标保护体系;负责指导商标执法工作,指导地方商标争议处理、维权援助和纠纷调处。

(3)负责促进商标运用。拟订商标运用和规范交易的政策,促进商标转移转化;规范商标无形资产评估工作。制定商标中介服务发展与监管的政策措施。

(4)负责商标的审查注册登记和行政裁决。实施商标注册登记,负责商标复审和无效等行政裁决。

(5)负责建立商标公共服务体系。建设便企利民、互联互通的全国商标信息公共服务平台,推动商标信息的传播利用。

(6)负责统筹协调涉外商标事宜。拟订商标涉外工作的政策,按分工开展对外商标谈判;开展商标工作的国际联络、合作与交流活动。

（7）完成党中央、国务院交办的其他任务。

（8）职能转变。进一步整合资源、优化流程，有效利用信息化手段，缩短商标注册登记时间，提升服务便利化水平，提高审查质量和效率。进一步放宽商标服务业准入。加快建设商标信息公共服务平台，汇集全球信息，为创业创新提供便捷查询咨询等服务，实现信息免费或低成本开放，提高全社会商标保护和风险防范意识。加强对商标抢注等行为的信用监管，规范商标注册行为，维护权利人合法权益。

（9）有关职责分工：①与国家市场监督管理总局的职责分工。国家知识产权局负责对商标执法工作的业务指导，制定并指导实施商标权确权和侵权判断标准，制定商标执法的检验、鉴定和其他相关标准，建立机制，做好政策标准衔接和信息通报等工作。国家市场监督管理总局负责组织指导商标执法工作。②与商务部的职责分工。国家知识产权局负责统筹协调涉外商标事宜。商务部负责与经贸相关的多双边商标对外谈判、双边商标合作磋商机制及国内立场的协调等工作。

▶ **2. 商标评审委员会职责**

商标评审委员会主要是处理商标争议事宜，并依法作出裁决。商标评审委员会是依据《商标法》以及《商标法实施条例》的规定负责评审业务，并接受原国家工商行政管理总局的委托负责涉及行政相对人对商标局的具体行政行为不服提起复议的复议审理工作。随着2018年国务院机构改革，原商标局和原商评委的业务划归国家知识产权局主管，国家知识产权局以"国家知识产权局"的名义统一对外主管商标工作，并分别以"国家知识产权局商标审查业务""国家知识产权局评审业务""国家知识产权局"的名义来发文。

商标评审委员会的主要职责是：

（1）对商标局驳回的商标申请，应当事人请求进行复审。

（2）对商标局作出的不予注册裁定、商标撤销裁定，应当事人请求进行复审。

（3）对当事人提出的商标无效宣告申请进行审理。

（4）依法参加商标评审案件的行政诉讼。

（5）完成领导交办的其他工作。

商标评审委员会的机构设置：人员编制（事业）70人，现有人员65人，其中主任1名，副主任2名，党委专职副书记1名，副巡视员1名，处长11名，副处长20名。

根据上述职责，商标评审委员会设置11个职能处：综合处、案件受理处、案件审理一至八处、法律事务处。

商标评审委员会的其他职责包括：

（1）对不服商标局驳回申请、不予公告的商标，进行复审。

（2）对不服商标局的异议裁定的申请，进行复审。

（3）对不服商标局驳回转让注册商标的申请，进行复审。

（4）对不服商标局驳回续展注册商标的申请，进行复审。

（5）对注册未满一年的商标有争议的作出裁定。

（6）对违反《商标法》第9条限定注册的商标或是以欺骗手段或者其他不正当手段注册的商标，申请撤销的，作出裁定。

（7）对不服商标局撤销其注册商标的决定，进行复审。

▶ 3. 地方各级相关商标行政机构的职责

国家知识产权局商标局(下称商标局)在全国 31 个省、自治区、直辖市的市场监督管理部门、知识产权部门批准设立的 175 个商标受理窗口进行办理,主要职责包括:

(1) 地方商标受理窗口可为申请人提供电脑并指导申请人进行自助填报。

(2) 对辖区内注册商标和未注册商标的使用进行经常性管理。

(3) 制止、制裁商标侵权行为。

(4) 通过商标管理,监督商品质量,对粗制滥造、以次充好、欺骗消费者行为予以制止和行政处罚。

(5) 管理商标印制活动,对国家规定必须使用注册商标而未使用注册商标的行为及其他违反《商标法》规定的行为予以处理。

(6) 宣传商标法规。

(7) 指导商标使用人正确使用商标。

# 第 二 节　　商标使用管理

根据《商标法》第 48 条,商标的使用是指将商标用于商品、商品包装或者容器以及商品交易文书上,或者将商标用于广告宣传、展览以及其他商业活动中,用于识别商品来源的行为。商标使用管理主要是针对商品或服务在商标使用问题上有无违反相关的法律法规的规定进行管理,分为注册商标的使用管理和未注册商标的使用管理。

## 一、注册商标使用管理

▶ 1. 相关概念

注册商标是指商标注册申请人向国家知识产权局商标局提出商标注册申请并获得核准的文字、图形或者组合标志。注册商标的使用包括商标注册人对商标的使用和被许可使用人对商标的使用,这里主要针对商标注册人对商标的使用。注册商标使用管理是指商标管理机关对注册商标使用人在核定使用的商品上使用核准注册的商标情况进行监督,同时对使用注册商标的商品或服务质量进行监督的行政管理行为。

▶ 2. 相关法律规定

根据《商标法》第六章"商标使用的管理"第 48 条至第 55 条、《商标法实施条例》第七章"商标使用的管理"第 63 条至第 74 条的相关法律条文,形成了对注册商标使用的如下规定。

(1) 注册商标违法使用的法律规定。根据《商标法》规定,有下列行为之一的,由商标局责令限期改正或者撤销其注册商标,包括:

1) 自行改变注册商标。商标注册是取得商标专用权的法律依据和法定程序。自行改变注册商标是指商标注册人将核准注册的商标的文字、图形、数字、字母、三维标志、颜色组合或前述要素的组合擅自改变后进行使用的行为(此处不涉及声音商标)。《商标法》第 49 条中的自行改变注册商标后形成的商标应该是与原注册商标构成近似商标,即对注册商标进行局部或者较轻微的改动,如改变注册商标中文字部分的字形、字体、简繁写等,或者在不改变注册商标图形主体的前提下,对图形部分作稍微的改动或增减等。

如果新的未注册商标使用了注册商标或者注册标记,属于冒充注册商标的行为,这一行为既损害了商标管理的秩序,同时也是对消费者的欺骗,属于法律所不允许的行为。根据《商标法》第52条的规定,将未注册商标使用了注册商标或者注册标记,属于冒充注册商标的行为。根据《商标法》第52条的规定,将未注册商标冒充注册商标使用的,由地方工商行政管理部门予以制止,限期改正,并可以予以通报,违法经营额五万元以上的,可以处违法经营额百分之二十以下的罚款,没有违法经营额或者违法经营额不足五万元的,可以处一万元以下的罚款。

依据《商标法》第57条,如果改动后的商标与他人注册商标相同或相近似,属于侵犯注册商标专用权,构成商标侵权行为。对于这一行为,根据《商标法》第60条之规定,当事人可以进行协商,不愿协商或者协商不成的,商标注册人或者利害关系人可以向人民法院起诉,也可以请求工商行政管理部门处理。而且依据《商标法》第61条,对侵犯注册商标专用权的行为,工商行政管理部门可以主动查处或移送司法机关处理。另外,不管是注册商标专用权人改动注册商标后形成的是"不侵犯他人在先权利的新的未注册商标",还是"与他人商标相同或相近似的商标",如果在原商品或服务上一直使用改动后的商标而没有使用原注册商标,期限长达三年的话,依据《商标法》第49条第2款的规定,任何单位或者个人可以向商标局申请撤销原注册商标。

2)自行改变注册人名义、地址或者其他注册事项的。我国《商标法》规定了注册人名义、地址或者其他注册事项的相关程序,自行转让即是违法。

自行改变注册商标的注册人名义是指商标注册人名义(姓名或者名称)发生变化后,未依法向商标局提出变更申请,或者实际使用注册商标的注册人名义与《商标注册簿》上记载的注册人名义不一致。

自行改变注册商标的注册人地址是指商标注册人地址发生变化后,未依法向商标局提出变更申请,或者商标注册人实际地址与《商标注册簿》上记载的地址不一致。

自行改变注册商标的其他注册事项是指除商标注册人名义、地址之外的其他注册事项发生变化后,注册人未依法向商标局提出变更申请,致使与《商标注册簿》上登记的有关事项不一致。

存在上述行为之一的,且经工商行政管理部门责令商标注册人限期改正,但拒不改正的,依法予以撤销。

3)自行转让注册商标。注册商标转让是指通过转让注册商标,转让人取得转让费,从而出让商标专用权,受让人依法取得注册商标,享有商标所有权。依据《商标法》第42条的规定,转让注册商标应当签订书面的转让协议,由商标权人和受让人共同向商标局提交转让注册商标申请书经核准后予以公告。受让人自公告之日起享有商标专用权。

根据如上规定,法人、自然人和其他组织需要转让注册商标时,应和受让人共同向商标局提出转让商标注册申请,违反这些规定而自行转让的,应依本条处理。转让注册商标属于广义上的改变注册商标行为,即商标权主体发生了根本性改变。尽管商标权转让属于民事权利范畴,转让双方当事人可以通过协议方式来实现,但我国《商标法》规定了相关的程序,自行转让即是违法。

4)连续三年停止使用的。注册商标成为其核定使用的商品的通用名称或者没有正当理由连续三年不使用的,任何单位或者个人可以向商标局申请撤销该注册商标。商标局应当自收到申请之日起九个月内作出决定。有特殊情况需要延长的,经国务院工商行政管理部门批准,可以延长三个月。

对于注册商标长期搁置不用的,不但不会发挥商标功能和作用,产生不了价值,而且还会影响他人注册登记或使用。这里所指三年停用的商标使用,是指将商标用于商品、商品包装或者容器以及商品交易文书上,或者将商标用于广告宣传、展览以及其他商业活动中,用于识别商品来源的行为。连续三年停止使用不包括因有不可抗力的原因或者其他正当理由并经商标局认可的停用行为。

对于以上违法行为,由地方工商行政管理部门责令限期改正;期满不改正的,由商标局撤销其注册商标。具体包括两种处罚形式:

1) 限期改正。这是对商标使用中违法行为的制止措施,属于一种轻微行政处罚措施。其目的是教育违法行为人及时纠正违法行为,责令一定限期改正违法行为人违法行为,使其行为符合《商标法》的规定。在实施这种处罚时,可以采用决定通知书形式。

2) 撤销注册商标。这是对商标使用中直接剥夺当事人商标专用权的处罚措施,属于一种严重处罚措施。其目的是惩处严重违法行为。被撤销注册商标,就意味着商标所有人丧失商标专用权。因此,商标局必须依照法定程序作出撤销注册商标的处罚决定,当事人对处罚决定不服的,可以在规定期限内,依法向商标评审委员会申请裁定,裁定不服的,还可以向人民法院提出诉讼。

(2) 注册商标使用不当导致商标淡化而丧失显著性。商标的使用是指将商标用于商品、商品包装或者容器以及商品交易文书上,或者将商标用于广告宣传、展览以及其他商业活动中,用于识别商品来源的行为。使用商标最重要的功能是识别商品来源,但如果不当使用商标,将会造成商标淡化,无法发挥商标的功能和作用。商标淡化是指未经权利人许可,将与注册商标相同或相似的文字、图形及其组合在其他不相同、不类似的商品(服务)上使用或其他不当使用从而减少、削弱该注册商标的识别性和显著性的行为。美国1996年《联邦商标反淡化法》(*Federal Trademark Anti-Dilution Act*)将商标淡化定义为"减少、削弱驰名商标对其商品或服务的识别性和显著性能力的行为"。

实践中,商标淡化的案例很多,比如大家熟知的"优盘""阿司匹林""拍客"等,这些原本的注册商标都淡化成通用名称。可以说,商标淡化成通用名称与权利人的商标使用方式有很大关系。权利人虽然注册了商标,但并未将这些注册商标作为商标来使用,而是作为商品的名称来使用,并且在使用过程中不自觉地用商标指代商品名称。久而久之,相关公众也就自然而然地将该注册商标当作该类商品的通用名称,不再认为是区分商品来源的商标,商标权利人也未就此加以制止或规范引导,造成商标淡化。实际上,商标淡化后,注册商标就进入公有领域,任何人都可以使用,这对企业前期的商标申请和布局工作都会造成很大损失。所以,商标权利人一定要清楚商标的本质特点并规范使用商标,防止商标淡化而使商标使用陷入被动。

(3) 对被撤销或者注销商标管理的规定。《商标法》规定了许多撤销或注销注册商标的情形,如自行改变注册商标和自行改变注册商标的注册人名称、地址或者其他注册事项以及商品粗制滥造、以次充好、欺骗消费者等行为,商标局可以撤销其注册商标;对于注册商标有效期满,宽展期已过仍未提出申请续展注册的注册商标,由商标局予以注销等。但是,为了防止发生商品出处的混淆,《商标法》还做了以下规定:

1）注册商标被撤销的或者期满不再续展的，自撤销或者注销之日起一年内，商标局对与该商标相同或者近似的商标注册申请，不予核准。这是因为，当一些注册商标被撤销或注销时，尽管商标专用权已经终止，但并不等于该商标在市场上或消费者中彻底消失，原商标注册人生产的使用该注册商标的商品并不能立即退出市场，在流通领域还会存在一定时期。因此，如果立刻核准其他人注册与之相同或者近似的商标，就有可能使市场上同时出现带有相同或者近似的商标的商品，从而可能造成消费者的误认、误购。为了维护消费者的利益，对这些已被撤销或注销的商标，也要加强管理，避免市场上出现混同商标，发生商品出处的混淆。

2）《商标法》规定了一年的过渡期。在这个过渡期内，不核准他人提出的相同或者近似商标的注册申请。过渡期后，原来带有注册商标的剩余商品应当基本上已销售完毕，商标局就可以对这样的申请核准了。需要注意的是，如被撤销的注册商标是连续三年停止使用的，则不受上述规定的限制。因为这种情况下被撤销的注册商标自身已连续三年没有使用，故而市场上应当不会有带这种商标的商品流通，也就不会产生消费者的误认、误购问题。

（4）对强制注册商标管理的规定。我国《商标法》虽然总体上是实行自愿注册制度，但并不是所有商品使用的商标都实行自愿注册原则。具体规定是：

1）对与人民生活关系极为密切并直接涉及人民健康的极少数商品，对于少数对国计民生关系极为重要的商品，法律要求强制性商标注册。《商标法》第6条明确规定："法律、行政法规规定必须使用注册商标的商品，必须申请商标注册，未经核准注册的，不得在市场销售。"由此可见，我国商标注册制度，在总的原则上是实行自愿注册制度，但对极少数商品又规定必须使用注册商标。这是根据国家经济发展状况和商标使用的实际情况所制定的法律规范，既符合我国的实际情况，也体现了法律对人民负责的精神。目前在我国必须使用注册商标的商品只有烟草制品。

2）根据《商标法》第51条规定，凡违反《商标法》第6条规定的，由地方工商行政管理部门责令限期申请注册，可以并处罚款。强制使用注册商标，有利于对商标注册人实施监督，有利于对特殊商品进行严格的管理，同时也要求商标注册人对强制使用商标的商品负责。如果发现其商品质量存在问题，欺骗消费者，则可以通过商标使用管理对其违法行为给予必要的制裁。

对于必须使用注册商标的商品而没有使用商标或者使用商标而不注册的，地方工商行政管理部门可以行使行政执法权，责令其在规定的期限内申请注册，禁止其商品在市场上销售，停止广告宣传，封存或者收缴其商标标识，并可以根据情节处以罚款。

▶ 3. 商标使用管理的具体内容

综合《商标法》及《商标法实施条例》的规定，对注册商标使用进行管理的内容有：

（1）检查注册商标是否按规定使用注册标记。我国《商标法》规定，使用注册商标的，应当标明"注册商标"字样或注册标记（⊛或®标记）；未注册商标则不能标明"注册商标"字样或注册标记（⊛或®标记）。使用注册商标应当规范，标识位置应当适中，注册标记一般应当在商品上标明，只有在商品上不便标明的，才按要求在商品包装上或说明书上及其他附着物上标明。

（2）检查注册商标是否在核定的商品范围内使用。《商标法》规定，注册商标的专用权，以核准注册的商标和核定使用的商品或者服务为限。这表明注册商标只有在核定使用的商品或者服务上使用,才具有法律效力;使用中的注册商标也只有与经商标局核准注册的商标完全相同时才受法律保护。

(3)检查注册商标是否自行改变商标的文字、图形。《商标法》第24条规定:"注册商标需要改变其标志的,应当重新提出注册申请。"商标注册人擅自改变注册商标标志的行为属违法行为。对于改变注册商标法律状态的行为,工商行政管理机关有权责令商标注册人限期改正;拒不改正的,由商标注册人所在地工商行政管理机关报请商标局撤销其注册商标。

(4)检查注册商标是否自行转让商标。商标注册人转让其注册商标时,应与受让人同向商标局提出申请,经商标局核准并予以公布后,其转让才合法有效。如果商标注册不依法定程序而自行转让其注册商标,工商行政管理机关有权责令其改正;拒不改正的,由商标注册人所在地的工商行政管理机关报请商标局撤销其注册商标。

(5)检查注册商标是否有连续三年停止使用的情况。我国《商标法》及其实施细则规定,连续三年停止使用注册商标的,任何人都可以向商标局申请撤销注册商标,商标局当通知商标注册人在收到通知之日起三个月内提供该商标使用的证明或者不使用的正当理由,逾期不提供使用证明或者证明无效的,由商标局撤销其注册商标。

(6)检查注册商标许可使用的当事人是否签订许可使用合同并向商标局备案。商标注册人违反规定的,工商行政管理机关有权责令限期改正,对拒不改正的,报请商标局撤其注册商标,并收缴被许可人的商标标识。

(7)检查是否存在非法印制或买卖注册商标标识的行为。存在非法印制或买卖标识的,工商行政管理机关可以责令立即停止销售;消除现存商品上的侵权商标;收缴直接专门用于商标侵权的模具、印版和其他作案工具;采取前项措施不足以制止侵权行为的,或者侵权商标与商品难以分离的,责令并监督销毁侵权物品及采取经济处罚等措施制止侵权行为。

(8)对已被注销或被撤销的注册商标管理。我国《商标法》第50条规定:"注册商标被撤销的或期满不再续展的,自撤销或者注销之日起一年内,商标局对与该商标相同或者近似的商标注册申请,不予核准。"但是,如果在同一种或类似商品上申请注册连续三年停止使用面被撤销的注册商标相同或者近似的商标,则不受上述限制。

(9)对《商标注册证》的管理。《商标注册证》是国家商标主管机关授予商标注册人的证明商标专用权的具有法律效力的证件。商标注册人应当正确使用和管理《商标注册证》,不得擅自涂改,也不得自行转接、转让或复制,更严禁伪造。《商标注册证》遗失或者破损的,应当向商标局申请补发。《商标注册证》遗失的,应当在《商标公告》上刊登遗失声明;破损的《商标注册证》,应当在提交补发申请时交回商标局。伪造或者变造《商标注册证》的,依照刑法关于伪造、变造国家机关证件罪或者其他罪的规定,依法追究刑事责任。

(10)对使用注册商标的商品或者服务质量的管理。商标管理机关应对使用注册商标的商品或者服务的质量进行监督检查。如果使用注册商标,其商品粗制滥造,以次充好,欺骗消费者的,由各级工商行政管理部门分别按不同情况,责令限期改正,并可以予以通报或者处以非法经营额20%以下或者非法获利两倍以下的罚款,或者由商标局注销其注册商标。

## 二、未注册商标使用管理

1.未注册商标使用管理的概念及意义

(1)未注册商标是指未经商标局核准注册而直接在商品上使用的商标。未注册商标使用管理,是指国家商标行政管理部门指导、监督未注册商标使用人在商标的商业性使用中,依法使用其未注册商标,保证商品或服务质量的行政管理行为。未注册商标使用管理有以下具体含义:

1) 我国《商标法》未禁止未注册商标的使用。我国实行商标注册自愿原则,尽管《商标法》第 4 条规定,"自然人、法人或者其他组织在生产经营活动中,对其商品或服务需要取得商标专用权的,应当向商标局申请商标注册",但是现行《商标法》及其他法律规定并未禁止未注册商标的使用。

2) 在我国,未注册商标(除驰名商标之外)是不受法律保护的。未注册商标虽然也是商标的一部分,但是由于其未经注册、没有取得商标专用权,因而不受法律保护。由此造成在我国现有商标法律致力于保护注册商标专用权的背景下,未注册商标的使用始终处于不稳定、不安全的状态,随时可能卷入商标抢注、商标侵权等法律纠纷中。

3) 允许未注册商标使用的原因。国家允许使用未注册商标,是从有利于发展社会生产力考虑的。对于一些生产尚不稳定、产品尚未定型的商品和地产地销的小商品,不强行要求注册,便于他们扬长避短,迅速取得经济效益。因此我国商标采取自愿注册原则,允许未注册商标的存在和使用及其商品进入市场,这是符合我国经济发展需要,适应多层次生产力发展水平要求的。但是,这并不意味着国家对未注册商标的使用就放任不管。从保护注册商标专用权和维护消费者利益出发,国家商标管理部门仍然要对未注册商标的使用进行管理。

(2) 对未注册商标进行管理的意义。加强对未注册商标使用的管理,对于保护注册商标专用权和维护消费者利益,发展社会主义市场经济等方面都具有十分重要的意义。

1) 有利于维护商标秩序正常化。加强管理的一个重要方面就是指导未注册商标使用人正确使用商标,以免因违反《商标法》的有关规定,破坏了市场经济秩序而受处罚,从而维护了商标秩序正常化。

2) 有利于未注册商标使用人提高商标意识,积极申请注册。由于未注册商标不能有效地利用现代宣传手段参与竞争,不易取得消费者的信任感,使用的商标又经常处于不稳定、不安全状态,不是被别人使用或抢先注册,就是因与他人注册商标相同或近似而被禁止使用,所以加强对未注册商标的管理能促使未注册商标使用人对未注册商标寻求法律保护,积极申请注册。

3) 有利于抑制未注册商标使用人生产经营的短期行为。由于使用未注册商标易使商标使用人产生急功近利的短期行为,所以加强对未注册商标使用的管理,有助于从根本上解决这一问题。

2. 未注册商标使用管理的具体内容

根据我国《商标法》及其他相关规定,使用未注册商标必须遵循以下原则:

(1) 未注册商标使用人不得将其未注册的商标冒充注册商标。《商标法》第 9 条第 2 款规定:"商标注册人有权标明'注册商标'或者注册标记",以表明所使用的商标为注册商标,受法律的保护;未注册商标在使用时若标称为"注册商标",就是对消费者进行欺骗,有损商标管理的秩序,因此是法律所禁止的行为。对这种违法行为,工商行政管理部门可以禁止其广告宣传,封存或者收缴其商标标识,责令限期改正,并可以根据情节予以通报或者处以罚款。

司法实践中,假冒注册商标一般主要有以下几种表现形式:

1）未经注册商标所有人许可,在同一种商品上使用与其注册商标相同的商标的。

2）明知是假冒注册商标的商品而进行销售的。

3）仿造、擅自制造他人注册商标标识或者销售仿造、擅自制造他人注册商标标识的。

假冒他人注册商标情节严重的将构成犯罪,要追究有关人员的刑事责任。凡经查实冒充注册商标的,由地方工商机关予以制止,限期改正,并可以予以通报或者处以非法经营额20％以下或者非法获利两倍以下的罚款。

（2）未注册商标使用不得违反《商标法》禁用条款规定。我国《商标法》在注册商标申请及核准过程中也规定了许多禁止性条款,本来是用于约束不符合规定进行商标注册的,这些禁止性条款同样适用于未注册商标的使用。

1）《商标法》第10条规定的禁止作为商标使用标志的九种具体的规定情形,同样适用于未注册商标的使用。在我国,禁用标志不仅得不到注册,也不得作为商标使用。

2）《商标法》第13条规定的"就相同或者类似商品申请注册的商标是复制、摹仿或者翻译他人未在中国注册的驰名商标,容易导致混淆的,不予注册并禁止使用"和"就不相同或者不相类似商品申请注册的商标是复制、摹仿或者翻译他人已经在中国注册的驰名商标,误导公众,致使该驰名商标注册人的利益可能受到损害的,不予注册并禁止使用"等规定同样适用于未注册商标的使用。

3）《商标法》第57条第1款规定的"未经商标注册人的许可,在同一种商品上使用与其注册商标相同或者近似的商标的",同样适用于未注册商标的使用。凡经查实违反《商标法》禁用条款规定的,由地方工商机关予以制止,限期改正,并可以予以通报或者处以非法经营额20％以下或者非法获利两倍以下的罚款。

（3）将未注册商标冒充注册商标使用的,或者使用未注册商标。《商标法》第52条规定:"将未注册商标冒充注册商标使用的,或者使用未注册商标违反本法第10条规定的,由地方工商行政管理部门予以制止,限期改正,并可以予以通报,违法经营额五万元以上的,可以处违法经营额百分之二十以下的罚款,没有违法经营额或者违法经营额不足五万元的,可以处一万元以下的罚款。"《商标法》第53条规定:"违反本法第14条第5款规定的,由地方工商行政管理部门责令改正,处十万元罚款。"

（4）未注册商标不得侵犯他人的在先权利。

1）不得侵犯他人的商标权。在同一种或者类似商品上,未注册商标不得与注册商标相同或近似,这是未注册商标使用的基本前提。随着注册商标数量的增多,使用未注册商标与注册商标相同或近似的概率也越来越大。尤其在一些日用消费品如服装、化妆品、食品上,申请商标注册的驳回率很高,这表明在这些商品上使用未注册商标时,与注册商标发生冲突的概率也很大。因此,在商标保护采取注册原则的情况下,使用未注册商标弊大于利。工商部门应加强对未注册商标使用的监管,及时查处侵权行为。

2）未注册商标也不能与他人的姓名权、肖像权、著作权、企业名称权、外观设计专利权等在先权利发生冲突。侵犯他人其他合法在先权利的,也将承担相应的民事责任或者行政责任。

## 三、商标使用管理的补救规定

如果当事人对商标管理机关的管理及其处罚不服,我国《商标法》也有一定的补救规定,即可以向商标评审委员会提出复审或向人民法院提起行政诉讼。设置此规定的目的也是为了防止行政权力的滥用。

▶ 1. 对撤销注册商标决定的复审和司法审查的规定

（1）对撤销注册商标决定的复审和司法审查的法律规定。《商标法》第 54 条规定："对商标局撤销或者不予撤销注册商标的决定，当事人不服的，可以自收到通知之日起十五日内向商标评审委员会申请复审。商标评审委员会应当自收到申请之日起九个月内作出决定，并书面通知当事人。有特殊情况需要延长的，经国务院工商行政管理部门批准，可以延长三个月。当事人对商标评审委员会的决定不服的，可以自收到通知之日起三十日内向人民法院起诉。"商标权是一项重要的民事权利，撤销注册商标就是要剥夺这项权利，使商标专用权归于消灭。由于撤销注册商标的后果将直接影响到商标注册人的权益，所以必须慎重。为了维护商标注册人的正当权利，加强对撤销注册商标决定的监督，我国《商标法》确立了对撤销注册商标决定的复审和司法审查制度。

（2）对撤销注册商标决定的复审制度。如果当事人对商标局作出的撤销其注册商标的决定不服的，依据《商标法》可以自收到决定通知之日起十五日内，将撤销商标复审申请书交送商标评审委员会申请复审。商标评审委员会根据被撤销注册商标的商标注册人申请复审的理由，依据本法的规定进行审议评核，作出复审决定，并用书面方式通知申请人，结束复审程序。

如果当事人不申请复审制度，则依据《商标法》第 55 条规定"法定期限届满，当事人对商标局作出的撤销注册商标的决定不申请复审或者对商标评审委员会作出的复审决定不向人民法院起诉的，撤销注册商标的决定、复审决定生效"。被撤销的注册商标，由商标局予以公告，该注册商标专用权自公告之日起终止。

▶ 2. 对违法商标注册的行政处罚

我国 2019 年《商标法》第 51 条规定："违反本法第六条规定的，由地方工商行政管理部门责令限期申请注册，违法经营额五万元以上的，可以处违法经营额百分之二十以下的罚款，没有违法经营额或者违法经营额不足五万元的，可以处一万元以下的罚款。"该行政罚款决定是行政机关依法进行行政管理的手段之一，是对有商标违法行为的当事人给予的一种行政处罚性质的经济制裁，目的是保障《商标法》的贯彻执行，保护商标专用权和维护消费者的利益。但是，如果工商行政管理部门滥用了行政执法权力，违法进行了处罚，就会侵犯到当事人的合法权利。根据我国《行政诉讼法》及《行政处罚法》的有关规定，当事人认为行政机关和行政机关工作人员的具体行政行为侵犯其合法权益时，可以向人民法院提出诉讼请求，要求人民法院行使国家审判权予以保护。这既是对当事人行使行政诉讼权利的一种法律保障，也是防止工商行政管理部门滥用罚款权力的一种法律制约。

## 四、特定商标的使用管理

在商标管理中，还存在诸如集体商标、证明商标等特定商标，它们在使用中除了具有《商标法》对一般商标的要求之外，还因为他们自身的特殊性而带有的不同特点，《商标法》对于这些特定商标的使用管理也有其特殊规定。

▶ 1. 特定商标使用管理的法规演变

我国有关特定商标使用管理的法律法规演变大体上经历了以下阶段，如表 7-1 所示：

表 7-1　特定商标使用管理的法律法规演变

| 时　　间 | 内　　容 |
| --- | --- |
| 1994 年 12 月 30 日 | 国家工商行政管理局首次发布了《集体商标、证明商标注册和管理办法》。 |
| 1995 年 4 月 23 日 | 我国在第三次修订的《商标法实施细则》第 6 条中首次将集体商标、证明商标纳入了法律的保护范畴。 |
| 1998 年 12 月 3 日 | 国家工商行政管理局第一次修订发布了《集体商标、证明商标注册和管理办法》 |
| 2001 年 10 月 27 日 | 我国在第三次修订的《商标法》第 3 条中明确地增加了对集体商标、证明商标的保护规定和界定。 |
| 2002 年 8 月 3 日 | 我国新制定的《商标法实施条例》中明确了申请保护集体商标、证明商标的细则。 |
| 2003 年 4 月 17 日 | 国家工商行政管理局第二次修订发布了《集体商标、证明商标注册和管理办法》 |

#### 2. 特定商标使用管理规则

（1）特定商标使用管理规则的审查

集体商标（collective mark），是指以团体、协会或者其他组织名义注册，专供该组织成员在商事活动中使用，以表明使用者在该组织中的成员资格的标志。在有些国家，也可能由一些企业的联合会作为代表去注册，有时由领导这些企业的政府机关代行注册。集体商标的作用是向用户表明使用该商标的企业具有共同的特点。一个使用着集体商标的企业，有权同时使用自己独占的其他商标。在我国、美国、多数大陆法系的西方国家、一些东欧的国家和一些发展中国家的商标法中，都有给予集体商标以注册保护的规定。

证明商标使用是注册人以外的其他人使用，不是注册人自己使用。主要是用于证明商品或服务本身出自某原产地。证明商标的准许使用程序是一个公平开放的程序，只要当事人提供的商品或服务达到证明商标所要求的标准，履行了必要手续后，就可以使用证明商标，证明商标所有人无权拒绝。证明商标使用管理必须制定统一的管理规定并将之公布于众，让社会各界共同监督，以保护商品与服务的特定品质，保障消费者利益。地理标志也可以作为证明商标，该证明商标的组织应当允许。

特定商标的初步审定公告的内容，应当包括该商标的使用管理规则的全文或者摘要。《集体商标、证明商标注册和管理办法》第 10 条和第 11 条规定，集体商标和证明商标的使用管理规则应当包括：①使用集体商标和证明商标的宗旨。②使用该集体商标和证明商标商品的品质。③使用该集体商标和证明商标的手续。④使用该集体商标和证明商标的权利、义务。⑤成员违反其使用管理规则应当承担的责任。⑥注册人对使用该集体商标和证明商标商品的检验监督制度。

《集体商标、证明商标注册和管理办法》第 13 条规定，集体商标和证明商标注册人对使用管理规则的任何修改，应报经商标局审查核准，并自公告之日起生效。此外，商标局还将对证明商标是否违反《商标法》第 10 条第 1 款、第 11 条、第 28 条和第 29 条规定进行审查。

（2）特定商标转让的规定

1）《集体商标、证明商标注册和管理办法》第 14 条规定，集体商标注册人的成员发生变化的，注册人应当向商标局申请变更注册事项，由商标局公告。

2）《集体商标、证明商标注册和管理办法》第 15 条规定，证明商标注册人准许他人使用其商标的，注册人应当在一年内报商标局备案，由商标局公告。

3）《集体商标、证明商标注册和管理办法》第 16 条规定，申请转让集体商标、证明商标的,受让人应当具备相应的主体资格,并符合《商标法》《商标法实施条例》和《集体商标、证明商标注册和管理办法》的规定。集体商标或证明商标发生移转的,权利继受人应当具备相应的主体资格,并符合《商标法》《商标法实施条例》和《集体商标、证明商标注册和管理办法》的规定。

（3）特定商标使用的规定

1)《集体商标、证明商标注册和管理办法》第17条规定,集体商标注册人的集体成员,在履行该集体商标使用管理规则规定的手续后,可以使用该集体商标;集体商标不得许可非集体成员使用。

2)《集体商标、证明商标注册和管理办法》第18条规定,凡符合证明商标使用管理规则规定条件的,在履行该证明商标使用管理规则规定的手续后,可以使用该证明商标,注册人不得拒绝办理手续;《商标法实施条例》第4条第2款中的正当使用该地理标志是指正当使用该地理标志中的地名。

3)《集体商标、证明商标注册和管理办法》第19条规定,使用集体商标的,注册人应发给使用人《集体商标使用证》。使用证明商标的,注册人应发给使用人《证明商标使用证》。

4)《集体商标、证明商标注册和管理办法》第20条规定,证明商标的注册人不得在自己提供的商品上使用该证明商标。

（4）特定商标使用违规行为的法律责任

1) 集体商标或证明商标注册人没有对该商标的使用进行有效管理或者控制,致使该商标使用的商品达不到其使用管理规则的要求,对消费者造成损害的,由工商行政管理部门责令限期改正;拒不改正的,处以违法所得三倍以下的罚款,但最高不超过三万元;没有违法所得的,处以一万元以下的罚款。

2) 违反《商标法实施条例》第6条、《集体商标、证明商标注册和管理办法》第14条、第15条、第17条、第18条、第20条规定的,由工商行政管理部门责令限期改正:拒不改正的,处以违法所得三倍以下的罚款,但最高不超过三万元;没有违法所得的,处以一万元以下的罚款。

## 典型案例

### "开心麻花"商标被宣告无效,开心麻花：这个商标我已用13年![1]

提到喜剧,开心麻花绝对有一席之地,其旗下的沈腾、艾伦、马丽、常远等喜剧明星,都带给观众不少的欢乐。开心麻花这些年制作出品的喜剧电影,诸如《夏洛特烦恼》《羞羞的铁拳》《西虹市首富》等,也被人们津津乐道,获得了非常可观的票房成绩。这些年来,开心麻花的知名度及影响力可谓越发高涨,线下的话剧作品更是一票难求。据统计,在整个2018年,开心麻花的营业收入已超过10亿元。能够拥有这样的成绩,不是一朝一夕的结果。然而,在如此成功的背后,问题也随之而来。

据查询了解到,并不是所有的"开心麻花"商标都在开心麻花公司之手,在成功注册的"开心麻花"商标当中,就有这样一件。

---

[1]　本案例来自北京高沃知识产权。参见 http://www.epbiao.com。

第 12763222 号"开心麻花"商标(诉争商标)是由某针织公司于 2013 年 6 月 17 日申请注册的,指定使用在第 31 类"圣诞树"等商品上,在初步审定公告期间曾被提出异议,经异议决定准予该商标注册,专用权期限至 2024 年 10 月 27 日。

面对同样的文字商标,2019 年 1 月 25 日,北京开心麻花娱乐文化传媒股份有限公司对其提出无效宣告请求,并表示,其已经使用"开心麻花"商标 13 年,尤其是被核定使用在第 41 类"演出,娱乐信息,电影制作,节目制作,戏剧制作"等服务上的第 5389629 号"开心麻花"商标,也就是开心麻花的核心商标已被广大消费者熟知,具有极高的知名度。

第 5389629 号"开心麻花"商标(引证商标)。经审理,国家知识产权局认为,在争议商标申请注册日前,申请人的引证商标在"演出"服务上已为相关公众所熟知。争议商标"开心麻花"与申请人的引证商标"开心麻花"文字构成、呼叫完全相同,已构成对引证商标的复制、摹仿。被申请人在不相类似的商品上注册使用争议商标,不正当地借用了申请人引证商标的商誉,易误导公众,同时减弱了引证商标在其知名服务上经长期宣传使用与申请人所产生的密切联系,从而损害申请人的利益。综上,争议商标的注册已构成《商标法》第 13 条第 3 款所指情形。

综上裁定如下:争议商标予以无效宣告。当事人如不服本裁定,可以向北京知识产权法院起诉。

### 案例评析

第 5389629 号"开心麻花"商标经过开心麻花公司 13 年的使用已形成了较高的知名度,为企业创造了不菲的商业价值,若放任他人复制或模仿,将会带来不小的损失,甚至可能会在很大程度上削弱"开心麻花"自身的品牌影响力。

商标无小事,若是被人模仿和复制就更不能放松警惕。及时申请商标注册,将商标握于自己的手中,懂得拿起法律的武器合理维权,才是商标运营以及企业发展的正规操作。

## 典型案例

### "劲霸男装"状告"劲牌男装"①

2020 年 5 月 13 日,上海知识产权法院(以下简称上海知产法院)对上诉人苏州市劲牌服饰有限责任公司(以下简称劲牌公司)、刘某某与被上诉人劲霸男装(上海)有限公司(以下简称劲霸公司)侵害商标权纠纷案进行宣判,维持一审法院判决,劲牌公司立即停止侵害涉案注册商标专用权的行为,刊载声明、消除影响,劲牌公司赔偿劲霸公司经济损失及合理费用 71.6 万元,刘某某在 3.15 万元范围内与劲牌公司承担连带赔偿责任,刘某某就其独自实施的商标侵权行为赔偿劲霸公司经济损失 2 万元。

劲霸公司系"劲霸""K-BOXING"以及拳王形象系列注册商标权利人。2017 年 9 月,劲霸公司发现上海两家沃尔玛商场里的劲牌服饰专卖店内销售的服装、店铺门头、外包装袋、吊牌等上的标识与劲霸公司的注册商标近似,该服装吊牌上载有劲牌公司生产信息。刘某某是劲牌公司上海地区销售总代理。

---

① 本案例来自上海知识产权法院。参见 http://www.epbiao.com。

劲霸公司认为,劲牌公司的行为足以造成相关公众混淆误认,构成商标侵权;刘某某作为劲牌公司上海地区总代理,在其两处经营场所用以进行展示、宣传的被诉侵权标识为劲牌公司统一制作,理应对其实施的帮助侵权行为在相应范围内与劲牌公司承担连带赔偿责任,故诉至法院,请求判令劲牌公司立即停止侵权行为,刊登声明、消除影响,赔偿劲霸公司经济损失 100 万元,刘某某在 30 万元范围内承担连带赔偿责任,劲牌公司与刘某某共同负担劲霸公司为本案支出的合理费用 1.6 万元。

劲牌公司辩称,其系"劲""劲牌"文字为核心内容的系列注册商标专用权人,该系列商标多数早于权利商标申请注册时间,故其拥有在先的商标权利;"劲牌"作为其自身企业字号,其享有合法使用的权利,且其使用方式不构成对劲霸公司权利商标的侵权。

刘某某认可其为两家劲牌服饰专卖店的实际经营者,但辩称其系劲牌公司合法授权的销售商,商品来源合法,其销售行为没有侵犯劲霸公司注册商标专用权。

一审法院审理后认为,被诉侵权标识"劲牌男装"与涉案注册商标"劲霸男装"的整体文字运用风格构成近似;被诉侵权标识"劲牌男装"与涉案注册商标"劲霸男装"均为图文组合商标,两者在排列组合、文字风格等整体效果上接近,构成近似且足以混淆,故构成侵权。

本案中,劲牌公司将被诉侵权标识与男装商品、服装吊牌及其外包装相结合,并投入市场进行流通,故劲牌公司承担的责任范围理应覆盖其实施的全部被诉侵权服装之生产与销售行为;刘某某基于特许授权关系,对劲牌公司所生产的部分被诉侵权服装实施了销售,应就此与劲牌公司一并担责。刘某某在其两处经营场所的门头及店内装潢中使用的部分被诉侵权标识系由刘某某单方制作,相关侵权责任由其独自承担。

据此,一审法院判决劲牌公司立即停止侵权行为,刊载声明、消除影响,劲牌公司赔偿劲霸公司经济损失及合理费用 71.6 万元,刘某某在 3.15 万元范围内与劲牌公司承担连带赔偿责任,刘某某就其独自实施的商标侵权行为赔偿劲霸公司经济损失 2 万元。

一审判决后,劲牌公司与刘某某均不服,向上海知产法院提起上诉。

劲牌公司认为被诉侵权标识与劲霸公司涉案系列注册商标不近似,故其使用行为不构成侵权。刘某某认为其作为劲牌公司的授权经销商,使用相关标识的行为属于销售行为的一部分,未独自实施侵权行为。

上海知产法院审理后认为,首先,被诉侵权商品与劲霸公司注册商标核定使用的商品均为男装,两者的销售区域亦存在重合,而男装属于日常消费用品,相关公众在选择、购买时施以的注意力相对较低;其次,劲霸公司在经营及宣传活动中长期使用包含"劲霸""K-BOXING"字样、图形或其组合的注册商标,"劲霸"品牌在男装行业中具有较高的知名度。因此,以相关公众的一般注意力为标准,被诉侵权标识易使相关公众对商品的来源产生误认或者认为其来源与劲霸公司注册商标的商品有特定的联系。劲牌公司在其生产、销售的服装吊牌、外包袋上使用与劲霸公司注册商标近似的标识,刘某某在其经营店铺门头及背景墙使用与劲霸公司注册商标近似的标识,足以导致相关公众的混淆和误认,构成对劲霸公司注册商标专用权的侵害。

刘某某系劲牌公司上海地区的销售总代理,对其销售的侵权商品未能履行审查和注意义务,无法基于合法来源豁免其赔偿责任。应在一定范围内与劲牌公司承担连带责任。同时,刘某某在涉案店铺门头、背景墙使用的标识并非《特许授权书》约定使用的标识,且其对上述标识的使用已经超出了为销售商品而进行指示性使用的合理范围,故该侵权行为系刘某某自行实施,相应的赔偿责任应由其独自承担。

综上,一审判决认定事实清楚,适用法律正确,应予维持。

## 第三节　　商标印制管理

商标印制管理是指商标行政管理部门对商标标识的印制单位和印制委托人的印制活动进行管理的行为。目前,越来越多的人开始重视商品的外观,使得商品使用包装的情况也越来越普遍,因而大部分商标的使用都是通过商标标识来实现的,也正因为如此,制作商标标识往往成为假冒商标的第一个步骤。为了实现假冒商标的隐性,减少被查处的风险,假冒商标商品的生产与假冒商标标识的制作常常是分别进行的,即标识的制作由专业的标识制作企业进行。正是因为商标标识与商品的关系如此密切,人们将假冒商标标识的制作称为假冒注册商标的源头,如果能对商标印刷加强管理,提高商标印制企业的商标法律意识,就可以有效地打击假冒注册商标活动,减少侵权行为的发生。商标印制管理的目的就是加强对堵塞商标使用管理中的漏洞,防范不合法和不合格的商标标识进入市场,切实保护商标权人以及其他商标合法使用人的利益,保护名牌商标的信誉,对稳定社会经济秩序有着重大意义。

### 一、商标印制管理的概念

商标印制管理是指商标管理机关依法对商标印制行为进行监督和检查,并对非法印制商标标识的行为予以查处的活动的总称。商标印制管理,主要依据的是《商标法》《商标法实施条例》《商标印制管理办法》等相关法律法规的有关规定。

商标印制管理的对象就是商标印制行为。《商标印制管理办法》第 2 条规定:"以印刷、印染、制版、刻字、织字、晒蚀、印铁、铸模、冲压、烫印、贴花等方式制作商标标识的,应当遵守本办法。"由此可见,商标印制的范围是很广的,可以说除在商品上直接使用商标以外,几乎所有制作带有商标的物品的行为都属于"商标印制"的范畴,也都是商标印制管理的范畴。

### 二、商标印制管理制度的演变

在我国,商标印制管理主要是依据《商标法》所制定的一系列相关法律法规而开展的。如表 7-2 所示,国家工商行政管理总局依据 1983 年版《商标法》及其历次修订后的《商标法》和《商标管理实施条例》等,曾经先后制定了《商标印制管理暂行办法(1985)》、《商标印制管理办法(1990)》,修订了《商标印制管理办法(1998)》,目前执行的是 2004 年修订的《商标印制管理办法》。这一演变过程主要是针对我国市场经济改革与社会发展变化带来的原有法律法规不适应的调整而进行的。

表 7-2 我国商标印制管理法规的演变

| 时间 | 内　　容 |
|---|---|
| 1985 年 | 国家工商局 1985 年发布过《商标印制管理暂行办法》，采用给印制企业开具商标标识印制许可证明的方式进行管理。 |
| 1990 年 | 为进一步明确商标印制企业的法律责任和工商行政管理机关的行政监管责任，各依职权，各负其责，国家工商局布实施《商标印制管理办法》，采取指定商标印制单位管理制度对商标印制行为进行行政管理。 |
| 1996 年 | 国家工商局对《商标印制管理办法》进行了修订，将烟草制品和人用药品这两种商品商标标识印制资格的审核权由省级工商局掌握，并规定证书每两年验证一次。 |
| 1998 年 | 为了加强商标印制管理，保护注册商标专用权，维护社会经济秩序，根据《商标法》《商标法实施细则》的有关规定，制定《商标印制管理办法(1998)》。 |
| 2001 年 | 国务院颁布实施《印刷业管理条例》，开始对出版物、包装装潢印刷品和其他印刷品的印刷经营活动实行印刷经营许可制度。条例规定，包装装潢印刷品，包括商标标识国务院出版行政部门和县级以上地方各级人民政府负责出版管理的行政部门，主管全国和本区域内的印刷业监督管理工作，即中央及地方政府出版行政管理部门负责审核发放印刷经营许可证；县级以上人民政府公安部门、工商行政管理部门以及其他有关部门在各自的职责范围内，负责有关的印刷制业监督管理工作。根据该条例第 34 条规定，工商行政管理部门对未取得印制经营许可，擅自设立印刷企业或者擅自从事印刷经营活动的，依据法定职权予以取缔；没收印刷品和违法所得以及进行违法活动的专用工具、设备；违法经营额 1000 元以上的、并处违法经营额 5 倍以上 10 倍以下的罚款；违法经营额不足 10000 元的，并处 10000 元以上 5000 元以下的罚款；构成犯罪的依法追究刑事责任。另外，条例明确规定，个人不得从事出版物、包装装潢印制品印刷经营活动。个人从事其他印刷品印刷经营活动的、应当依照有关规定办理审批手续。 |
| 2003 年 | 国务院在取消一批行政审批项目和改变一批行政审批项目管理方式的决定中，将国家工商局《商标印例管理办法》设定的"商标印制业务人员资格核准"和"印制商标单位审批"项目予以取消。 |
| 2003 年 | 在《商标印制管理办法》未修订或者未宣布作废的情况下，为防止出现商标印制管理工作的脱节，2003 年 4 月 23 日，国家工商局在《关于商标印制行政审批项目取消后做好商标印制管理工作若干问题的通知》中规定：(1)原已核发的《商标印制业务管理人员资格证书》和《印制商标单位证书》(俗称两证)自然失效。申请设立或者增加商标标识印制经营范围的，依照《印刷业管理条例》，取得所在地省、自治区、直辖市人民政府出版行政部门核发的《印刷经营许可证》，经工商行政管理机关核准登记，取得"包装装潢印刷品印刷"或者"商标标识印刷"经营范围营业执照后，方可从事商标标识印刷经营活动。(2)工商行政管理机关查处商标印制违法行为时，要严格按照有关法律、法规以及行政规章予以定性处理。其中，对未经许可、未经登记注册擅自从事商标标识印制经营活动的，依照《印刷业管理条例》和企业登记管理有关规定查处；印制假冒他人注册商标标识的，按照《商标法》第 52 条第 3 项所述的商标侵权行为处理；印制明知或者应知与他人注册商标近似、引起公众误认的商标标识的，按照《商标法》第 52 条第 5 项"给商标注册人带来其他损害的"商标侵权行为处理。文件要求，各级工商行政管理机关要改变观念，增强服务意识把商标印制监管工作重心由资格审核转变到行为监管上来。 |

续表

| 时间 | 内 容 |
|------|-------|
| 2004 年 | 2004 年 8 月 19 日,国家工商行政管理总局修改了《商标印制管理办法》并公布实施,加大对商标印制单位侵权的处罚力度。此次对《商标印制管理办法》的修改,删除了有关行政审批的规定,对商标印制业务管理人员的培训、考核以及商标印制单位资格取得的规定予以删除;增加了与《印刷业管理条例》相衔接的内容,对擅自设立商标印刷企业或者擅自从事商标印刷经营的行为转适用《印刷业管理条例》进行处罚;增加了执行商标法和商标法实施细则的内容,如果商标印制单位不执行本规章的规定,就在客观上为侵权人提供了便利条件,应当承担侵权责任;保留了有关监管的内容,按照国务院有关行政审批取消后加强后续监管的要求,保留了对商标印制单位印制行为的管理规定。 |
| 2020 | 2020 年 10 月 23 日国家市场监督管理总局令第 31 号第三次修订。删除了第 4 条"由注册人所在地县级工商行政管理局签章的《商标注册证》复印件"的要求,仅要求商标印制人出示《商标注册证》及其复印件。第 12 条中"行为地工商行政管理局"改为"行为地市场监督管理部门"。第 13 条中"属于《商标法实施条例》第 50 条第 2 项所述的商标侵权行为"改为"属于《商标法实施条例》第七十五条所述的商标侵权行为"。总的来说,2020 年修订的幅度不大,主要是根据最新法律法规做出一些相应的调整,并进一步减少行政管理对商标实践活动的干扰。 |

## 三、商标印制管理的相关规定

▶ 1. 商标印制管理的管理制度

商标印制管理的管理制度主要涉及以下几个方面的制度内容:

(1)核查制度。商标印制单位在承接商标印制业务时,商标印制业务人员应当严格核查委托人提供的有关证明及商标图样,凡手续齐全的、符合法律规定条件的,方可承印,否则应当拒印。

(2)商标印制存档制度。商标标识印制完毕,商标印制单位应当在 15 天内提取标识样品,连同《商标印制业务登记表》、《商标注册证》复印件、商标使用许可合同复印件、商标印制授权书复印件等一并造册存档。商标印制档案及商标标识出入库台账应当存档备查,存查期为两年。

(3)商标标识出入库制度。"商标标识"是指与商品配套一同进入流通领域的带有商标的有形载体,包括注册商标标识和未注册商标标识。商标印制单位应当建立商标标识出入制度,商标标识出入库应当登记台账。该制度可以保障印制商标出入正确,避免违法印制的商标进入市场。

(4)废次商标标识销毁制度。废次标识应当集中进行销毁,不得流入社会。这一制度可以有效地杜绝废次商标标识被人利用的现象,保护商标使用人的合法利益。

(5)在相关证照管理上,主要是以为各自分工为主。平时一般性管理由各有关部门按各自职责分工实施。如要进行检查或专项整治时,应本着减少企业负担、尽量避免多次、多部门重复检查的原则,以适度、联合检查为宜。其中,《印刷业经营许可证》主要由出版部门实施管理,营业执照主要由工商部门的企业登记部门实施管理;商标印制过程中的五种制度管理,由工商与出版部门共同实施,以出版部门为主;商标侵权、商标印制规范方面主要由商标管理部门为主,其他部门配合。

▶ 2. 违反商标印制管理规定的法律责任

违反商标印制管理规定的行为主要有以下情形：①不按规定审查商标印制委托人提供的证明材料而擅自承印依规定不能印制的商标的行为；②擅自承印违反《商标印制管理办法》第 5 条、第 6 条规定的承印条件的商标的行为；③不按规定建立商标印制档案制度、商标标识出入库制度和废次商标标识销毁制度的行为；④非法印制他人商标标识的行为。

违反商标印制管理规定的法律责任：①对于印制单位违反上述规定的，由所在地或者行为地的工商行政管理局依照《商标法》的有关规定予以处理（主要包括责令限期改正；视其情节予以警告，处以非法所得额三倍以下罚款，不超过三万元；无违法所得的，可处以一万元以下罚款）；②商标印制单位违反《商标法实施条例》第 75 条规定的侵权行为，由所在地或者行为地的工商行政管理局依照《商标法》的有关规定予以处理；③商标印制单位的违法行为构成犯罪的，所在地或者行为地工商行政管理局应及时将案件移送司法机关追究刑事责任。④对侵权行为管理，如印制人的印制行为侵犯了他人注册商标专用权，则按《商标法》第 53 条、《商标法实施条例》第 52 条的规定实施处罚。达到立案标准、构成犯罪的，应及时移交司法机关进行处理。

例如，在许可证和营业执照管理方面，如印制人未取得证照而擅自印制包装装潢、商标标识的，既可按《印刷业管理条例》，也可按《无照经营查处取缔办法》，还可按《企业法人登记管理条例》的规定予以处理。其中未取得《印刷经营许可证》而擅自承印经营的，由出版部门按《印刷业管理条例》规定实施处罚。已取得《印刷业经营许可证》，但未取得营业执照而擅自经营的，由企业登记管理部门按企业的性质实施处罚：如是公司，按《公司法》处罚；如是一般企业，按《企业法人登记管理条例细则》处罚。既未取得《印刷经营许可证》，又未取得营业执照而擅自经营的，应首先适用《印刷业管理条例》第 34 条，"对无照经营行为的处罚，法律、法规另有规定的，从其规定"。

## 四、商标印制管理中商标侵权定性分析

▶ 1. 商标与商标标识的区别

不少执法人员在查处商标印制过程中商标侵权行为时，经常会错将商标和商标标识同一化，这样的认识往往会带来定性错误的后果。所谓商标，根据世界知识产权组织官方网站的解释，是指将某商品或服务标明是某具体个人或企业所生产或提供的商品或服务的显著标志。而商标标识，则是指与商品配套一同进入流通领域的带有商标的有形载体。

从定义上看，商标和商标标识还是存在差异的，违规承印与他人注册商标相同或类似的注册商标是不能简单认定为伪造、擅自制造他人注册商标标识。

▶ 2. 实施主体和具体实施行为的区分

商标印制过程中商标侵权的实施主体包括印制的委托方和被委托方，而后者又包括商标印制单位（含商标印刷企业）和擅自从事商标印制经营活动的市场主体。

（1）商标印制委托方的商标侵权行为。商标印制委托方的商标侵权行为，是指对未经注册商标权利人同意，委托商标印制经营者印制所载商标与他人注册商标相同或近似的商标标识，且该标识是用于他人注册商标核准商品同类或类似商品上。主要包括以下情形：对印制的商标标识与他人注册商标标识是相同的情形，应认定该行为构成伪造、擅自制造他人注册商标标识的违法行为；对印制的商标标识与他人注册商标标识不相同，但该标识是

用于自己生产、销售的商品上的情形,则宜认定为假冒他人注册商标,如果不是自用,则构成《商标法》第 57 条第(6)项所述的故意为他人侵犯注册商标权提供便利条件。

(2)商标印制单位的商标侵权行为。商标印制单位在商标印制过程中的商标侵权行为包括印制商标中的侵权行为和印制商标标识的侵权行为,前者就是违反《商标印制管理办法》第 13 条的规定,最终应以"为商标侵权行为提供便利条件"定性处罚。对于后者的定性,不少执法人员出于对《商标印制管理办法》第 13 条的错误理解,认为所有违法规定承印所载商标与他人注册商标相同的商标标识相同的行为,均应认定为故意为他人商标侵权行为提供便利条件。这种认识是不对的,如果商标印制单位印制的商标标识与他人注册商标的标识相同的话,还是应当认定为伪造、擅自制造注册商标标识。当然,如果商标印制单位印制的商标标识与他人注册商标的标识不同,且是最终提供给他人使用,则还是认定为故意为商标侵权行为提供便利条件为宜。商标印制单位虽然印制了与他人注册商标相同或近似的商标,但这种后果是因为商标权利人的原因包括自行改变商标标识、自行改变核准商品范围的注册商标标识造成的,就不应认定商标印制单位商标侵权,只能认定违反了《商标印制管理办法》第 7 条。

(3)擅自从事商标印制经营活动的市场主体的商标侵权行为。对擅自从事商标印制经营活动的市场主体,明知或者应知是侵犯他人注册商标专用权的商标标识而承接印制的行为,《商标印制管理办法》没有规定,且因为该办法第 13 条的规定,更让人认为此类行为只能定性为擅自从事商标印刷经营活动,最终按照该办法第 12 条和《印刷业管理条例》第 34 条进行定性处罚。但实际上,这种行为同时也构成了故意为他人商标侵权提供便利条件,在处罚时应当考虑《商标法》第 57 条第 6 项和《印刷业管理条例》第 34 条的竞合关系,分别予以适用。

## 五、商标印制的承印与商标印制的拒印

### ▶ 1. 商标承印

所谓商标承印,是指商标印制单位依法对商标使用人交付的有关证明及商标图样进行审查,认为其符合法律规定的条件时,方可承印。具体规定有:①商标印制委托人委托商标印制单位印制商标的,应当出示营业执照或者合法的营业证明或者身份证明;②商标印制委托人委托印制注册商标的,应当出示《商标注册证》或者由注册人所在地县级工商行政管理局签章的《商标注册证》复印件,并另行提供一份复印件;③签订商标使用许可合同使用他人注册商标,被许可人许可印制商标的,还应当出示商标使用许可合同文本并提供一份复印件;④商标注册人单独授权被许可人印制商标的,除出示由注册人所在地县级工商行政管理局签章的《商标注册证》复印件外,还应当出示授权书并提供一份复印件。

商标承印分为印制注册商标和未注册商标两种情况:

(1)委托印制注册商标的,商标印制委托人提供的有关证明及商标图样应当符合下列要求:①所印制的商标样稿应当与《商标注册证》上的商标图样相同。②被许可人印制商标标识的,应有明确的授权书,或其所提供的商标使用许可合同含有许可人允许其印制商标标识的内容。③被许可人的商标标识样稿应当标明被许可人的企业名称和地址,其注册标记的使用符合《商标法实施条例》的有关规定。

(2)委托印制未注册商标的,商标印制委托人提供的商标图样应当符合下列要求:①所

印制的商标不得违反《商标法》第 10 条的规定。②所印制的商标不得标注"注册商标"字样或者使用注册标记。

商标印制承印单位的义务与责任包括：

（1）商标印制单位应当对商标印制委托人提供的证明文件和商标图样进行核查。商标印制委托人未提供《商标印制管理办法》第 3 条、第 4 条所规定的证明文件，或者其要求印制的商标标识不符合本办法第 5 条、第 6 条规定的，商标印制单位不得承接印制。

（2）商标印制单位承印符合《商标印制管理办法》规定的商标印制业务的，商标印制业务管理人员应当按照要求填写《商标印制业务登记表》，载明商标印制委托人所提供的证明文件的主要内容，《商标印制业务登记表》中的图样应当由商标印制单位业务主管人员加盖骑缝章。

（3）商标标识印制完毕，商标印制单位应当在十五天内提取标识样品，连同《商标印制业务登记表》《商标注册证》复印件、商标使用许可合同复印件、商标印制授权书复印件等一并造册存档。

（4）商标印制单位应当建立商标标识出入库制度，商标标识出入库应当登记台账。废次标识应当集中进行销毁，不得流入社会。商标印制档案及商标标识出入库台账应当存档备查，存查期为两年。

▶ **2. 商标拒印**

所谓商标印制拒印，是指商标印制单位对于不符合法定条件的商标印制要求予以拒绝。凡是不符合商标承印条件的商标印制业务，商标印制单位均应要求委托人补正，不予补正的应当拒印。

商标拒印的条件有：

（1）商标印制委托人未能提供《商标印制管理办法》第 3 条、第 4 条所规定的证明文件的，商标印制单位有权拒印。

（2）商标印制委托人要求印制的商标标识不符合《商标印制管理办法》第 5 条、第 6 条规定的，商标印制单位有权拒印。

（3）商标印制委托人拒不补正证明文件和商标标识的，或者补正后的证明文件和商标标识仍不符合法律法规规定的，商标印制单位有权拒印。

商标印制单位如不按《商标印制管理办法》的要求，擅自承印不符合规定的委托人要求印制商标的，要承担相应的法律责任。

## 典型案例

### 擅自印制"残缺"商标，或面临最高 25 万元罚款！

几个月前，宁波鄞州云龙镇某印刷企业承接了一笔来自老客户的订单。因为之前已合作过多次，该印刷企业负责人想都没想就接了下来并如期交货。可没想到，交货才几个月，鄞州区市场监督管理局的执法人员就找上了门。执法人员上门后，该印刷企业才发现，委托企业是有自己的注册商标的，属于图文组合商标。这次委托印制的商标图形没有了，但中间的英文字没有变，字形都一样。这个擅自改动过的商标未经注册，却打上注册认证的公式标识，恰好与一家企业依法注册的商标近似，构成了侵犯注册商标专用权的行为。

目前,该商标印制企业已被鄞州市场监督管理局立案调查,可能面临 25 万元以下的经济处罚。该印刷企业负责人怎么也想不到,为老客户印制的这批带注册商标®标识的包装盒,货值不过万把块,却让自己背上了"故意为侵犯注册商标专用权提供便利条件,帮助他人实施侵犯注册商标专用权"的"黑锅",而且还将面临高额罚款。

**案例评析**

相关商标印制的法律法规明确了商标印制单件应当对商标印制委托人提供的证明文件与商标图样进行核查。作为一家从事商标印制多年的资深企业,负责人应履行必要的核查义务。当承接的客户还是新客户的时候,如明确属于商标印制业务,负责人都会组织员工对委托方提供商标注册证书、商标图样等材料逐一核查,并对以后业务实施跟踪。

这次委托他们企业加工的这家企业,业务上合作了多年,但一直以来都没有印制过带商标标识的包装盒(箱)。随着业务接触的频繁深入,两家企业间员工也熟悉了,突然这次印制中增加了商标标识,印刷方企业员工以为同以前一样,就造成了这次商标印制核查疏忽大意。

商标印制单位应当对商标印制委托人提供的证明文件和商标图样进行核查。主要核查内容包括:第一,所印制的商标样稿应当与《商标注册证》上的商标图样相同;第二,被许可人印制商标标识的,应有明确的授权书,或其所提供的《商标使用许可合同》含有许可人允许其印制商标标识的内容;第三,被许可人的商标标识样稿应当标明被许可人的企业名称和地址;其注册标记的使用符合《商标法实施条例》的有关规定。

资料来源:擅自印制"残缺"商标,或面临最高 25 万元罚款! _企业 https://www.sohu.com/a/248716252_692990

# 典型案例

## 别有单就印,当心被判刑重罚!

近日,"浙江义乌开始查印刷厂"的消息不胫而走,据当地印刷圈内人士透露,目前当地各乡镇每天都有政府人员暗访或抽查印刷厂,要持续严查 3 个月,已有多家印刷厂被查处,轻则罚款,重则关厂!

(1)义乌市秀宇彩印有限公司侵犯商标权案

2019 年 5 月 30 日,在该公司地下室仓库发现一批标注"Dora the explorer"以及"Masha and the bear"英文字母的笔记本内页,数量共计 40000 张。经查询得知,上述英文字母均为注册商标,公司负责人吴某表示,上述笔记本内页为公司这两天刚刚印制加工完成,准备交付给客户,全程未得到相关的商标授权许可。

执法人员当场对上述笔记本内页予以扣押,并对该公司加工印制侵犯注册商标专用权商品的行为立案查处。目前,案件还在进一步调查处理中(公司负责人已缴纳 16000 元罚款,处罚决定书还没有下)。

(2)义乌市东晨塑料制品有限公司侵犯注册商标权案

2019 年 5 月 31 日,在该厂发现涉嫌侵犯注册商标权的标注"凯蒂猫"图案等塑料袋,经清点现场存放有"hello kitty"、小熊、"大嘴猴"、佩奇、米奇等图案的塑料袋及其印制上述产品的模具。

当事人侵犯多个注册商标专用权,且为集原材料吹膜、商标印刷、成品制作为一体的全链条式印刷制品生产企业,未经商标持有人许可,在同一种商品上使用与其注册商标相同及相似的商标,属于《商标法》第57条所列举的侵犯注册商标专用权的行为,共计违法经营额28000元,该案还在进一步处理中。

(3)义乌市群明彩印包装有限公司违规印制包装袋案

2019年5月30日,该公司被查出正在印刷的表面标有"淑丽坊"字样的包装袋6000只,当事人接受委托印刷注册商标标识既未验证商标注册人所在地县级工商行政管理部门签章的《商标注册证》复印件,也未核查委托人提供的注册商标图样、同时未验证注册商标使用许可合同。

其行为涉嫌违反了《印刷业管理条例》第26条的规定,依据《印刷业管理条例》第41条第2款的规定,处罚如下:①给予警告;②没收并销毁在案的印刷品;③处以罚款人民币20000元整,上缴国库。

(4)义乌市宏亿来彩印有限公司侵权商品案

2019年5月30日,该公司被查出以盈利为目的擅自印刷含有注册商标"CHUCK & FRIENDS"的图案共8000张,用于制作练习册,非法经营额2720元,未能提供商标注册证等授权证明材料。

其行为涉嫌违反了《商标法》第57条第1项之规定,依据《商标法》第60条第2款之规定,责令立即停止侵权行为,没收销毁侵权物品,罚款人民币7000元。

从义乌的这4个案例可知,查的并不是环保问题,而是严查知识产权,打击印刷企业非法经营。实际上,被严查的不只是义乌,从2018年开始,在全国"扫黄打非"办公室的督导下,各地"扫黄打非"部门展开了第一轮全国"扫黄打非"大行动。在本轮的行动中,印刷复制业成为重点监察的对象。经不完全统计,全国各地有上百家企业涉嫌违法经营被查处。此次严查知识产权,也给出版印刷企业一定的警示作用。在承揽业务时,要严格执行印刷企业管理五项制度,特别是承印验证制度,在承印产品包装时验证委托人的《营业执照》、《商标注册证》、个人身份证等相关证明材料。

## 拓 展 阅 读

1. 李杨:《商标法基本原理》,第五章,第六章,第七章,第八章,法律出版社,2018
2. 徐升权:《商标法:原理、规范与现实回应》,第四章,第五章,知识产权出版社,2016
3. 曹阳:《商标实务指南与司法审查》,第五章,第六章,第七章,法律出版社,2019

## 深 度 思 考

1. 我国商标管理机关的职责有哪些?
2. 简述注册商标的使用管理和未注册商标的使用管理?

3. 我国特定商标使用管理规则有哪些?

4. 商标印制管理有哪些制度规定及法律责任?

## 即 测 即 练

# 教学支持说明

▶▶ 课件申请

尊敬的老师：

您好！感谢您选用清华大学出版社的教材！为更好地服务教学，我们为采用本书作为教材的老师提供教学辅助资源。该部分资源仅提供给授课教师使用，请您直接用手机扫描下方二维码完成认证及申请。

任课教师扫描二维码
可获取教学辅助资源

▶▶ 样书申请

为方便教师选用教材，我们为您提供免费赠送样书服务。授课教师扫描下方二维码即可获取清华大学出版社教材电子书目。在线填写个人信息，经审核认证后即可获取所选教材。我们会第一时间为您寄送样书。

任课教师扫描二维码
可获取教材电子书目

 清华大学出版社

E-mail: tupfuwu@163.com　　　　　网址：http://www.tup.com.cn/
电话：010-83470332 / 83470142　　　传真：8610-83470107
地址：北京市海淀区双清路学研大厦B座509室　　邮编：100084